나눌수록 많아진다

초판 제1쇄 발행 2009. 10. 15.
초판 제3쇄 발행 2011. 12. 1.

지은이 서정욱·신호범·안철수·김영호 외
펴낸이 김 경 희
펴낸곳 (주)지식산업사
      본사 ● 413-832, 경기도 파주시 교하읍 문발리 520-12
           전화 (031) 955-4226~7 팩스 (031)955-4228
      서울사무소 ● 110-040, 서울시 종로구 통의동 35-18
           전화 (02)734-1978 팩스 (02)720-7900
한글문패 지식산업사
영문문패 www.jisik.co.kr
전자우편 jsp@jisik.co.kr
등록번호 1-363
등록날짜 1969. 5. 8.

책값은 뒤표지에 있습니다.

ⓒ 유한대학, 2009
ISBN 978-89-423-9006-9 03040

이 책을 읽고 저자에게 문의하고자 하는 이는
지식산업사 전자우편으로 연락바랍니다.

나눌수록
많아진다

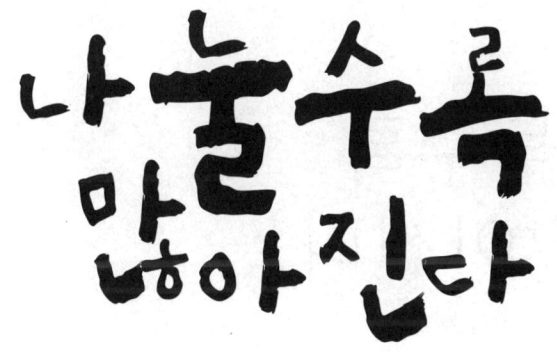

나눌수록 많아진다

서정욱, 신호범, 안철수, 김영호 외

지식산업사

서문

나눌수록
많아진다

1

나누는 것은 착하다
기부하는 것은 훌륭하다
주는 자는 복이 있다

우리가 흔히 하는 말이고 듣는 말이다. 이 경우 나누거나 기부하거나 주는 것은 역시 경제적으로 손실이고 재산이 줄어든다는 사실을 전제로 하여 경제적 손실을 무릅쓰고 나누어주면, 그것은 도덕적으로 착하고 인간적으로 훌륭하고 종교적으로 신이 보상해준다는 것이다. 이 경우 경제적 이익과 도덕적 선 혹은 인간적 의는 서로 배치되는 구조

서문

나눌수록
많아진다

1

나누는 것은 착하다
기부하는 것은 훌륭하다
주는 자는 복이 있다

우리가 흔히 하는 말이고 듣는 말이다. 이 경우 나누거나 기부하거나 주는 것은 역시 경제적으로 손실이고 재산이 줄어든다는 사실을 전제로 하여 경제적 손실을 무릅쓰고 나누어주면, 그것은 도덕적으로 착하고 인간적으로 훌륭하고 종교적으로 신이 보상해준다는 것이다. 이 경우 경제적 이익과 도덕적 선 혹은 인간적 의는 서로 배치되는 구조

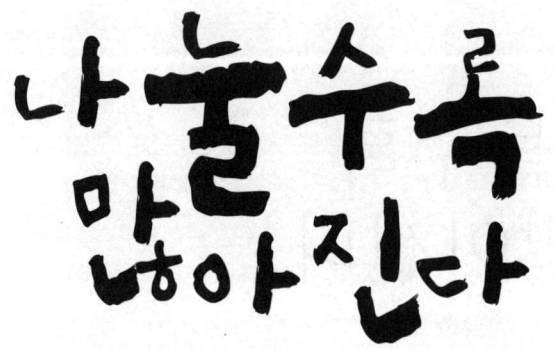

서정욱, 신호범, 안철수, 김영호 외

지식산업사

나눌수록 많아진다

나눌수록 많아진다

초판 제1쇄 발행 2009. 10. 15.
초판 제3쇄 발행 2011. 12. 1.

지은이　서정욱·신호범·안철수·김영호 외
펴낸이　김 경 희
펴낸곳　(주)지식산업사
　　　　본사 ● 413-832, 경기도 파주시 교하읍 문발리 520-12
　　　　　　　전화 (031) 955-4226~7　팩스 (031)955-4228
　　　　서울사무소 ● 110-040, 서울시 종로구 통의동 35-18
　　　　　　　전화 (02)734-1978　팩스 (02)720-7900
　　　　한글문패　지식산업사
　　　　영문문패　www.jisik.co.kr
　　　　전자우편　jsp@jisik.co.kr
　　　　등록번호　1-363
　　　　등록날짜　1969. 5. 8.

책값은 뒤표지에 있습니다.

ⓒ 유한대학, 2009
ISBN 978-89-423-9006-9　03040

이 책을 읽고 저자에게 문의하고자 하는 이는
지식산업사 전자우편으로 연락바랍니다.

를 갖고 있다. 말하자면 나눔의 윤리학이고 인간학이요 신학이다.

그런데 최근 나눔이 경제적으로 더 이익이 되고 더 재산이 많아지는 현상이 나타나고 있다. 이른바 나눌수록 더 많아지고 더 커지는 가능성이다. 물론 기부와 나눔은 대가를 바라지 않는 순수성이 중요하다. 대가를 바라거나 의식하지 않는 순수한 나눔이나 기부에 우리는 감동한다. 내 것을 내어줌의 최상의 경지는 현실의 이해관계를 초월하는 데 있다. 그러나 사회경제의 현실은 사회경제적 이해와 조절하면서 기부하고 나누며 사회공헌을 한다. 현실의 타협 내지 경제적 고려를 한 기부행위나 사회공헌을 경시하거나 과소평가할 수 없다. 우리는 그것들을 장려해야 할 것이다. 그러한 기부행위나 나눔 혹은 사회공헌은 점차 단순히 비용이 아니라 일종의 투자로 인식되고 있다. 투자 가운데서도 대단히 중요한 투자이며 그 수익효과가 큰 투자로 자리 잡혀 가고 있는 것이다.

이제 나누고 기부하는 것이 사회공헌의 윤리학, 인간학, 혹은 신학을 넘어 경제학으로까지 모색되고 있다. 나눔 혹은 기부의 사회경제적 귀결의 메커니즘이 규명되고 있는 것이다. 대가를 바라지 않는 순수한 나눔이나 순수한 기부가 오히려 더 큰 감동을 줄 뿐만 아니라 결과적으로 더 큰 경제효과를 가져오는 역리를 어떻게 해석해야 할 것인가.

2

택시를 타고 가면서 들은 말이다. 연기자 정애리 씨가 국제구호단체 월드비전의 홍보대사로 베트남을 방문하고 돌아와 이렇게 말했다 한다. "딸이 '엄마는 구호활동을 다녀오면 얼굴에서 광이나!'라고 말하더군요. 몸이 고단함은 정신적 흥분감에 비할 바가 못 돼요.……

제가 얻는 것이 더 많으니 나눔 욕심이 더 납니다." 우리가 가끔 들을 수 있는 말이다.

또 이런 말도 흘러나온다. 한 택시 운전 기사가 걸음이 불편한 노쇠한 할머니 한 분을 택시에 태워드렸다. 그 할머니는 간신히 내리시며 500원짜리 동전 몇 개, 100원짜리 동전 몇 개가 든 봉지를 내어놓으셨다. 운전 기사는 "안 주셔도 돼요. 그냥 갖고 내리세요."라고 했다. 할머니는 몇 번이나 절하며 고마워했다. 기사는 갑자기 머리가 환해지는 듯 했다. 왠지 기분이 좋아 그 뒤 더 친절했고 손님도 늘어 팁도 많이 받았다. 이것 역시 우리가 흔히 접하는 이야기다.

그런데 최근 뇌 연구의 진전으로 위와 같은 미담이 한갓 미담으로 끝나지 않고 신경학적 분석이 가능하게 되었다. 가령 어느 일본의 생리학연구소에서는 기능적 자기공명화상법(fMRI)을 사용하여 금전적 보수와 사회적 보수(사회적 평판이나 시장의 평가)가 뇌 안의 동일한 장소〔線條体〕에 표상되고 있는 것을 발견했다. 이것은 사회적 보수가 금전적 보수와 같이 처리되고 있음을 보여주고 있다. 말하자면 뇌 안에서 무언가 공통의 척도를 사용하여 여러 가지 서로 다른 보수들을 비교해서 의사결정을 하고 있다는 사실을 시사해준다.

또한 뇌 연구의 진전으로 뇌에는 거울 뉴런(mirror neuron)이 있어 다른 사람의 몸짓을 보거나 말을 듣고 그 사람과 같은 느낌이 들게 하는 작용을 한다는 것도 알게 되었다. 이른바 감정이입(empathy)의 신경학적 구조가 밝혀지고 있는 것이다. 이 거울 뉴런을 통하여 앞에서 소개한 바와 같이, 베트남 난민이 한국의 구호활동의 혜택을 받아 고마워하고 감격해 하는 것이 한국인 활동가들에게 감정이입되어 같이 행복해지는 것이다. 또한 택시 운전사도 할머니가 고마워하고 감격해 하는 것이 거울 뉴런을 통하여 감정이입되어 머리가 훤해지고 행복해지는 것이다.

이와 같이 나눔은, 이미 그 자체로 나누지 않고 본인이 갖고 있는 것과 같은, 보상을 받을 수 있는 선택임을 알 수 있으며, 동시에 나의 기부나 봉사를 받은 상대의 감사와 감격이 나에게 감정이입되는 것이 가미 혹은 혼합되는 형상을 엿볼 수 있다. 이 구조는 앞으로 뇌연구의 진전에 따라 더 밝혀질 것이다.

3

우리는 나눔이, 이미 그 자체로 나누지 않고 본인이 갖고 있음으로써 생기는, 금전적 보상과 같은 심리적 혹은 비금전적 보상을 받을 수 있는 선택이라는 사실과 그것에 덧붙여 나의 기부와 봉사에 상대방이 감사하고 행복해 하는 것이 나에게 감정이입되는 효과가 추가 혹은 혼합되는 사실을 살펴보았다. 그런데 여기에 남아 있는 요소가 있다. 그것은 나눔이나 기부의 혜택을 받은 측의 감사가 적극적으로 보상활동으로 나타나는 보상유발효과이다. 이 효과는 앞서 본 거울 뉴런을 통하여 순수한 나눔일수록 더욱 더 클 수 있다.

나눔이나 기부를 받은 측은 그 고마움이나 감동으로 크든 작든 신세를 갚고 은혜에 보답하는 보상유발효과가 나타날 것이다. 이 반응은 당장 일어날 수도 있고 한참 지난 뒤에 일어날 수도 있으며, 직접적인 경우도 있겠으나 간접적인 경우도 있을 것이다. 그리고 이러한 신세나 은혜에 보답하는 반응은, 나눔을 베푼 사람과의 사이에 매우 우호적이고 협력적인 신뢰관계를 이루고 이들 사이의 신뢰관계는 저비용 고효율을 가져다준다. 이 신뢰관계야말로 매우 중요한 사회자본(social capital)이 된다.

흥부가 제비 새끼를 치료해 주었을 때, 흥부는 이미 그 자체로 비금전적 보상을 받은 것이지만, 다시 제비의 보은작전이 펼쳐지고 제비와 흥부와의 신뢰관계 속에 결국 대박이 터진다. 〈흥부전〉은 우선 인간과 동물 사이에 일어난 보상유발효과이지만 인간과 인간 사이에 이런 경우가 얼마든지 있을 수 있고, 기업과 기업 사이에도 이런 보상유발효과를 얼마든지 찾을 수 있을 것이다.

유일한 선생은 일찍이 "자기 머리로 남의 행복을 설계하라"고 말씀했다. 캐나다의 한 기업이 우리들에게 보내 온 달력 표지에는 "Your success is my business"라고 인쇄되어 있었다. 유일한 선생의 말과 일맥상통하는 말이다. 필자가 정부에서 일할 때 외국 대기업의 CEO들과 접촉할 기회가 많았다. 그들은 거의 한국시장 셰어나 이윤의 정도에 대하여 말하지 않았다. "우리 회사는 한국에 투자하여 한국경제의 성공에 기여할 수 있습니다."라는 식이었다. 그렇다면 한국정부가 왜 그들을 선호하지 않겠는가. 만일 중국에 진출하려는 기업이 중국시장 점령이니 중국시장 접수니 중국인의 입맛을 사로잡는다느니 하는 표현을 쓴다면, 마땅히 중국 측의 경계나 비협조를 자초하는 것과 같다. 우리는 이러저러한 분야에서 중국경제의 성공에 공헌하고 싶다거나 중국인의 건강에 이바지하고 싶다는 명분이나 자세를 갖는 것이 중요하다. 그래야 중국시장의 환영을 받을 것이며 중국정부의 지원도 받을 수 있을 것이다. 이러한 기업이라야 발전한다. 중국에 무언가를 주는 기업, 헌신하는 기업, 사랑받는 기업이 중국 측의 우호와 협조를 유발하여 결국 돈 버는 기회를 더 얻을 수 있는 것이다. 더 많이 주는 것이 더 많이 받는 것이다.

4

나눈다는 것은 주변의 사람들을 껴안고 함께 가는 것을 말한다. 기업의 처지에서 보면, 이해관계자들 즉 소비자, 노동자, 거래업체, 금융기관, 지역사회 등과 함께 나누며 살아가는 것을 말한다. 그것은 결국 기업의 사회책임을 다 한다는 것이다. 나눔지수가 높다는 것은 사회책임지수가 높다는 것을 의미한다.

오늘날 기업에는 다양한 사회책임(SR)이 요구되고 있다. 국제표준화기구(ISO)에서는 ISO 26000으로 기업의 사회적 책임에 관한 국제표준을 제정했다. 2010년 후반기부터 SR 지수가 낮은 기업은 세계시장에서 소외될 운명을 맞을 것으로 보인다. 나눔, 즉 사회책임이 기업의 새로운 경쟁력으로 떠오르고 있는 것이다.

금융 또한 나눔 개념을 중심으로 재구성되고 있다. 개인이나 법인이 소득 가운데 소비를 제외한 저축을 사회책임투자를 하는 사회책임투자(SRI)펀드에 넣고 있는 것이다. 저축이 인권이나 기후변화나 기업 거버넌스, 지역사회 공헌 등 나눔을 중시하는 펀드로 몰리고 있는 것이다. 각국의 연기금도 SRI 자금으로 전환하는 추세이다. 현재 세계의 SRI 자금은 약 5조 달러로 추산되어 금융위기 이후 움츠러드는 경향을 보이는 헤지펀드의 곱절 규모로 늘어나고 있다. 이 SRI 펀드는 나눔경영을 잘 하는 기업에 투자된다. 나눔을 잘 하는 기업, 사회책임을 잘 하는 기업에 SRI 자금이 들어오게 되는 메커니즘이 작동하면 나눔이 주가 상승을 가져온다. 실제 노르웨이에서는 연기금이 SRI 펀드로 전환함에 따라 기업들은 그 자금의 유입을 위하여 사회책임경영(SRM)에 진력하고 있다.

유감스럽게도 국제 SRI 펀드는 한국기업에 별로 투자하지 않고 있다. 한국기업이 인권존중이나 거버넌스 혹은 환경 등을 경시한다고 보고 있기 때문이다.

소비 또한 나눔경영을 잘 하는 기업제품을 구매하는 경향을 보이고 있다. 사회책임소비(SRC) 바람이 불고 있는 것이다. 최근 국내 한 언론기관이 남녀 소비자 3,010명을 대상으로 실시한 여론조사 결과, 응답자의 75.8퍼센트가 기업의 사회공헌이나 경영 투명도가 해당 상품의 구매에 영향을 미친다고 답했다. '100만 원을 더 주더라도 이산화탄소 배출 감소에 도움이 되면 친환경 자동차를 사겠다'는 응답도 74.8퍼센트나 나왔다. 나눔이 소비의 핵심으로 떠오르고 있는 것이다.

나눔경영을 잘 하는 사회책임기업(CSR)에 금융 면에서 SRI 자금이 몰려오고, 소비 면에서 SRC가 뒷받침하게 되면 돈을 잘 벌게 되고, 주가는 상승하게 된다. 그러면 착한 투자를 하는 개인저축에 더 많은 배당이 가는 것이다. 사회책임정부(SRG)는 그러한 기업, 그러한 펀드, 그러한 소비를 조세 면에서 유리하게 지원하여 더욱 그 추세를 가속화한다.

여기에서 재미있는 것은 SRI 펀드에 가입하고 있는 사람들은 CSR 기업들이 돈을 잘 벌고 잘 되기를 바라며, SRI 펀드 가입자나 CSR 기업 측은 SRC가 많아지고 잘 되기를 바라고, 다시 SRC 측은 CSR 기업이나 SRI 자금이 잘 되기를 서로 바란다는 사실이다. 사회의 각 이해관계자들이 서로 손을 잡고 서로 잘 되기를 바라는 윈-윈 관계에 놓이는 것이다. 상대가 잘 되는 것이 내가 잘 되는 것으로 연결되기 때문이다. 유일한 박사의 "나의 머리로 남의 행복을 설계하는" 일이 나의 행복으로 환원되는 사회경제 시스템이 작동되고 있는 것이다.

한 시민으로서 나는 경제활동을 하여 소득을 얻고 그 소득은 저축, 소비, 세금으로 쓰게 된다. 나 자신이 소득을 얻는 경제활동이 나눔정신으로 이해관계자들을 함께 껴안는 사회책임경영(SRM)을 하고, 내 소득 가운데 저축은 사회책임기업에 투자하는 사회책임투자(SRI) 펀드에 넣고, 소비는 사회책임경영을 하는 기업제품을 선호하는 사회책임소비(SRC)를 하고, 내가 내는 세금은 사회책임경영, 사회책임투자나 사회책임소비 등을 장려하고 지원하는 재정금융자금으로 사용하도록 하고, 나의 정치적 활용을 사회책임정부(SRG)를 선호하고 지원하는 것이 되도록 한다. 그리고 나 자신과 같은 시민이 늘어나서 많아지고 나아가 사회의 주류가 되도록 해야 할 것이다.

나눔이 돈을 잘 벌게 해주고 착한 사람이 부자 되게 해주는 〈흥부전〉은 개인의 착한 행위가 신비스런 방법으로 보상되고 있지만, 이제는 사회시스템으로 보상받을 수 있는 길이 열렸다. SRM, SRI, SRC, SRG 등의 호순환으로 이룩되는 사회적 시스템에 힘입어, 나누면 복을 받는 것이 가능하게 되는 것이다. 우리는 이것을 흥부자본주의 혹은 사회책임자본주의라고 부르고 있다. 흥부자본주의에서 기업은 위대한 기업에서 사랑받는 기업으로, 다시 나눔기업으로 진화하는 길을 걷는다. 나눌수록 사랑받고 사랑받을수록 경쟁력이 커지는 기업이 등장하는 것이다. 이제 나눌수록 더 많아지는 비전이 실현될 수 있는 시장경제를 수립해야 한다. 이러한 사회 속의 나는 '나는 생각한다. 그러므로 존재한다.'는 명제를 넘어 '나는 나눈다. 그러므로 나는 성장한다.'는 수준으로 나아가게 된다.

빌 게이츠는 창조적 자본주의를 제창하면서 이렇게 말했다. "인간의 위대한 진보는 발견 그 자체가 아니라 그것을 통해 어떻게 불평등을 줄이는가에 달려 있다. 단 한 명의 목숨을 살린다 해도 짜릿할텐데 수백만 명을 살릴 수 있는 길이 있다. 우리가 더 창조적인 자본주의를 발전시킨다면 새로운 기회를 얻을 것이다. 시장이 가난한 사람들에게 더 잘 작동할 수 있을 것이며 생명공학, 컴퓨터, 인터넷의 혁명적인 발전으로 빈곤과 질병을 끝낼 수도 있다. 전 세계의 끔찍한 불평등을 깨닫지 못한 채 하버드를 떠난 것이 가장 후회스럽다." 그가 말하는 창조적 자본주의는 빈곤과 불평등을 끝내게 하는 자본주의로, 내용은 매우 애매한 듯하지만 사회책임자본주의 내지 흥부자본주의와 일맥상통하는 것으로 보인다.

5

우리는 각 개인의 이기심에 바탕을 둔 자유로운 이윤추구가 '보이지 않는 손'에 따라서 사회 전체의 균형을 가져오고 성장이 촉진되는 경제원리를 알고 있다. 아담 스미스 이래 이러한 개인의 이기심에 따른 자유경쟁의 경제원리를 기저로 자본주의가 전개되어 왔다. 이러한 경제원리는 경시하거나 부인할 수 없다.

그러나 우리는 지금 개인의 이타심에 바탕을 둔 사회적 책임이 오히려 '보이지 않는 손'에 따라서 그 개인과 그 조직의 이익을 증진시키는 경제현상을 볼 수 있었다. 이른바 이타심의 경제적 효율성 문제이다. 이러한 '이타심의 경제학'은 아직 정립되지 않고 있다. 그리하여 경제는 인간의 이기심에 바탕을 둔 자유로운 경쟁의 띠와 이타심에 바탕을 둔 나눔, 증여, 배분의 경제라는 띠가 마치 '뫼비우스의 띠'처럼 서로 엮이고 서로 꼬이면서 전개되어 나가야 할 것이다. 이러한 이기심과 이타심을 함께 종합적으로 고려한 경제학은 아직 정립되지 못하고 있다. 두 발이 걸어갈 때 보이지 않는 손의 효과는 배가 되는 것이며 그리하여 위기에 선 시장경제가 제대로 발전하는 것이다.

지금 우리 눈앞에 벌어지고 있는 세계 경제 위기는 고삐 풀린 이기심의 경연장인 '카지노 자본주의'가 폭발한 것이다. 이기심의 경제라는 한 발로 뛰다가 넘어진 것이다. 그리고 그 위기의 수습은 위기를 일으킨 범인들에게 벌을 주는 방식이 아니라 오히려 상을 주는 방식으로 진행되었다. 가장 큰 피해자인 납세자로부터 거두어들인 세금을 뿌려 범인들을 구제하고 이익이 돌아가게 한 것이다. 이익은 사유화하고 피해는 사회화 또는 세계화한 방식이다. '언 발에 오줌 누기'식의 발 치료는 정상이 아니다. 이타심의 경제학으로 두 발로 걷는 시장경제가 작동할 때라야 완치될 수 있는 것이다. 이제 나눔이 세계경제를 구제할 수 있는 것이다. 노벨 경제학상 수상자 폴 크루그먼 교수는 케인스적 정부 개입에 의한 소득재분배 정책으로 중산층을 강화하는 것이 내부 시장을 확대하여 성장을 촉진한다고 강조하고 있는 것은 주지하는 바와 같다.

유일한 선생의 철학을 계승·발전시키고자 하는 '유일한 강좌'는 이번으로 제3권을 출간하게 되었다. 첫 권 《다 주면 다 얻는다》와 둘째 권 《다른 것이 아름답다》에 이어 셋째 권은 《나눌수록 많아진다》로 하였다. '떡 다섯 개와 고기 두 마리'의 신학을 '떡 다섯 개와 고기 두 마리'의 경제학으로 세속화시켜 보자는 시도이다. 이 강좌를 담당해주신 모든 분들께 고개 숙여 깊이 감사를 드린다. 유일한 강좌 진행과 원고정리에 수고해주신 안현숙 교수께도 감사한다. 아울러 빡빡한 출간일정에도 아랑곳 없이 희생적으로 출판을 맡아주신 지식산업사 김경희 사장께 심심한 사의를 표한다. 편집부의 박수용 씨의 노고에도 고마움을 표하고 싶다.

2009년 10월 5일
김 영 호

차례

서문 : 나눌수록 많아진다   004

나의 인생

미치면 미친다   019
_서정욱

기적을 이룬 꿈   033
_신호범

내 운명은 내가 결정한다   055
_서진규

구두닦이 CEO의 도전인생   075
_한대중

유일한 박사의 생애와 정신   095
_유승흠

나와 사회

안연구소 사례를 통해서 본 국내 벤처기업의 성장과정   109
_안철수

세계 경제 환경과 한국 기업의 진로   133
_김종갑

교육의 목적과 난점   149
_임해규

긍정과 공감의 말하기   159
_최광기

유한대학 전경

대학생을 위한 도움말

무지개 원리   185
_차동엽

셀프 리더십   205
_곽재선

창업정신   217
_김진수

유한대학 새내기에게 주는 말   231
_백기완

내 몸을 알아야 내가 산다   241
_맹광호

앞으로 다가올 미래

미래 사회 변화와 메가트랜드   265
_박영숙

신음하는 지구와 인간의 생존   281
_양장일

기후 변화와 녹색 혁명   299
_김영호

서정욱

신호범

서진규

한대중

유승흠

나의 인생

미치면 미친다

서 정 욱
전 과학기술부 장관

　김영호 학장님, 정감어린 소개 말씀 감사합니다. 그리고 학생 여러분 안녕하십니까? 김 학장님과 나의 인연은 꽤 오래 됐습니다. 50여 년 전 공군사관학교 교수부에서 처음 만났고 최근에는 정부에서 함께 일했습니다. 경제학과 공학이라는 다른 길을 걸어왔지만, 빈곤과 전쟁으로 폐허가 된 한국에서 인적 자원과 경제를 개발하여 나라 힘을 키우는데 산-학-연-관 협동에서 사고와 행동을 같이 하고 있습니다. 초청해주신 김 학장님께 다시 한번 감사드립니다. 그리고 학생 여러분에게는 한 사람의 선배 공학도로서 내가 걸어온 길에 대해 얘기함으로써 혹시라도 여러분이 미래를 설계하는 데 도움이 되었으면 합니다.
　해방이 되자 우리나라에는 대학이 많이 생겼습니다. 그러나 유한대학처럼 설립자의 건학이념(建學理念)이 선명하고 사회의 존경을 받는 대학은 많지 않습니다. 대학의 기능이 인재를 양성하여 지도자를 사회에 배출하는 것이라면 그 뿌리가 깊어야 하고, 경영이 투명해야 합니다. 오늘 설립자 유일한 선생님 묘를 참배하고서 더욱더 그런 생각이 들었습니다.

유일한 선생님 묘의 비문(碑文)을 우리 모두의 가슴에 새겼으면 합니다. "눈으로 남을 볼 줄 아는 사람은 훌륭한 사람이다. 그러나 귀로는 남의 이야기를 들을 줄 알고, 머리로는 남의 행복에 대하여 생각할 줄 아는 사람은 더욱 훌륭한 사람이다." 국민의 행복을 창조해 낼 수 있고 국민이 잘되기를 바라는 지도자를 보기 힘든 현실에서 이 비문은 여러분이 더욱 훌륭한 사람이 되어야 함을 강조합니다.

역사의 소용돌이에서도 꿋꿋하게 지켜낸 학업

나는 국립서울대학교를 나왔습니다. 하지만 마음속에 아쉬움이 있습니다. 광복 이후 설립된 국립대학이 하필이면 일본이 지어놓은 경성제국대학에 뿌리를 묻었는지 알 수 없습니다. 국립서울대학교의 뿌리를 성균관(成均館)에 두지 않고 경성제국대학에 두었다는 사실을 아쉽게 생각합니다. 성균관은 고려와 조선의 최고 교육기관입니다. 한국의 옛 대학으로서 고려 충선왕 때 국학(國學)을 성균관으로 개명한 것입니다. 공민왕 때는 국자감(國子監)이라 부르다 성균관으로 복귀하고 1894년 갑오개혁까지 한국의 최고 교육기관이었으며, 개성과 한양에 한 곳씩 존립하였습니다. 성균관은 고구려 때부터 최고교육기관으로서 태학(太學)이라 불리던 전 세계에 자랑할 수 있는 한국의 한림원(翰林院)이기도 합니다.

나는 서울에서 태어나 일제 말기에 초등교육을 받았습니다. 우리

말도 못하고 창씨개명으로 성도 이름도 쓰지 못하는 여건에서 공교육을 받기 시작했습니다. 초등교육을 마칠 무렵 해방이 되어 중학교에 들어갔습니다. 당시 우리나라 사정은 정치 혼란이 오늘에 견줄 바가 아니었죠. 나라가 국대안(國大案)을 놓고 좌우로 갈리고, 남북이 대치하는 긴장 속에 국민은 누구를 믿고 따라야 할지 모르는 판국이었습니다.

그 와중에 1948년에 남북은 체제가 다른 정부를 각각 세웠습니다. 그 뒤 한 1년 동안은 공부를 할 만했는데, 1950년에 6·25 전쟁이 일어났고, 1953년 휴전에 들어가 오늘에 이르고 있습니다. 내 청소년 시절, 고등학교 시절은 전쟁으로 유린(蹂躪)당했습니다. 전쟁중에도 부모님 성화로 부산으로 내려가 1953년에 고등학교를 졸업하고 대학에 들어갔습니다. 피난지 부산에서도 제자를 아끼시고 나라의 미래를 걱정하신 스승이 계셨습니다. 요새처럼 말썽 많은 과외가 아니라, 처자권속(妻子眷屬)도 거느리시기 어려운 처지에서 선생님은 제자의 앞날을 위해 희생적으로 과외 공부를 시켜주셨습니다. 입시와 과외가 사회문제가 된 오늘과는 너무나 다릅니다.

나는 피난 중에도 무선기술에 몰입했습니다. 부산의 국제시장에는 미군의 통신 장비품이 나돌아 서울의 장사동(현재 세운상가 부근)은 무선을 애호하는 젊은이들의 만남의 장(場)이자 미래의 꿈이 싹트는 온상이었습니다. 그 시절 나는 패러데이(M. Faraday), 맥스웰(J. C. Maxwell), 마르코니(M. G. Marconi) 등 위인들의 전기를 읽고 또 읽었습니다. 취미로서 무선기술에 미친 거죠. 그런가 하면, 대학엔 들어갔으나 제대로 된 교과서 한 권 없었고, 공대생이라면 갖고 있어야 할 계산척(計算尺, slide rule)도 전기공학과 50명 가운데 가진 사람이 10명도 안 됐어요.

1957년 대학을 졸업하고 나는 공군에 갔습니다. 공군사관학교는 미국의 대학교과서로 가르쳤기 때문에 일반 대학보다 내실이 있고 면학분위기도 좋아 미국 유학 준비가 된 셈입니다. 공군사관학교에 근무하면서 나는 실험무선국(HL2AO)을 설치하여 전 세계에 한국을 알렸습니다.

미국 유학에서 나는 선배들을 만났어요. 박사학위 자격시험(qualifying exam) 준비를 하고 있는 선배들을 만나보고 나는 중대 결심을 했습니다. 한국에서 받은 학부교육이 부실했기 때문에 선배들이 시험 준비하느라 어려움을 겪더라구요. 문제가 학부 과목에서 출제되기 때문이지요. 그래서 나는 학부 과정을 재수하기로 결심했습니다. 석사, 박사학위는 못하는 한이 있더라도 미국의 학부 과정을 착실하게 밟는 것이 평생 엔지니어로 살아가는 데 도움이 될 것이라 판단했습니다. 이런 결심을 주임 교수님께 말씀드리니, 학부에서 기초를 닦아놓고 대학원에 진학하겠다는 것에 격려를 해주셨습니다. 학부 과정에서 교수님들의 인정을 받아 대학원 진학은 무난했습니다. 오줌이 노래지도록 고생한 덕에 알찬 미국 유학이 되었습니다.

교양을 쌓아라

여러분도 학부 시절에 엔지니어로서의 기반을 다져 놓으십시오. 유일한 선생님의 건학이념에 부합하고, 신언서판(身言書判, 용모·말씨·글씨·판단력)을 갖춘 지도자가 되려면 여러분은 스스로 절차탁마(切磋琢磨)해야 합니다. 유한대학이 4년제가 되어 여러분이 석사 박사 과정을 거쳐 교수가 되려면 학부 과정의 실력이 무엇보다 중요합니다. 오늘의 내가 있게 한 것은 미국의 학부 교육에서 절차탁마를 했기 때문입니다. 미국의 학부 교육을 받으면서 얻은 것은 전공 분야뿐만 아니라 교양 분야의 지식입니다. 턱걸이로 통과한 과목들이지만 거기서 얻은 교양은 평생을 두고 힘이 되었습니다. 실용 글쓰기(Technical Writing), 고전의 이해(Great Books), 미국의 역사(US History), 미 정부론(US Government), 텍사스의 역사(Texas History) 등 한국 사람인 내게 쓸모가 있겠는가, 의문도 있었습니다. 그러나 어쩔 수 없이 학점을 따기 위해서 한 공부이지만 훗날 국내외 활동을 할 때 큰 힘이 되었습니다.

학생 여러분, 민주주의는 다수결(多數決)이 원칙이라는데 '고어' 후보가 50만 표를 더 얻었는데도 '부시' 후보가 대통령이 됐습니다. 그 이유를 여러분은 설명할 수 있습니까? 바로 일반투표(popular vote)와 선거인단 투표(electoral vote) 시스템에서 오는 차이입니다. 여러분이 공학도이지만, 사회 지도층이 되려면 공학 주변의 정치, 경제, 사회, 문화 등에 더하여 예능 부문까지 통섭(統攝, consilience)해야 합니다.

여러분이 훌륭한 공학도가 되려면 전문지식 못지않게 인문과학, 사회과학 등 교양지식이 풍부해야 합니다. 문제는 시간입니다. 전공 부문 공부하랴 교양을 함양하랴 시간에 쫓기게 됩니다. 누구나 하루는 24시간밖에 없습니다. 돈이 없으면 꾸면 되지만 시간은 어찌할 방법이 없지 않습니까? 여러분의 대학시절 4년 하루하루가, 24시간 상아탑의 낭만이 아니라 각박한 시간과의 전쟁입니다.

타협 없는 국방 통신장비 개발

나는 1960년 미국에 유학하여 1969년 고국에 돌아왔습니다. 귀국하자마자 나는 국방과학연구소(ADD, Agency for Defense Development) 창설에 참여하여 군용 통신전자 장비품의 연구개발을 주도했습니다. 가족이나 주변에서 좋은 공부하고 돌아와 하필이면 무기 만드는 데 종사하느냐, 이런 말을 많이 들었습니다. 나는 서슴지 않고 답했습니다.

"나는 평화를 사랑합니다. 평화를 지키기 위해, 6·25 같은 일을 또 당하지 않기 위해 국방과학기술자가 되었습니다." 한 나라의 군대가 필요로 하는 무기체계를 자체 개발할 수 있을 때 전쟁을 억제하고 평화를 유지할 수 있다고 확신했습니다. 남북이 대치한 긴박한 상황에 대비하지 않았더라면 어떤 우환(憂患)이 닥쳐왔을지 모릅니다.

ADD 창립 초기에 내게는 할 일이 별로 없었습니다. 당시의 국내 실정을 보면, 외국에서 부품을 들여다 진공관식 수퍼라디오(superheterodyne)를 조립하여 가정에 보급하고 있었습니다. 요새처럼 버튼으로 방송국을 선택하는 디지털 방식이 아니라 다이얼을 돌려 방송국을 눈금으로 선택하는 아날로그 방식이었습니다. 한국의 전자기술은 워낙 낙후되어 군용 전자장비품(裝備品) 같은 것은 말도 꺼내지 못하는 분위기라 나는 놀고먹는 신세가 될 뻔했습니다. 나는 연구실 후배들과 많은 토론을 했습니다. 그 가운데는 아마추어 무선사(ham)들이 여럿 있어 뭔가 일거리를 찾아내자는 의욕에 차 있었지요. 김 학장님의 말씀대로 무엇엔가 미치면 어디엔가 미치는 것입니다.

전쟁으로 온 나라가 초토화되었지만 아마추어 무선사에겐 황금어장이 나타났습니다. 장사동에는 미군 통신장비 방출품(放出品)들이 즐비했습니다. 듣지도 보지도 못한 신기한 선진국의 군용 장비품들이죠. 그 가운데는 우리 군에는 없는 것들이 있었고, 학교에서 가르치지 못하는 첨단 지식, 기술, 정보를 배울 수 있어 신이 났습니다. 당시 우리나라에는 군사 전자기술(電子技術)을 다룰 줄 아는 사람, 특히 이 분야의 연구개발을 해본 사람이 전혀 없었습니다. 정부가 KS(Korea Standard) 제도를 도입하려고 교수들을 동원하여 일본의 JIS를 번역하던 시기라 외국 민수용품의 면허생산이나 모방을 하는 수준이었습니다.

고민 끝에 나는 특단의 결심을 했습니다. 미국의 군사 규격과 표준을 적용하여 분대용 무전기(KPRC-6)를 국산 개발하겠다는 결심을 했습니다. 국방 연구개발의 수준을 선진국 수준으로 올려놓고 결코 타협하지 않겠다는 결의입니다. 이러한 제 결심과는 달리 주변에서는 '무모한 짓이다. 일단 한국 실정에 맞추어 절충한 다음, 실력이 생기면 수준을 단계적으로 높여가자'는 의견이 지배적이었습니다. 그래서 나는 사면초가(四面楚歌)의 고립을 당해야 했습니다.

뜻이 있는 곳에 길이 있습니다. 마침 일본 방위청 기술연구본부장으로 계시는 호리 야스시 박사를 알게 되었습니다. 그는 2차대전 때 산소 어뢰를 개발한 분으로서 기탄없는 충고를 하며 내게 용기를 불어넣었습니다. 당초엔 일본의 기술도 미국 군사 규격이나 표준에 못미쳐 한 단계 수준을 낮추어 절충했다고 합니다. 그러나 결과는 시간과 비용을 낭비하는 등 실패로 끝났다는 얘기였습니다. 다시 말해, 실전 환경에서 성능을 발휘할 수 있는 장비품의 연구개발이 힘들다고 해서 목표 성능수준을 절충하지 말라는 충고입니다.

실사구시의 자세로 이끌어간 디지털 교환기 개발 사업

나는 한국에 태어나 병역 의무를 다하고 국방 연구개발에 종사했던 것을 자랑스럽게 생각합니다. 10여 년 동안 군용 전자장비품의 연구개발에 종사하였으니 나는 홀가분하게 대학으로 옮겨 후진양성을 하려던 참이었습니다. 피치 못할 숙명이라고 할까, 디지털 전화교환 시스템(TDX) 개발사업(1984~1990), 디지털 이동전화 시스템(CDMA) 개발사업(1993~1999) 등 국책사업들이 모두 부진하자 정부로부터 이들 사업을 맡아달라는 요청을 받았습니다.

나는 디지털 교환기 개발이라는 국책사업을 맡아 천신만고(千辛萬苦)의 7년을 보냈습니다. 보고서만 쌓이고 상용화의 길이 안 보여 헤매고 있는 국책연구소의 사업이었습니다. 사업을 맡고 보니 도덕적으로 해이하고 여기저기서 힘들다는 비명만 들렸습니다. 나는 단호하게 대처했습니다. 연구개발사업관리(R&D Project Management)는 어떻게 하며, 시험평가(Test & Evaluation)는 왜 해야 하며, 품질보증(Quality Assurance)은 누가 어떻게 하는지 분명한 기준과 절차를 정해놓고 연구소와 제조업체를 다그쳤습니다. 그들도 어쩔 수 없이 따라오기 시작했습니다.

TDX 사업을 맡고 나는 연구소가 작성한 보고서를 읽고 현장에서 실물로 확인했습니다. 어떤 책임자는 실무자에게 일을 맡겨 놓고 지도와 확인을 하지 않았으니 연구보고서는 허위일 수밖에 없었습니다. 이런 일은 선진국에도 있었습니다. 미국 국방성이 엄청난 연구비를 썼음에도 군이 필요로 하는 물자는 획득하지 못했습니다. 해마다 연구소에 보고서는 쌓이는데 요구하는 물자는 안 나와 미국 국방성에 비상이 걸렸지요.

나는 실사구시(實事求是)하는 과학기술자입니다. 그래서 현장을 중시합니다. 영어로 표현하면 'MBWA(management by walking around)'이지요. 기업가도 현장을 돌아다니면서 실체를 확인하는 책임경영을 해야 합니다. MBWA를 솔선수범 실천한 사람으로 에이브러햄 링컨을 들 수 있습니다. 그분은 대통령으로서 남북전쟁을 MBWA로 지휘하고 통제한 것이죠. 나도 연구개발사업에 MBWA를 적용하여 사실과 다른 허위보고서를 추방했습니다.

그런가 하면, 외국에서 도입한 교환기만 운용하던 독점 운영업체도 문제였습니다. 이들은 연구비는 출연하면서도 교환기의 국산개발에 부정적이거나 회의적이었습니다. 그러니 개발의 책임을 진 연구소가 방만하거나 거짓말을 해도 바로잡고 진위를 가릴 능력도 의지도 없었습니다. 그래서 나는 연구소와 제조업체의 쓸 만한 엔지니어들을 규합해서 TDX는 농어촌용이 아니라 도시에도 진출할 수 있어야 한다는 새로운 목표를 설정했습니다. 시장을 확보하지 않으면 TDX는 개발에 성공해도 무용지물입니다. 시장이 없는 상품개발은 자원의 낭비입니다.

사업이 성공적으로 끝나고 한국은 전화 서비스를 대량 보급해서 신청하면 당장 개통되는 나라가 되었습니다. 집에 전화를 놓고 자동차에 전화를 달면 폼나던 시절이 있었습니다. 고관, 고급장교, 부자가 아니면 누리지 못하던 통신 서비스를 아무나 누릴 수 있게 되었으니 한국에 통신혁명이 일어난 것입니다.

성공하는 엔지니어의 자질

앞으로 여러분이 사회에 진출하여 공학도로서 성공하려면 연구개발, 시험평가, 품질보증, 시장개척, 운용교육, 유지정비 등 순기(循期, life-cycle) 개념으로 사업을 추진해야 합니다. 이를 위해 여러분은 공학 주변의 경영학, 사회과학도 통섭해야 하고 인간관계도 잘 관리해야 합니다. 연구개발에는 성공해도 상용화로 이어져 시장에 진출하지 못하면 여러분은 실패한 사람이 됩니다. 상용화에 성공하려면 소비자들의 만족과 신뢰가 있어야 합니다. 문서화(documentation)도 토씨 하나, 도면 한 장 틀리지 않아야 하며 가격, 성능, 보전 등에서 소비자와 약속을 지켜야 합니다. 그리고 기술적 기량(technical skill)에 더하여 대인 기량(human skill)도 있어야 합니다.

끝으로 시스템 공학적 기량(systems engineering skill)이 있어야 합니다. 이것은 여럿이 분담하던 일들을 하나의 시스템으로 통합(integration)하는 기량을 뜻합니다. 이를테면, 항공기는 기체, 엔진, 항법장치 등으로 구성되고, 군용 항공기 같으면 기관총, 미사일, 사격통제장치 등 무기체계가 더 있어야 합니다. 그리고 이들이 하나의 시스템으로 통합(system integration)되지 않으면 조종사가 임무를 수행할 수 없습니다. 특히 전투기는 조종사가 초음속 조종을 하면서도 표적을 포착하여 미사일을 발사, 명중시킬 수 있어야 임무를 완수할 수 있는 거죠.

세계적으로 존경 받는 일본의 기업가는 말하기를 '기업은 인간'이라고 했습니다. 나는 '연구개발은 인간'이라고 생각합니다. 어떤 시스템을 개발하기 위해 내가 분담한 일은 다 끝냈지만 나머지 동료들이 분담한 일들이 모두 끝나지 않으면 하나의 시스템으로 통합할 수가 없습니다. 내가 분담한 일이 끝났다고 퇴근해버리는 것이 아니라, 같은 목표를 향해 가고 있는 동료 팀이 예기치 못했던 문제에 봉착하였을 때 같이 밤을 새워 해결하는 거죠.

경쟁을 하면서도 상부상조(相扶相助)하는 '협동 정신(team spirit)'을 여러분이 갖고 있어야 합니다. 여러분이 현장 엔지니어가 되면 엔지니어가 아닌 사람들과 함께 일을 해야 합니다. 이용자인 고객과도 대화를 할 수 있어야 합니다. 여러분이 매일 쓰는 휴대전화 하나만 보더라도 이용자의 마음에 들기 위해 디자이너는 미치도록 혼을 바치는 것입니다.

유한대학은 유일한 선생님 같은 훌륭한 분이 창설하였기 때문에 여러분은 정말 좋은 요람에서 공부하고 있습니다. 아무리 좋은 학생이 모여도 그 학교의 뿌리가 온전치 못한 여건에서는 교육을 하는 사람이나 받는 사람이 모두 마음이 편치 못하죠. 나는 유한양행의 초청을 받아 강연을 한 일이 있습니다. 사장을 비롯한 최고 경영진에게 "나는 유한양행의 주주가 아니지만, 한 시민으로서 유한양행이 성공한 기업이 되어야 한다"고 역설했습니다. "실패하면 유일한 선생님의 기업정신을 본받으려는 기업이나 기업인이 어떻게 되겠습니까. 여러분은 각자 기업주(owner)에 못지않은 열정과 책임감으로 회사를 경영해 주십시오. 그래야 부정한 세습으로 오염된 기업풍토를 정화할 수 있다"고 역설했습니다.

여러분이 당장 상품이나 서비스를 연구개발해서 판매해야 하는 것은 아니지만 21세기의 엔지니어로서 갖추어야 할 지덕체(知德體)를 연마하면서 글로벌 시대를 대비해야 하는 것입니다.

연구개발 과정의 어려움과 보람

내가 걸어온 길은 결과를 보면 화려합니다. 그러나 고비 고비마다 훼방을 받았습니다. 국가가 요청한 일인데 누가 훼방을 놓습니까, 하겠지만 세상은 그렇지 않습니다. 내가 하는 일이 성공하면 손해를 보는 사람이 있더라구요.

국방부 일 얘기를 좀 할까 합니다. 당시 미국의 군사원조가 삭감되어 군수물자의 대부분을 국내 개발해서 생산 조달하게 되었습니다. 업체들이 간단한 야전 전화기라고 우습게 보고 겉모양만 흉내 내서 납품을 했습니다. 쓸 수 없는 물건을 받아놓고 군은 벙어리 냉가슴이었습니다. 국민의 혈세로 조달한 장비가 쓰이질 못하고 창고에 잠겨 있어 전쟁이라도 나면 큰일이었습니다. 그래서 나는 바로잡기에 나섰습니다. 처음에는 무선통신장비만 개발한다고 했다가 결국 유선통신장비까지 손을 대니 먹잇감을 빼앗길까 벌집 쑤시듯 업체들이 달려들어 훼방을 놓는 거예요. 세상에는 합리적인 일을 하기가 무리한 일을 하기보다 어려운 경우가 있습니다. 상식이 통하지 않는 사회죠.

내 경험을 하나 더 들려줄까요? 연구개발 업무 말고도 나는 시험평가, 품질보증 등 새로운 제도를 이 나라에 도입하여 실행한 사람입니다. 이것은 보통 과학기술자들이 기피하는 아주 고통스러운 일입니다. 외부 연구소나 업체가 개발한 하드웨어나 소프트웨어를 시험평가 하다 보면 시비가 자주 일어납니다. 아무리 공정히 했더라도 불합격이 되면 인심을 잃어야 하고 비난을 받아야 하기 때문에 정말 고통스럽습니다. 나뿐만 아니라 관련된 실무 과학기술자들까지 심한 고통을 받습니다. 문제의 연구소나 업체들은 내게는 말을 못하고 실무자를 괴롭히기도 합니다.

물론 놀랄 만한 일도 있었지요. 항상 애를 먹이던 한 업체의 '기업주'가 나를 찾아왔어요. 그 업체의 임원들이 사사건건 우리 연구소에 시비를 걸어왔던 터라 기업주가 찾아온다니 나도 긴장하지 않을 수 없었습니다. 주변에선 피하라고 했지만 나는 만났습니다. 만났더니 의외였습니다. 나는 시비에 대응할 자료와 논리로 무장하고 만났는데 대뜸 하는 말이 "만나줘서 고맙습니다"라고 해요. 그런 다음 제 말은 진심이니 믿어주십사 하면서 "그동안 괴롭혔던 일들을 사과하니 용서해주십시오"라고 하는 거예요. 이어서 하는 말이 "업체의 커피 한 잔 안 마시는 연구소 실무자들이 처음엔 밉다가 이젠 존경스럽다"라고 했어요. 그러고는 "무엇이든 장사하는 사람이 주는 것은 맹물이라도 독(毒)"이라며 훌쩍 돌아갔습니다. 사필귀정(事必歸正)을 신조로 고독한 싸움을 해온 우리 실무자들이 눈물이 나도록 존경스러웠습니다. 또한 그 '기업주'의 '독'이라는 비유에는 성현의 계명 못지않은 가르침이 있습니다.

미래는 오늘 투자한 내일의 소득

여러분은 각자 성취하고자 하는 인생의 목표가 있을 것입니다. 여러분은 앞으로 50년을, 10년마다 이정표(里程標, milestone)를 세워놓고 살아가세요. 첫 번째에는 10년 뒤, 두 번째에는 20년 뒤, 세 번째에는 30년 뒤의 여러분의 바라는 모습을 그려 놓으라는 말입니다. 한 50년 뒤, 내 나이쯤 된 여러분의 모습이 있겠지요? 10년마다 여러분이 세워놓은 이정표에 써놓은 목표로부터 거꾸로 셈(逆算)해서 오늘 해야 할 일을 찾아내십시오. 미래는 결코 막연한 것도, 허황된 꿈도 아닙니다. 농부가 흘린 땀만큼 추수를 하듯, 미래는 오늘 여러분이 투자한 내일의 소득입니다. 여러분이 오늘 무엇을 해야 하는지는 여러분이 바라는 미래가 결정합니다. 막연하게 미래를 준비하라고들 하는데 나는 구체적입니다. 10년 단위로 말뚝을 박아놓고 되돌아보면, 어떤 것은 더 나간 것도 있고 어떤 것은 아예 빗나간 것도 있어 항상 뉘우치며 살아가는 것이죠.

　미래를 대비해서 현재 해야 할 일을 찾아내야 합니다. 쓴 약 먹듯 한 오늘의 공부가 여러분의 내일에 양식(糧食)이 됩니다. 여러분은 내 세대보다 한 단계 높은 목표를 세워야 합니다. 여러분을 유혹하는 오늘의 환락을, 내일을 위해 자제할 수 있어야 합니다. 여러분이 4, 50대가 되면 쓸모가 없어질 잡기에 빠지면 안 됩니다. 잡기에 오늘을 탕진하면 후회스러운 내일이 됩니다. 지금은 당장 필요 없지만 여러분이 지도자가 됐을 때 필요한 교양을 지금부터 축적하라는 뜻입니다.

　엔지니어는 음악이나 문학에 대한 소양을 갖추어야 합니다. 그래서 나는 대학시절에 음악 감상회를 주재하는 등 자원봉사를 했습니다. 의식적으로 동서의 고전을 읽어 봤습니다. 그림은 원래 좋아해서 미술관에 자주 다녔습니다. 또한 엔지니어는 대화 기술(communication skill)이 있어야 합니다. 발성법이나 연설기법도 숙달하십시오. 나도 학창시절에 연설 경연(speech contest), 강의 경연(lecture contest)에 나가봤습니다. 이러한 노력은 언젠가 필요할 때가 오리라 생각한 거죠.

　내가 기업을 경영할 때, 영어 스피치 초안을 잡아놓고 마음에 안 들어 비서에게 고쳐보라고 했습니다. 며칠 있다 가져 왔길래 누가 고쳤나 물었더니 원어민이라고 하더군요. 나는 한국 사람이라고 해서 한국어로 글다운 글을 쓰는 사람이 몇이나 되느냐고 반문했습니다. 외국에 가보지 않고도 영국 사람이 놀랄 정도로 영어를 잘하는 사람이 있습니다. 여러분도 유창하진 않더라도 또박또박 품격 있는 영어로 커뮤니케이션할 수 있어야 합니다. 여러분이 공부하는 영어의 품격을 생각해본 적이 있습니까? 이 다음에 대학교수가 되고 회사 중역이 돼서 외국어로 의사소통을 할 때 유창하긴 하지만 품격에 맞지 않는 몸짓보다는 어눌하지만 품격 있는 몸짓을 쓰라고 하고 싶습니다. 한국말도 마찬가지죠. 그래서 '신언서판'이라는 말이 있지 않습니까?

여러분, 건전한 취미생활을 하십시오. 내 나이가 되면 전문서적보다는 교양서적을 많이 보죠. 미적분 방정식, 파동 방정식 같은 건 여러분들이 공부할 것이지 내가 공부할 것은 아닙니다. 난 그동안에 쓴 글들을 정리하고 있어요. 엔지니어가 잘 쓰지 못하면 안 돼요. 글 쓰지 못하는 엔지니어 나는 안 씁니다. 내가 연구소에 있을 때, 한글세대 과학원 졸업생을 쓴 적이 있어요. 한글세대를 받자마자 상용한자 3~5,000자를 책상 유리판 밑에 깔아놓게 하고 6개월 동안 보고서, 논문 등 모든 문서를 한자로 쓰게 했어요. 옥편을 쓸 줄 몰라 옥편 쓰는 것까지 가르쳤더니 불평이 대단했습니다. 그들이 지금은 교수가 돼서 내게 '감사합니다. 그때 제가 불평을 제일 많이 했는데 지금은 제일 고맙게 생각하고 있습니다'라고 해요.

학생 여러분, 경청해주셔서 대단히 감사합니다.

기적을 이룬 꿈

신 호 범
미 워싱턴주 상원의원

저는 학교에서 32년 동안 교수로 일했습니다. 여러분들을 보니까 우리 가족을 만난 것처럼 반갑고 아주 마음이 흐뭇합니다. 역시 그렇게 오랜 세월을 가르치니까 뭘 해도 선생밖엔 안 돼요. 지금은 의사당에서 정치인들을 가르치고 있습니다. 그래서 의원들이 저를 싱글싱글한 학자 정치인이라고 불러요. 제가 많이 웃거든요. 여러분들도 웃어보세요. 웃으면 얼마나 좋은지 모릅니다. 제가 미국 가서 한 가지 인생관을 바꾼 게 있다면 웃는 겁니다. 거기서 제가 많이 울었습니다. 그래서 인생관 얘길 해요. 슬퍼서 웁니까? 우니까 슬퍼지지. 기뻐서 웃습니까? 웃으니까 기뻐지지. 여러분들 보면 참 마음이 흐뭇하고 좋습니다.

우리가 한국이란 작은 나라에 살고 있다고 불평할 때는 지났습니다. 왜냐하면 21세기는 하드웨어의 위력이 줄어들고 소프트웨어가 중요한 시대이기 때문입니다. 한 하버드 대학교수가 말했습니다. The best idea whose time as come. 한국말로 하면, 필요할 때 나온 아이디어보다 중요한 것은 없다. 옛날에는 영토가 넓고 군사력이 세면 강국이 되었지만 21세기는 그렇지 않습니다. 사람의 머리에서 나오는 것들이 가장 큰 힘을 발휘하게 됩니다. 우리나라가 지금껏 그 힘으로 해냈고, 앞으로도 여기에 계시는 여러분들이 잘 하시리라 믿기에, 대한민국의 장래는 밝다고 저는 믿습니다.

조국을 가르쳐 준 스승, 서두수

올해로 제가 미국에 간 지 55년이 됐어요. 처음 미국에 도착했을 때는 우리 말글도 못했는데 나중에 대학교수가 되었습니다. 제가 한국에서 초등학교도 졸업을 못했습니다. 그러니 우리 말글을 제대로 배울 수가 없었죠. 그런데 미국 가서 배웠어요. 잊지 못할 교수님을 한 분 만났기 때문입니다. 존함은 서 자, 두 자, 수 자. 서두수 박사님이에요.

'67년도에 박사학위 과정에 진학하면서 하버드, 콜럼비아, 스탠퍼드를 제쳐두고 워싱턴 주립대학을 선택한 이유이기도 했습니다. 이 선생님에게 배워야지 내 뿌리를 찾을 수 있겠다 싶었어요. 서 교수님에게 3년 동안 월, 수, 금요일 3시부터 5시까지 주3일을 지도 받았습니다. 1년째는 한글, 문법, 발음, 받침부터 가르쳐 주시고, 2년째는 옥편을 써가면서 한문을 가르쳐 주시고, 3년째는 한국문화, 소설 같은 것을 배웠어요. 한번은 저한테 〈춘향전〉을 주시면서 영어로 번역하라고 하십니다. 여러분, 〈춘향전〉 읽어 봤습니까? 읽고 또 영어로 번역하는 데 정말 애먹었습니다. 그런 덕분에 제가 이런 강연도 할 수 있고 중요한 글도 쓸 수 있었습니다.

소작농의 아들에서 거리의 소년으로

제 고향은 경기도 파주입니다. 소작농의 아들로 태어났어요. 어머니가 4살 때 돌아가셨습니다. 그리고 아버지는 나를 버리고 행방불명됐어요. 왜 그랬는지 어디 가셨는지 몰랐습니다. 그래서 4살 먹은 애가 외할머니 댁을 혼자서 찾아갔어요. 형편은 그곳도 매한가지였습니다. 외할아버지는 돌아가시고 외삼촌도 안 계셨어요. 사촌 꼬마들이 셋이었으니, 어른들이 부담스러워하는 것을 처음부터 알겠더라고요. 그렇지만 갈 데가 없어서 거기에 있었습니다.

6살이었을 거예요. 밖에서 놀다가 집에 들어오니까 외숙모가 어디서 났는지 사촌 동생들에게 엿을 나눠주고 있었어요. 6살 먹은 애가 얼마나 엿이 먹고 싶었겠어요. 그래서 "외숙모 나도 주세요" 했더니 엿이 다 떨어지고 없다더군요. 하지만 너무 먹고 싶은 나머지 제일 어린 동생 것을 뺏어서 다 먹었습니다. 얼마나 맛있던지요. 엿을 뺏긴 동생은 엉엉 울지 않았겠습니까. 외숙모가 화가 나서 방망이로 저를 때리기 시작했습니다. 머리에서 피가 나고 너무 아파서 밖으로 뛰쳐나왔어요. 저녁 때가 되어도 집에 들어가질 못하고 문 밖에서 서성이다가 그 길로 역까지 걸었습니다. 그리고 그 다음날 새벽 통근차를 타고 서울로 왔어요.

엿 때문에 얻어맞은 것이 억울해 빨리 돈 벌어서 엿장사를 해야겠다고 결심했지만, 정작 서울에 도착하고 보니 6살 먹은 애가 할 수 있는 일이라곤 밥 동냥이 전부였습니다. 집집마다 깡통 들고 돌아다니면서 밥을 구걸했고, 남대문 시장 쓰레기통에서 썩은 음식 주워 먹다가 배앓이를 한 적도 한두 번이 아닙니다. 밤에는 자려고 서울역에 자리를 펴면, 일본 순사들이 와서 쫓아버리고 칼집으로 치고 그랬어요. 하는 수 없어 거리에서 밤을 보낸 것도 한두 번이 아니에요. 그렇게 지냈습니다.

그나마 여름에는 괜찮아요. 밖에 나가서 개구리도 잡아먹고 뱀도 잡아먹고 풀도 뜯어서 먹을 수 있고. 그런데 겨울이 되면 먹을 게 없습니다. 그래서 제가 살기 위해서 7살 때 친구를 하나 사귀었어요. 그 아이는 9살이었습니다. 이름은 재원인데 둘이 가까운 친구가 되었어요. 아침이 되면 깡통을 들고 뿔뿔이 헤어집니다. 저녁 때가 되면 서울역 앞에서 만나 음식을 같이 나눠 먹었어요. 밤이 되면 얼어 죽지 않으려고 서로 껴안고 잡니다. 그런데 재원이형은 가끔 처지를 비관했어요.

"난 더 못살아. 죽어 버릴꺼야."

"안 돼. 형이 그러면 난 어떡하라구."

그러던 어느 날 밖에서 구걸하고 돌아왔는데 형이 보이질 않아요. 기다리고 기다려도 소식이 없었습니다. 밖에 나가도 없고 당황해서 철교 위로 올라가서 보니까 철길에 재원이가 누워 있었습니다. 부랴부랴 뛰어내려갔어요. 그런데 이미 죽어 있었습니다. 다리가 부러지고 팔이 부숴졌어요. 달리는 기차에 몸을 던져서 자살한 겁니다. 다리를 붙잡고 얼마나 울었는지 몰라요. 그러고 있으니까 일본 순사가 와서 형을 번쩍 들어 던져 버립니다. 그리고 사라졌어요. 그 장면을 보고 7살 먹은 애가 결심을 합니다.

'너는 죽었지. 비겁해. 나는 무슨 일이 있어도 절대 죽지 않을 거야. 살아서 뭔가를 할 거야.'

양아버지를 얻은 하우스보이

그러다가 6·25사변이 일어났습니다. 다들 피난을 갈 때 저도 걸어서 충청도 예산까지 내려갔어요. 인천에 유엔군이 상륙한다는 말을 듣고서 서울로 돌아왔습니다. 그 뒤로는 노량진 다리 앞에서 미군들에게 구걸을 하며 지냈습니다. "헬로우 캔디, 헬로우 초콜릿." 그러면 군인들이 과자나 초콜릿을 던져 주거든요. 미제 초콜릿이 어찌나 맛있던지. 그때는 매일 가서 구걸했습니다.

한번은 일을 하던 미군이 먼저 손을 내밀어요. 그래서 난 과자를 주는 줄 알고 받으려고 했더니 제 손을 잡고 번쩍 차로 들어올리더군요. 그 길로 강 건너 용산에 가서 목욕을 하고 새옷을 얻어 입었습니다. 그러고는 같이 트럭을 타고서 임진강 건너 장단 전쟁터에 갔어요. 거기서 미군부대 하우스보이를 시작했습니다.

하우스보이는 미군 장교들의 구두를 닦거나 빨래나 청소를 하는 것이 일이었어요. 먹을 것도 많고 잠자리도 좋은데, 왜 그런지 더 슬펐어요. 왜 우리 한국 사람들은 그렇지 못한데 미국 사람들은 먹을 것도 많고 옷도 많을까. 그래서 왜, 왜 하면서 슬퍼했습니다. 무엇보다 외로워서 많이 울었어요.

한번은 일을 마치고 교회에서 울고 있는데 눈을 떠보니 제 옆에 누가 서 있어요. 미군이었습니다. 어떻게 외국사람 앞에서 웁니까. 그래서 소리 지르면서 가라고(Go) 했어요. 그런데 안 가고 왜 우냐고 물어요. 그리고 제 곁으로 와서 꼭 안아줬어요.

하우스보이 시절

"미국에 아이가 셋 있는데 그 아이들이 울면 내 가슴이 아프단다. 네가 왜 우는지 알고 싶구나."

새로운 가족들
앞줄 왼쪽에서부터 둘째, 셋째, 넷째 동생과 필자, 그리고 조카들. 뒷줄에 서 있는 분이 양아버지

그 낯선 미군의 포옹으로 새로운 인생이 시작됐습니다. 지금도 그 포옹을 생각하면서 눈시울을 적실 때가 많아요.

그 미군이 양아버지입니다. 그때 제 나이가 16살이었고 폴 신이라는 이름을 얻었어요. 아버지는 제가 직접 이름을 짓도록 했죠. 저는 아버지의 성을 이름으로 정했습니다. '폴'이 양아버지의 성이고, '신'은 친아버지의 성입니다. 그런데 비자가 나오지 않아 19살이 되어서야 미국에 갔습니다. 부산에서 배를 타고 갔어요. 여러분께 먼저 사과를 할께요. 멀어지는 부산항을 보면서 다짐했습니다.

'배고팠던 나라, 외로웠던 나라, 부정이 많았던 나라, 차별이 많았던 나라를 버리고 간다. 굿바이.'

믿음으로 쌓은 공부 실력

미국에서 다시 만난 아버지와 어머니는 사랑이 많으셨어요. 미국에 온 지 얼마 안 돼서 나이가 19살이니까 고등학교를 가야하지 않겠냐고 물으세요. 그래서 제가 처음으로 고백을 했습니다.

"아버지 전 고등학교 못 가요."

"왜 못 가?"

"한국에서 초등학교를 못 마쳤어요." 그리고 눈가에 눈물이 글썽글썽 맺혔습니다.

"알았어. 우선 내일 초등학교부터 가보자."

그래서 다음 날 19살 먹은 제가 초등학교를 갔어요. 담당자가 껄껄 웃으면서 나이가 많아서 입학이 안 된답니다. 중학교에서도 거절당하고 고등학교에서도 거절당했어요. 고등학교 교장선생님 앞에서는 끝내 울음을 터트렸습니다.

"너 왜 우니?"

"저는 여기 공부하러 왔어요. 선생님이 되고 싶은데 안 된다고만 하니 울음이 날 수밖에요."

"그렇게 공부하고 싶어?"

"네, 그렇습니다."

"너 같은 사람이 응시할 수 있는 특별한 검정고시(GED: General Education Degree)가 있는데 통과하면 대학 입학 자격이 주어진단다. 한번 해볼래?"

검정고시가 뭔지 몰랐지만 무턱대고 그러겠다고 했지요.

그 다음 날부터 제가 독학을 시작합니다. 특별히 교장 선생님께서 영어교사를 한 분 붙여줬어요. 낮에는 그 교사한테서 영어를 배우고 수학, 물리는 혼자 공부했습니다. 영어가 어찌나 어려운지요. 전 그 때 알파벳 에이비씨(abc)도 몰랐어요. 그렇지만 영어사전을 사면서 이것을 다 외우겠다 결심했습니다. 그런데 한 쪽을 다 외우고 다음 쪽으로 넘어가면, 앞에 것은 몽땅 잊어버리는 거예요. 외우고 또 외워도 마찬가지예요. 그래서 어떻게 했는지 아십니까. 화가 나서, 불에 태워버렸어요. 그러고는 물에 타서 그걸 마셨어요. 제 뱃속엔 지금 영어사전 한 권이 있어요. 그렇게 공부를 했습니다.

언젠가 선생님이 말씀하시기를, 하나님께 기도를 하면 공부를 도와주신다고 그래요. 기도가 뭔지 어떻게 하는지 알 턱이 있나요. 그래도 기도를 했습니다. 새벽 한시 두시가 돼서 피곤할 적에 하늘을 보면서 기도를 했어요. 여러분들 들으시면 웃으실 겁니다. 이렇게 기도를 해요.

"하나님, 안녕하세요? 점심은 드셨어요? 편안하시죠? 저도 괜찮습니다. 그런데 제가 검정고신지 뭔지를 공부하는데 어렵습니다. 좀 도와주세요. 그러면 나중에 저도 도와 드릴께요."

어리석죠? 그렇지만 공부는 열심히 했습니다. 코피가 터지고 입술이 갈라지도록 했습니다. 양아버지가 그런 저를 보시고는 꼭 안으면서 이렇게 말해주셨어요. "My son, I believe in you. 내 아들아, 난 너를 믿는다." 그 한마디가 저에겐 큰 힘이 됐습니다. '누가 나를 믿어준다는 것이 이런 기분이구나.' 그 덕분에 열심히 했습니다. 그래서 1년 4개월 만에 검정고시를 통과했어요.

그리고 대학생이 됐어요. 대학 가서 졸업하고 그 다음에 석사도 받고 '74년도에는 박사까지 받았어요. 미국 와서 교수가 된 거예요. 스스로도 얼마나 놀랬는지 모릅니다. 그리고 돈을 좀 모아서 한국에 나왔습니다. 한국에 도착한 첫날 봉고차를 빌려서 금천에 갔습니다. 거기서 엿을 사서 꼬마들에서 나눠줬습니다. 너무 많이 먹어서 배탈이

났는지 모두들 끙끙합니다. 그런데 저는 행복했습니다. 왜냐하면 주는 것이 어떻게 좋은지요. 그래서 아주 감사하며 눈물을 흘렸어요.

그 다음 날은 제가 서울역을 찾아갔습니다. '재원아 내가 왔어. 미국에 가서 박사가 돼서 왔어. 대학교수가 돼서 왔어. 네가 여기 있는 걸 느낄 수 있어. 재원아 널 사랑해.' 친구라는 게 그렇게 중요합니다. 셋째 날은 기차를 타고 부산에 갔어요. 제가 떠난 항구, 거기에 엎드려서 대한민국에 사과드렸습니다. '대한민국, 죄송합니다.' 왜 거기서 사과를 했느냐. 이유가 있어요. 제가 부산을 떠나서 미국으로 가면서 한국을 저주하고 떠났기 때문입니다.

차별의 서러움에 정치인의 길로

미국이라는 나라는요, 참 부자나라입니다. 저를 많이 도와줬어요. 그런데 미국에는 인종차별이 심했습니다. '58년도에는 제가 미국 군대에서 영장을 받았어요. 그리고 텍사스에서 훈련을 받았습니다. 주중에는 부대에서 먹고 자고 훈련받고, 주말에는 군인들이 맛있는 걸 사 먹으러 외출을 합니다. 한번은 백인 넷하고 저, 이렇게 다섯이서 버스를 타고 시내에 나갔어요. 거기서 우리는 훌륭한 식당을 발견했습니다. 다들 식당으로 들어갔는데 저만 못 들어갔어요. 왜 그런지 아십니까? 그 식당 앞에 "The Whites Only"라고 쓴 큰 안내판이 붙어 있었기 때문이에요. 제가 안 들어가고 있으니까 친구들이 저를 끌고 들어갔습니다. 식당 구석에 자리를 잡았는데 가슴이 두근두근했죠. 아니나 다를까 지배인이 절 발견하고 쫓아오더니 여기 뭐 하러 왔냐고 물어요. 가슴이 철렁했습니다. 제 답을 듣기도 전에 제 어깨를 잡더니 의자에서 번쩍 들어올렸습니다. 그리고 식당 밖으로 질질 끌고 나옵니다. 그때 그 식당에 있던 손님들은 쫓겨나는 절 보면서 뭐라고 생각했을까요? 그날 하나님을 원망하며 밤새도록 울었습니다. 왜 나는 평생 차별만 받아야 합니까?

미국에도 인종차별이 있지만 한국에도 차별이 많았습니다. 저는 '인간차별'이라고 부릅니다. 한국에서는 가족이 없고 교육을 못 받고 돈이 없으면 이거 'nobody'입니다. I was nobody. 한국 학생들은 저를 '거지새끼'라고 불렀어요. 그리고 많이 얻어맞았습니다. 그렇게 한국에서도 차별을 받았었습니다.

그리고 다음 날 이런 결심을 했습니다. '언젠가는 내가 정치인이 되겠다. 정치인이 되어서 법을 바꿔버리겠다.' 그것이 '58년도에 결심한 정치인의 꿈이었습니다. 그 꿈을 이루는 데 32년이 걸렸습니다. 그러나 언제나 꿈을 가지고 포기하지 않았습니다. 정치인이 돼서 좋지 않은 법을 바꾸겠다는 결심을 마침내 이루었습니다.

아까도 말씀드렸지만 'best idea'에서 미래가 나옵니다. 좋은 아이디어에서 방법이 나오거든요. 그래서 뭐든 결정하길 바랍니다. 난 의사가 되겠다, 변호사가 되겠다, 기술자가 되겠다, 엔지니어가 되겠다, 그 다음에는 정치인이 되겠다. 뭘 원하시든 간에 결심해서 노력하면 전 된다고 봅니다.

묻고 답하는 교육

32년 동안 학교에서 가르친 경험에서 볼 때 한국 학생들이 머리가 참 좋아요. 영리하고 스마트 합니다. 그런데 고칠 점이 있어요. 뭔지 아세요? 한국 학생들은 겸손해서 그런지 질문을 안 해. 질문 안 하고 교수가 강의한 내용을 무조건 외웁니다. 필기한 것을 외워요. 시험을 볼 때는 그 외운 것을 그대로 적어서 내거든요. 그것은 참다운 교육이 아닙니다. 그것은 monkey education, 원숭이 교육이에요. 흉내내기입니다. 문제를 해결하는 것이 교육입니다. 어떻게 하느냐, 왜 필요하냐 스스로 묻고 답하는 교육을 받았으면 좋겠어요.

여러분 혹시 미국의 마이크로소프트(microsoft)라고 들어보셨습니까? 회장이 누구지요? 빌 게이츠입니다. 이 사람이 저와 한 동네에 삽니다. 아주 훌륭한 친구예요. 그 사람이 쉰넷인데 세계에서 제일 부자입니다. 그런데 그 사람은 지금도 직접 운전하고 다녀요. 가끔 길에서 만나면 "하이 폴" 하고 인사합니다.

이 사람이 어떻게 세계에서 제일 부자가 됐느냐. 그 사람은 이렇게 공부를 했습니다. 4살 때부터 두 가지 질문을 했어요. 첫 번째 질문은 why, 왜 그렇습니까? 왜 이 종이가 하얗습니까? 두 번째 질문은 how, 어떻게 이 종이를 만듭니까? 늘 'why, how, why, how……' 질문을 던지면서 공부를 했어요. 그래서 15살 때 고등학교를 우등으로 졸업하고 하버드 대학에 장학금을 받고 갔습니다. 그런데 그곳에 가서도 '왜 그렇습니까? 어떻게 그렇습니까?' 질문을 했는데 교수들이 답을 못 주더랍니다. 더욱이 2학년 학기말 시험에 출제된 문제는 전부 바보같아 보이더래요. 그래서 빌 게이츠가 교수님께 편지를 썼습니다.

"교수님, 당신의 질문이 우스꽝스럽습니다. 만약에 제가 질문을 한다면 이런 질문을 하고 이렇게 답을 쓰겠습니다."

빌 게이츠가 쓴 질문과 답이 너무 훌륭해서 교수님도 아무말이 없었답니다. 그러고는 하버드에서 나와 버렸어요. 학교에 안 갔습니다. 그때부터 자기 아버지 창고에서 혼자 그렇게 공부를 해서 27살 때 마이크로소프트사를 조직했습니다. 그렇게 해서 세계에서 제일 부자가 됐어요. 여러분도 '왜 그렇습니까, 어떻게 합니까' 스스로에게 질문을 던지면서 공부를 한다면 여기에서도 미국에서도 성공할 수 있습니다. 그저 외워서 공부하지 마시고 옆에 교수님들 계시면 질문하세요. 그러면 더 잘 배웁니다.

부르튼 발이 만들어낸 하원의원

저는요, 하도 차별을 당하고, 배가 고파서 많이 궁리(thinking)했습니다. 그리고 '공부해야겠다', '교수가 되겠다', '정치인이 되겠다' 끊임없이 생각했습니다. 텍사스 어느 식당에서 쫓겨난 뒤부터 언젠가는 정치인이 되리라 기도했습니다. 그런데 우리 한국 사람들은 성격이 급해요. 우리나라에는 '빨리빨리 문화'가 있거든요. 빨리빨리 주십시오들 그러잖아요. 그러나 저 위에서는 그렇게 빨리빨리 안 하십니다. 우리가 준비가 됐을 때 기회를 주시는 겁니다. 저는 '58년도부터 도와달라는 기도를 했는데 '92년도에 겨우 답이 왔습니다. '이제 그만하면 됐으니까 선거에 출마해라.' 마음속으로 계시를 받았습니다.

'92년도에 워싱턴주 하원 선거에 출마했습니다. 그런데 쉽지 않았어요. 왜냐하면 제가 사는 주에는 주민이 32만 명이고 도시가 5개 있습니다. 주민의 97퍼센트가 백인이에요. 3퍼센트만이 유색인인데, 필리핀 사람, 멕시코 사람이 대부분이고, 우리 한국분들은 6가구밖에 없었습니다. 어떻게 그런 지역에서 이런 얼굴이 당선됩니까? 그렇지만 제가 결심하고 목적을 이루려 노력하고 또 기도로써 확답을 받았기 때문에 출마했습니다. 그런데 한번은 제가 어떻게 선거운동을 해야 하냐고 기도로 물었더니 꿈에 답이 왔어요.

'이 지역은 백인동네라 네 얼굴이 낯설다. 그러니 네가 먼저 대문을 두드려라.'

그 말을 듣고서 집집마다 찾아다니기 시작했습니다. 전부 2만 9천

출근길 유권자들에게 인사

가구입니다. 아파트가 거의 없고 개인주택들입니다. 집 사이도 멀어서 2~3분을 걸어야 합니다. 무작정 대문을 두드리고 인사를 드렸습니다.

"안녕하십니까? 전 폴신입니다. 이 나라에 입양되어 받은 혜택을 갚으려고 정치의 길에 나섰습니다."

주민들의 반응은 제각각이었습니다. '여기까지 걸어왔으니 찍어주겠다.' '언덕까지 올라왔으니 찍어주겠다.' '비를 맞으면서 왔으니 찍어주겠다.' 또 '우리 개가 물었으니 미안해서 찍어주겠다'는 분도 있어요.

한번은 어느 시민한테 전화가 왔어요. 지금까지 몇 집이나 돌았냐고 물어요. 지금까지 한 1만 4,000가구 정도를 방문했다고 말했더니 깜짝 놀래요. 그러면서 하는 말이 나도 한번 같이 길이볼 수 있냐고 묻더군요. 가가호호 방문하는 식의 선거 캠페인은 미국 정치인들은 상상도 못하는 일이거든요.

그 다음 날 이 사람이 사진사를 데리고 왔어요. 그렇게 함께 한두 시간 걸었습니다. 8월이어서 땀이 뻘뻘 흐르는데도 그렇게 몇 시간을 걸었습니다. 이러한 사연이 신문기자의 귀에 들어갔어요. 일요 신문에 한 면의 3분의 1을 차지하는 기사에 사진까지 실렸어요. 집집마다 문 두드려가며 하는 선거 캠페인이 소개되었고, 기자는 미국에선 상상도 못하는 정신력이라고 코멘트했습니다.

이 선거 캠페인은 제가 당선되는데 큰 도움이 됐어요. 그래서 첫 도전이었지만, 하원에 당선됐습니다. 기적 같은 일이었어요. 밤에 잠이 안 올 정도로 어찌할 바를 몰랐죠. 그래서 다음 날 아침에 새벽같이 나가서 크게 "Thank you"라고 손수 쓴 피켓을 비를 맞으면서 흔들었어요. 이것을 지켜본 미국인들 수백 명이 수근댑니다. "You crazy?" 당신 미쳤냐고 묻습니다. 아직까지 정치인에게 감사하다는 말을 들어보지 못했는데 비를 맞으면서 고맙다고 인사를 하고 있으니……. 그 사람들이 하는 말이 역시 당신은 "예의를 아는구나" 그러더군요.

'하면 된다'는 것도 제 인생관 가운데 하나입니다. 여러분들 can do, 하면 됩니다. 하면 되요. 영어사전을 외울 적에 단어를 많이 봤는데 단어 하나가 눈에 거슬려요. 그 단어를 볼 때마다 짜증이 나요. 뭐냐면 그건 바로, 불가능을 뭐라고 하지요? 임파서블, 임파서블 스펠링이 어떻게 됩니까? "impossible", 맞습니다. 그래서 사전을 찢어버렸습니다. 나중에 그 쪽을 다시 붙이려고 보니깐 사이가 좀 벌어져서 I'm possible이 되었어요. 그래서 나는 꿈을 꾸는 사람입니다. 여러분도 꿈을 꾸세요. 하면 된다는 확신을 가지고 하면 됩니다. 여러분 공부가 어렵다구요? 열심히 하면 됩니다. 제가 하원에 당선되었듯이.

2년 전에는 상원에 다시 출마를 했습니다. 왜 그랬는지 기적 같은 일이 또 일어났습니다. 상대 후보자가 나오지 않았어요. 인종차별이

2002년 선거 캠페인

남아 있는 나라에서, 동양인이 상대 후보라는 유리한 상황에서도 말입니다. 그래서 99.7퍼센트의 지지율로 당선됐습니다. 그동안 열심히 의원 생활을 한 결과라고 생각합니다. 전 늘 유권자들에게 정말 열심히 봉사했습니다, 그리고 인사했습니다. 아무리 미국이 인종차별이 많다고 해도, 하면 됩니다.

오리엔탈에서 아시안으로, 인종적 용어 폐기 법안 발의

그런데 제가 상원의원에 당선되면서 제일 먼저 한 일이 무엇인지 아십니까? 혹시 영어단어 오리엔탈(oriental)이 무슨 뜻인지 아세요? 동양사람들이나 그와 관계된 것을 부르는 말이죠. 여러분, 그 오리엔탈이라는 단어 좋아합니까, 싫어합니까? 난 싫어해요.

제가 상원의원 시절에 이런 일을 겪었습니다. 지역구의 어느 가구에 문을 두드렸더니 할아버지 한 분이 나오셨어요. 그리고 저를 보면서

"You oriental?"이라고 물어요. 그러면서 "너 조심해라" 하고 겁을 줍니다. 그래서 제가 눈을 감고서 잠시 생각했다가 이런 얘길 했습니다.

"Thank you for asking at home. But this is my home. 당신의 집에 불러줘서 고맙습니다. 그러나 여기가 내 집입니다."

그리고 차근차근 제 이력을 설명했습니다. 이곳에 온 지 43년이 됐고 대학교수로서 30년을 가르쳤으며, 군대도 다녀오고, 하원에서 1년 봉사했습니다……. 그랬더니 저한테 손을 흔들면서 하는 말이 나보고 친구라고 그래요, 도와준대요. 이렇게 64세가 넘은 할아버지와 친구가 되었어요.

그런데 내가 상원에 당선 되고 이분이 하는 말이, 그렇게 오리엔탈이란 말이 싫으면 법을 바꾸면 되지 않냐고 해요. 그래서 법을 제정했고, 워싱턴 주의 모든 공문서에는 "Oriental" 대신 "Asian"으로 쓰게 됐습니다.

그런데 제가 그 단어를 싫어하는 이유가 있어요. 여러분 16세기 영국 사전에는 런던의 동쪽을 '오리엔트(orient)'라고 설명합니다. 따라서 '오리엔탈(oriental)' 하면 동쪽에 사는 사람들이라는 뜻입니다. 당시 그 동양사람에 대한 이미지가 어떠했냐? 코가 납작하고, 눈이 생선같이 조그맣고, 얼굴이 둥그렇고 까맣고, 키가 작고, 신비스럽고 이상스럽고 믿지 못할 사람들. 이것이 오리엔탈의 속뜻입니다. 믿지 못하시겠습니까?

이것은 지금도 유효합니다. 그래서 그 단어를 저는 여전히 싫어합니다. 그건 인종차별이에요. 16세기 영국 제국주의가 아시아의 여러 나라들을 식민지로 삼으면서, 그 식민지 고유의 문화를 약화시키고자 고안한 개념입니다. 미국 사람들은 이러한 내막을 잘 몰라서 법안이 처음 상정되었을 때에는 통과가 안 됐습니다. 두 번째 상정에서야 만장일치로 통과되었어요. 그때 내가 16세기의 영국 사전에서 복사한 내용을

미기독교실업인협회 초청 주제강연 뒤
왼쪽에서부터 세 번째가 마틴 루터킹 목사의 셋째 아들

의원들에게 나눠줬습니다. 그걸 보고서야 미안해 하며 만장일치로 통과시키더군요. 그리고 2002년에는 연방의회에서도 이 법안이 통과되면서 미국 전역에서 오리엔탈이라고 부르는 것이 불법이 되었습니다.

그런데 또 놀라운 것은 싱가포르, 인도, 파키스탄에서도 연락이 왔어요. 뒤늦게 이 단어의 유래를 듣고서 자기 나라에서도 이러한 법안을 만들겠다는 문의전화였습니다. 이제 우리는 오리엔탈이 아니에요. 코가 납작하고 신비로운 사람들이 아니에요. 이제 아시아인입니다. ASIAN!

그 법률이 통과되고 다음 날에 또 전화가 왔어요. 놀랐습니다. 마틴 루터킹 목사의 셋째 아들이었어요. 여러분, 마틴 루터킹 목사님 아세요? 그분이 '미기독교실업인협회'의 행사를 여는데 저를 주제 강사로 초대하고 싶답니다. 올 수 있냐고 물어요. 물론 간다고 그랬어요. 그

행사는 그 다음 해 캔사스에서 열렸습니다. 공항에 마중나온 킹 목사의 셋째 아들과 만났는데 크게 반가워하면서 제게 이렇게 말하더군요.

"우리 아버지가 살아계시다면 제일 먼저 당신께 전화해서 감사하다고 했을 겁니다. 왜냐하면 우리 아버지도 백인들이 그렇게 부르는 것을 싫어했습니다."

니그로(negro)라는 말 있지 않습니까? 바로 노예를 뜻하는 말이라 싫어했던 것입니다. "'63년도에 아버지가 워싱턴에서 연설한 내용이 흑인에 대한 인종차별 철폐였고, 니그로란 말에 대한 거부였습니다."

미국에서는 인권보호운동이 그때부터 시작돼서 지금은 인종차별이 금지되었습니다. 이런 일들이 바로 정치인의 몫입니다. 텍사스의 식당에서 쫓겨나고, 한 유권자의 oriental이라는 말에도 크게 가슴 아팠죠. 그런데 꾸준히 하면 된다는 신념에서 마침내 법을 바꿨습니다.

아버지의 나라 미국, 어머니의 나라 한국

'96년도에 주한 미국 대사 후보자로 추천을 받았어요. 백악관에서 가서 두꺼운 봉투를 받았는데 주한대사 신청용지였어요. 깜짝 놀랬어요. 이런 사람이 주한대사가 안 되는 것을 알고 있었습니다. 왜냐하면 아직까지 미국 역사에 재미 1세대가 모국에 대사로 파견된 적이 없습니다. 그래서 의아하게 여기면서도 서류를 작성해서 보냈습니다. 두 달 동안 미국 FBI가 저의 배경에 대해 조사도 다 마쳤습니다. 그리고 인터뷰를 하자고 해서 갔어요. 주한대사 후보자로 26명이 처음에 선발됐는데 당시에는 6명이 후보로 남아 있었습니다. 그 가운데서 3명을 뽑아서 대통령에게 추천하는 절차를 거쳐 대사가 임명됩니다. 저는 그날 4시간 동안 인터뷰를 했어요. 백악관, 국방부, 안기부 등에서 파견 나온 9명에 둘러싸여 대답을 했는데, 질문은 한미관계·무역관계·북방관계·남북관계·문화관계·교육관계 등 여러 분야에 걸쳐 있었습니다. 대사로서 알아야 하는 중요한 사항들이죠.

"만약에 당신이 주한대사가 됐다고 합시다. 재임 기간에 한국과 미국 사이에 전쟁이 일어나면 누구 편을 들겠습니까?" 마지막 질문이었습니다. 처음 듣고는 어쩔 줄 몰랐어요. 지금 생각해봐도 제가 어떻게 그런 답을 생각했는지 상상도 못합니다.

"질문에 감사드립니다. 제가 지금 드리는 답은 미리 준비한 것도 연습한 것도 아닙니다. 내 가슴속에서 나오는 말씀을 그대로 전해드리는 것입니다. 나에게 미국은 내 아버지의 나라입니다(America is father's land). 저는 이 나라에서 가족을 얻었고 사랑을 받았고 교육을 받았기 때문에 내가 누군지 알게 되었습니다. 그래서 미국은 내 아버지의 나라입니다. 그리고 한국은 어머니의 나라입니다(Korea is mother's land). 나를 낳아주고 키워주고 문화를 준 나랍니다. 내가 이 색깔을 바꾸려고 수만 번 노력했는데 바뀌지 않아요. 지금 당신 질문이 우리 엄마 아빠가 싸우면 누구 편을 들겠냐는 것인데, 당신은 누구를 편들겠습니까?"

이 친구가 얼굴이 벌개져서 답을 못했습니다. 그래서 제가 "내 바람은 우리 아빠 엄마가 화목하게 누구보다 행복하게 사는 것입니다"라고 했습니다. 저는 떨어질 줄 알았습니다. 그런데 제가 최종 후보 3명에까지 올랐습니다. 결국 주한대사 직에는 다른 사람이 선발됐어요. 그 대신 저에게 몽골대사 자리를 제안하더군요. 그러나 한국이 아니라면 교수로 남아 있겠다고 하고 거절했습니다.

미국사람들이 가끔 절 보면 "Are you Japanese'?"라고 묻습니다. 저는 "No"라고 대답하죠. "Are you Chinese?"라고 물어도 "No" 합니다. 그럼 "What are you?" 뭐냐고 물어요. 그러면 저는 어떻게 답을 했겠어요? "Korean"이라고 답했겠습니까. 물론 그렇기도 하지만, 지금은 "Korean american"이라고 합니다.

　해외 동포들은 늘 갈등이 있습니다. 한국사람이냐 미국사람이냐? 한국사람이냐 중국사람이냐? 한국사람이냐 유럽사람이냐? 그런 갈등이 있거든요. 저는 아무래도 핏줄은 버릴수가 없습니다. 거기서 55년 자라도 제 핏줄은 여깁니다. 그래서 여러분들이 저의 조카, 손자 손녀들이에요. 뿌리를 찾았기 때문에 내가 지금 마음이 놓입니다. 그 전까진 한(恨)이 많았습니다. 그러나 이제는 뿌리를 알아서 내 자신이 행복합니다.

나는 아버지를 욕한 죄인입니다

　말이 나온 김에 더 말씀 드리면요. 전 언제나 한이 많았습니다. 어머닌 제가 4살 때 돌아가셨습니다. 아버지는 저를 4살 때 버리고 나갔습니다. 어디 갔는지 몰랐어요. 그래서 아버지를 언제나 찾고 있었어요. 아버지를 미워했습니다. 욕했습니다. 그렇게 지냈습니다. 아버지를 다시는 안 보겠다고 했습니다. 그러나 나이를 먹고 또 신앙심이 생기니까 아버지가 그리워지더군요. 그래서 '74년도에 한국에 와서 아버지를 찾았습니다. 32년 만이었어요.

　경기도청의 직원이 아버지가 어디 계신지 가르쳐 줍디다. 영등포에 살고 계셨어요. 단칸방에 식구가 모여 살고 있었어요. 가슴이 두근두근했죠. 문을 열고 들어가니까 아버지가 나오셨습니다. 그 뒤에는 새엄마, 이복동생들 다섯이 있었습니다. 그걸 봤을 때 마음이 아팠어요. '어떻게 나도 아들인데 나를 버리고 나가서 다시 결혼해서 자식들을 낳았는가.' 눈물을 흘리면서 인사도 안 하고 돌아서셨습니다. 미국에 돌아와서 생각해 보니 동생들이 학교를 못 가고 있는 것이 마음에 걸렸습니다. 집사람과 상의해서 동생들을 한 명씩 차례대로 모두 데리고 왔습니다. 미국에 데

미국으로 건너온 한국의 동생들

려다가 공부시키고 지금은 다들 아들딸 낳고 잘 살고 있습니다.

그 뒤에 아버지를 다시 찾아갔습니다. 왜냐하면 한이 있는 건 풀어야 하거든요. 한이 있으면 편히 못 삽니다.

"아버지 제가 찾아왔습니다. 동생들이 미국에 왔습니다. 아버지도 그리우시죠. 모시러 왔는데 그 전에 한 가지 질문이 있습니다. 왜 제가 4살 때 아버지는 나를 버리셨습니까. 반드시 대답해주세요."

거기서 내가 눈물이 나서 앞이 보이질 않았어요. 나중에 눈물을 씻고 나니까 아버지가 안 계세요. 나가셨습니다. 밤새도록 기다렸어요. 한 4시 반쯤 되니까 아버지가 밖에서 들어오세요.

"어떻게 아비가 돼서 자기 자식을 버릴 수 있겠냐? 네 엄마가 죽었을 적에 나는 너무 가난해서 너를 먹여 살릴 수가 없었어. 그래서 다른 동네에 머슴으로 팔려간 거야."

이 대답을 듣기 전까지 전 아버지가 저를 버린 줄 알았습니다. 그러나 아버지는 안 그랬습니다. 죄인은 저예요. 그것도 모르고 아버지를 미워했다는 사실에 얼마나 후회했는지 몰라요. 그래서 아버지를 붙잡고서 엉엉 울었습니다. 몇 시간을 울었어요. 그리고 아버지와 새어머니를 모시고 미국으로 왔습니다. 저희 집에서 4년 정도 사시다가 돌아가셨어요. 돌아가시기 2주일 전에 제 손을 잡고 이렇게 말씀하셨습니다.

"아범아, 난 간다. 행복하게 가. 우리 형편을 해결해 줘서 고맙고. 네 동생들을 데려다 공부시켜줘서 고맙다. 행복하게 간다." 그리고 숨을 거두셨습니다.

한인 대통령을 길러냅니다

전 미국의 정치인입니다. 지금은 미국에서 조그만 장학회를 만들어서 우리 후손들 가르치고 있어요. 정치에 관심있는 학생들에게 학교를 보내주고 공부시킵니다. 그 아이들이 졸업을 하면 정치무대에 나설 것입니다. 지금까지 시의원 4명이 나왔어요. 시장도 한 명 있습니다.

내가 약속합니다. 30년 안에 미국에서 한인 대통령이 나옵니다. 여러분은 어떻게 생각하세요. 믿습니까? 지금 미국 역사에 처음으로 흑인 대통령이 나왔습니다. 그렇다면 왜 한국사람이 대통령을 못합니까? 난 안 돼요. 대통령은 그 나라에서 태어나야 합니다. 그러니 우리 꼬마들, 재미교포 2세들은 가능성이 높습니다. 우선 한국사람들은 머리가 좋고 열심히 합니다. 그리고 야망이 있어요. 저는 미국서 열심히 할테니까 여러분들은 여기서 열심히 해서 조그만 나라지만 우수한 나라가 되도록 만들어야 합니다. 꿈을 지니고 공부 열심히 해서 역사를 만들어 봅시다.

감사합니다.

내 운명은
내가 결정한다

서 진 규
미 육군 예비역 소령

안녕하십니까? 반갑습니다.

제가 원래 강연을 한 시간 반도 모자라서 2시간까지 하는 사람인데 오늘은 아주 핵심만 짧게 추려서 말씀을 드리고, 더 자세한 건 제가 쓴 책을 읽어보시면 도움이 될 것입니다.

지금 화면에서 보셨듯이, 제가 16년 동안 하버드 학생이었습니다. 그러니 하버드 학생증을 아마 가장 오래 지니고 있던 사람 가운데 하나가 아닌가 싶습니다. 그리고 2년 전이 되죠? 2006년 6월 8일 졸업을 해서 박사가 되었습니다. 지금은 이렇게 세계를 돌아 다니면서 많은 사람들을 만나고 있습니다. 그런데 제가 한국의 지방대학에 가서 강연을 할 때마다 꼭 나오는 질문이 있어요.

세계라는 무대엔 서울대도 지방대도 없다

"우리는 참 불리합니다. 지방대학 출신이어서 서울대 출신들과 경쟁을 해야 하는데 나중에 취직을 할 때도 엄청나게 불리합니다. 이걸 어떻게 해결해야 되겠습니까?"

저는 이런 대답을 해 줍니다.

"제가 미국에 간 것이 '71년입니다. 여러분들이 태어나기도 생기기도 전에 저는 미국을 갔습니다. 세계를 다니면서 공부도 했고, 또 하버드도 결국 16년이나 다녔고, 그런데 사실 세계 제일의 대학으로 꼽히는 하버드에서도 서울대 알아주는 사람은 한 사람도 없었습니다. 세계가 알아주는 것은 바로 그 개인 개인의 실력, 그리고 또 그들의 인성. 그 두 가지입니다. 두 가지."

아, 서울대 알아주는 사람들이 더러 있기는 합니다. 바로 서울대 출신들. 그 아이들은 확실히 알아주더라고요. 또 한 사람, 서울대를 알아주는 사람을 제가 만났습니다. 연세대 출신입니다. 저한테 하소연을 하는 거 있죠. '연세대 출신이라고 서울대 출신들이 우리를 무시합니다. 참 속이 상합니다.' 연세대 출신이 서울대를 알아주더라고요.

개인의 실력과 인간성은 학교가 만들어주는 것도 아니고, 부모가 만들어 주는 것도 아닙니다. 바로 본인이 스스로 만들어 내는 것입니다.

아무리 공부를 잘할 환경이 되어 있고, 딴 사람들이 잘하길 바래도 자기가 그 지식을 자기 머릿속에 넣고 소화시키지 못하면 결국 그 사람 실력은 안 늡니다. 서울대가 중요한 것이 아니고, 지방대가 불리한 것이 아니고, 바로 그 한 사람 한 사람의 노력이고 태도가 중요합니다.

또 한 가지 말씀 드리고 싶은 것은 우물 안 개구리처럼 왜 꼭 한국에서만 경쟁을 하려고 하느냐는 것입니다. 지금은 국제경쟁시대입니다. 국제경쟁시대! 밖에서 경쟁을 할 땐 서울대 안 알아준다고 아까 말씀을 드렸지요. 세계를 하나의 무대로 보는데, 왜 서울대 출신들에게 미리 기가 죽습니까?

서진규는 지방대도 못 간 가발공장 출신입니다. 그런데 제가 하버드에서 박사학위를 땄습니다. 지금은 C형 간염에 걸려 치료 차 한국에 나와 있습니다. 하버드에서 박사논문 쓰기가 엄청나게 어렵습니다. 그걸 준비하면서 피로와 스트레스가 쌓여 C형 감염균이 저를 거의 삼켜버린 지경까지 갔었습니다. 그렇지 않았으면 지금 미국에서 정말 바쁘게 활약을 하고 있었을 것입니다. 다행히도 얼마전에 치료가 끝이 났고, 지금은 회복을 위해 한국 체류가 조금 길어지고 있습니다.

하버드 아이들에게 건네는 이야기

저는 미군에서 복무도 하고, 하버드에서 학생들을 가르치기도 했습니다. 참 재밌지 않아요? 그 가발공장 출신이 하버드 대학생들을 가르치다니. 저는 호기심으로 가르쳤는데, 이 아이들 사실 똑똑합니다. 여러분들만큼 똑똑합니다. 그리고 눈동자, 여러분들 눈동자는 사실 하버드 아이들하고 똑같습니다. 바로 뭔가를 알고 싶어하고, 뭔가를 배우려고 하고, 얻어가려고 하고, 여러분이나 하버드 아이들이나 다른 게 없습니다. 그런데 이 아이들은 학문적으로 진짜 세계가 알아주는 뛰어난 아이들입니다. 그만큼 열심히 자기 스스로 공부를 해온 아이들이기 때문에 저는 공부 대신에 인생경험을 그 아이들에게 많이 이야기해 줬습니다. 왜냐하면 한국에서 체험한 인생이야기는 영어로 쓰여진 책이 별로 없기 때문에, 이 아이들이 공부해서 알고 싶어도 알 수가 없는 이야기들입니다. 그래서 한국의 역사, 사회, 또 학생들 얘기 등등 많이 해줬는데, 그 가운데서도 자주 당부하는 이야기가 있습니다.

'세상을 살아가는 데 우리는 많은 문제를 만나게 된다. 그러나 어느 문제든지 답은 하나가 아니다. 그 문제에 대해서 답을 찾을 때 꼭 우리에게 알려진 답, 또 우리가 익히 알고 있는 범위 안에서만 찾지 말고, 상상의 세계까지 넓혀서 생각해라. 그리고 또 우주 전체를 하나의 무대로 보면서 그 안에서 너만의 해답을 찾아라.

너희야말로 하버드 학생들 아니냐? 세계를 이끌어 나갈 바로 그 아이들. 앞을 보고 생각하지 않는, 없는 것에서 새로운 것을 만들어내는 그런 리더십이 없고, 그런 창의적이고 혁신적인 생각이 없는데 어떻게 비행기가 생기고, 인터넷이 생기고, 달나라를 가느냐? 너희들은 그것보다 더 엄청난 것을 만들어내고 답을 찾아야 한다.

또한 초등학교 들어가 16년 만에 좋은 대학을 나오고 좋은 곳에 취직하는 사람을 사회에서 보통 성공한 사람이라고 말한다. 그러나 나는 너희들의 그 개념은 버렸으면 좋겠다. 인생 전부, 너의 삶 전부, 그리고 네가 떠난 다음에 남겨둘 그 이름까지도 포함을 해서 진짜 나는 성공한 사람인가? 내 꿈은 그것을 포함하고 있는가? 그것까지 같이 포함해서 생각을 해라. 힘들게 밤늦게까지 공부를 하고 놀지도 못하고…… 세계를 이끌어 나가기 위해서, 자신이 원하는 분야에서 1인자가 되기 위해서 그러고 있지 않느냐?

그런데 너희들이 이끌어 나가야 할 그 사람들에 대해서 아는 것이 무엇이냐? 젊음. 얼마나 좋으냐? 16년이 아니라 20년이 걸려서 졸업을 하면 어떠냐? 나가서 밑바닥에서부터 한번 부딪쳐 보고 그리고 그들이 필요한 지도자는 어떤 모습인가? 세상이 필요로 하는 리더십이

뭔가, 그것을 깨우친 다음에 학문과 접목을 시킨다면, 너희들이야말로 역사적인 리더가 될 것이다.'

삶의 밑바닥을 체험하라

이러한 요지로 제가 말을 했더니 아이들이 곰곰이 생각을 했습니다. 제 수업을 들은 한 백인 남자아이는 졸업이 1년 늦어지는 것을 감수하고 중국 상하이로 건너가 1년 동안 바텐더를 했습니다. 밑바닥 삶을 체험하기로 결심한 것입니다. 이 아이는 아주 부잣집 아들인 데다 아주 잘생겼습니다. 여자애들이 데이트를 하고 싶어서 줄을 설 정도였죠. 중국에서 지내면 사실 고생이 많습니다. 월급도 적고, 주거 환경도 깨끗하지 못하고 말입니다. 그런데 그 아이는 적은 월급으로 셋방을 얻어, 그야말로 쥐와 바퀴벌레와 함께 1년을 지내고 하버드로 돌아왔습니다. 그때가 바로 한국이 외환위기로 신음하던 1998년이었습니다. 마침 KBS에서 다큐를 찍으려고 저를 방문했을 때였습니다. 그래서 그 학생도 촬영진과 인터뷰를 했는데 이런 말을 하더군요.

'서진규 선생님의 강연을 듣기 전에도 중국 북경대학에 가서 3개월 동안 공부한 적이 있습니다. 그때는 3개월이 얼마나 지루한지, 머리에 먼지가 자욱하고 영어 발음도 이상한 중국 사람들한테서 배울 게 없다는 생각만 앞섰습니다. 빨리 미국으로 가고 싶다는 생각뿐이었죠. 그런데 이번엔 그야말로 밑바닥에서 술주정꾼들과 뒹굴면서 생활을 했는데, 1년이 어찌나 빨리 가던지…… 이 기회에 배운 것이 참 많습니다. 바로 중국의 힘이 어디서 나오는가를 깨달았습니다.'

'무엇보다도 나는 내가 얼마나 행운아인지 알게 됐습니다. 하버드에 들어오기 전, 그리고 하버드 안의 엄청난 경쟁 속에서 저는 굉장히 불행했습니다. 정말 삶이 싫어질 정도였습니다. 그런데 선생님이 늘 강조하셨던 단 한 번의 기회. 나의 그 기회 속에는 엄청난 가능성이 이미 주어져 있다는 것을 새로 깨달았습니다. 지금부터는 나에게도 단 한 번뿐인 이 인생으로 세계와 인류를 위해 뭔가 기여하려고 합니다.'

  스승에게 이렇게 신나는 말이 어디 있습니까? 부모에게도 이렇게 신나는 말이 없습니다. 그런데 그 아이뿐만 아니라 중국학을 전공하는 다른 두 학생도 졸업을 1년 늦추면서 중국에 교환학생으로 가서 공부를 하고 옵니다. 우리 딸도 이 아이들에게서 아이디어를 얻어 1999년 이화여대에 교환학생으로 오게 됩니다.

우주는 행동하는 자에게 보상을 해준다.

  그 당시 제 딸은 하버드에서 저와 같이 공부를 하고 있었습니다. 웬만해서는 하버드에서 주목을 받지 못합니다. 하도 특출한 사람들이 많이 모여 있어서 그렇지요. 그럼에도 엄마가 대학원생으로 동아시아지역 전공을 하고, 딸이 대학생으로 같은 학과, 같은 교수님들 지도를 받아가면서 수학한 일은 하버드 역사상 처음이라고 들었습니다. 한국학(Korea Institute)과에서 발행하는 뉴스레터에 우리 모녀가 나란히 표지 인물로 실리기도 했었습니다.

  주위에서는 저하고 딸이 붕어빵이라고들 말합니다. 이 아이를 키운 경험을 책으로 펴내기도 했어요. 우리 딸은 ROTC를 거쳐 지금 미군 장교로 근무하고 있습니다. 한국 ROTC에는 여자가 없죠? 미국에서는 10퍼센트 정도가 여자인데, 남녀가 같이 훈련을 받습니다. 그런데 제 딸이 그 훈련에서 4년 연속 1등을 차지했습니다. 정말 자랑스럽지 않습니까? 외국을 많이 다니면서, 한국인의 피가 정말 대단하다는 것을 피부로 느끼고 있습니다. 그런데 제 딸도 그 사실을 증명하는 하나의 사례가 되고 있습니다. 그렇죠? 이 장면은 엄마가 선배 장교로써 딸에게 미군 소위로 임관 선서를 받는 장면입니다. 그것 역시 군에서도 하버드에서도 역사상 처음이라 들었습니다.

저의 멘토이자 스승인 잭 캔필드는 《영혼을 위한 닭고기 수프》를 써서 전 세계적으로 베스트셀러가 되었는데, 지금은 세계적인 성공 전략가로 활동하고 있습니다. 그분의 말씀 가운데 "우주는 행동하는 자에게 보상을 해준다(The universe rewards action)"이라는 말이 있습니다. 제 딸이 한국에 나왔기 때문에 결국 《경향신문》의 별지 매거진 X에서 크게 다뤄져 우리 모녀가 한국에 알려지기 시작했습니다. 그리고 곧이어 저에 관한 다큐가 '99년에 나오게 되었습니다.

그런데 지금까지 제가 말씀 드린 이 아이들이 다 누굽니까? 바로 하버드 아이들 얘기를 한 거죠? 과거뿐만 아니라 현재 세계를 이끌어가는 리더들 가운데 하버드 출신들이 꽤 많이 있습니다. 그런데 나로 말미암아 자기 인생이 바뀐 이 아이들 가운데 또다시 케네디 루즈벨트, 아니 그 이상이 없으라는 법이 없지 않습니까? 서진규는 이 아이들을 보면서 엄청난 꿈을 꿉니다. 나는 이 아이들을 통해 미국을 바꿔나갈 엄청난 꿈을 꿉니다. 또 이 아이들과 미국을 통해 세계를 바꿔나갈, 그리고 미래까지도 바꿔나갈 엄청난 꿈을 꿉니다. 모두 실현 가능한 꿈입니다.

지방대학이 문제라고요? 이 엄청난 꿈과 가능성을 가지고 여러분 앞에 서 있는 이 서진규는 여러분 나이에 가발공장에서 가발을 만들던 직공이었습니다. 그 다음은 식당 종업원, 그리고 미국 사람 집에 식모로 일을 한 사람입니다. 미국에 간 것 역시 식모로, 영어도 못하면서 100달러 들고 갔던 사람입니다. 그런데 그 사람이 바로 세계를 바꾸고 미래까지도 바꿀 가능성을 가지고 이미 행동을 하고 있습니다. 이 가능성을 보면서 서진규는 또 다른 꿈을 꾸고 있지 않습니까? 10년 안에는 한국의 대통령보다도 UN 사무총장보다도 더 큰 힘을 지니고 더 큰 영향력을 세계에 미칠 수 있는 자리, 바로 미국의 국무장관 자리가 서진규의 목표 지점입니다. 지금 이미 준비를 시작했고 그것은 꼭 이루어질 것입니다.

미국의 국무장관을 꿈꾸다

미국이라는 나라 참 재미있습니다. 메들린 올브라이트. 6살에 체코에서 부모님 따라 미국으로 이민 온 여자입니다. 그리고 교수가 되었고 나중에 미국 국무장관이 되었죠.

콜린 파월. 자메이카라는 아주 가난한 나라에서 미국으로 이민 온 사람들이 뉴욕 할렘이라는 곳에서 난 사내아이였습니다. 그 가난한 범죄 소굴 속에서 자라면서 학교를 다녔고 ROTC를 했습니다. 미국에서는 가난한 사람들도 얼마든지 학교를 갈 수 있습니다. 대학도 얼마든지 갈 수 있습니다. 그리고 체력이 문제가 없는 한 누구든지 입대할 수도 있습니다. 콜린 파월은 장교가 되었고 자기가 맡은 자리에서 열심히 최선을 다하면서 준비를 하고 있었더니 결국 기회가 왔습니다. 걸프전에서 영웅이 되었습니다. 미국 대통령은 자기 내각에 영웅이 필요하기 때문에 콜린 파월이 국무장관이 되었습니다.

콘돌리자 라이스. 지금 현재 국무장관입니다. 그 사람은 스탠퍼드 대학에서 학장을 하고 있었습니다. 그런데 역시 미국 국무장관을 지낸 조지 슐츠라는 사람이 연구차 스탠퍼드로 오게 되면서 콘돌리자 라이스를 만났습니다. 아버지 부시를 소개받고, 아들 부시를 만나고…… 지금 현재 국무장관으로 이번 이명박 대통령 취임식 때도 미국 대표로 왔었죠?

그녀를 보면서 저 자리가 10년 안에 내가 앉을 자리다, 라고 이미 찜을 해놨습니다. Declare your dream to the universe. 자기의 꿈을 우주에다 대고 선포하라. 그럼 이 우주가 지니처럼 응답할 것입니다. Your wish is my command. 당신이 바라는 것이 바로 내가 가져다 주어야 할 의무 사항입니다. 지금 날이 갈수록 국무장관으로 가는 길이 탄탄대로가 되고 있고, 또 도와주려는 사람들이 막 몰려들고 있습니다.

얼마 전에는 뜻밖에도 제가 재외동포 대표로 뽑혀서 보신각 종을 쳤다는 거 아닙니까? 대통령 취임식 전날 자정에 17명이 뽑혀서 종을 쳤는데, 뽑힌 게 참 신기하기도 했지만 종을 치면서 아주 그 소리와 그 부닥치는 느낌이 묘했습니다. 내 안의 소녀가 다시 살아나는 기분이 들면서, 너무 신이 나더라고요. '열심히 공부해서, 열심히 노력해서 성공하길 참 잘했다. 성공하니까 이런 자리에도 내가 뽑히는구나.' 대통령이 취임하는 것보다도 그것이 오히려 저에게는 더 행복했었습니다. 성공. 진짜 해볼 만합니다. 너무 신납니다.

아무튼 그들이 국무장관이 되기 전까지 이뤄냈던 업적과, 서진규가 23살에 식모로, 영어도 못하면서 신문광고 보고 미국에 갔을 때부터 하버드 박사학위를 딸 때까지 업적을 비교해 봤을 때, 서진규가 오히려 앞서가고 있다는 것을 깨달았습니다. 하버드에서 제 전공이 국제외교사입니다. 군에서 그 외교실력을 발휘하면서 군의 제도를 바꿔 놓은 사람입니다. 그리고 제게는 외교 관계의 일이 굉장히 재미있습니다. 10년이라는 목표도 더 단축되어서 5년이면 되겠다는 가능성도 보이고 있습니다. 이렇게 엄청난 가능성을 지니고 여러분 앞에 서 있는 이 서진규가, 30년 전엔 가발 공장 직공이었다는 사실. 오늘의 서진규를 있게 한 비결은 다름아닌 바로 역경이었습니다.

나를 키운 것은 역경

역경, 바로 그것이 저를 일깨웠습니다. 초등학교 저학년 내내 꼴찌를 '맴맴' 돌던, 집안식구들이 미래를 걱정하던, 그 아이가 6학년 때 바로 그 역경을 만나면서 잠에서 깨어납니다. 그리고 분노, 반항, 오기를 발견합니다. 그것들은 마치 핵 원료와 같아서 그것을 잘못 활용하면 히로시마와 나가사키를 휩쓸어버린 핵폭탄이 돼버립니다. 그것을 대표적으로 활용해 그대로 폭발한 사람이 살인자 신창원 아닙니까?

그런데 서진규는 용기가 없어서 신창원처럼 폭발하지 못했습니다. 그래서 비겁자의 길, 용기 없는 사람들이 주로 택하는 길로 갔습니다. '나중에 두고 보자, 내가 힘을 키워서 그때 이 복수를 해주마.' 사실 성공해야겠다는 결심은 했지만 정작 성공이 뭔지를 모르는 바보 멍텅구리였습니다. 그래서 선생님들이 박사가 되면 성공이다, 하시는 말씀을 듣고부터, 제가 박사가 되기로 결심을 했습니다.

사람들이 나를 막 무시하고 멸시하는 행동을 했을 때, 그들에게 뭔가 반박을 하고 싶어도 가진 게 없어 속만 끓이던 나는, 미래에 이뤄낼 그 박사학위의 권위를 미리 당겨서 초등학교 6학년 때부터 써먹었습니다. 사람들이 무시할 때마다 '나는 나중에 박사가 될 사람이야. 두고 봐라, 너희들이 이렇게 나를 멸시하면 그때 가서 후회할 것이다.' 우리 어머니가 술 장사를 하시느라 바빴잖아요. 추운 겨울에 일곱 식구의 살림을 맡아 하느라 손은 다 부르트고, 머리에는 서캐가 가득하고 이가 스멀스멀 기어 다니고…… 이런 애가 박사가 된다고 하니까 아무도 안 믿었습니다. 다들 저를 놀리느라고 '그래, 너 언제 박사 되나 한번 보자'는 식으로 붙여준 별명이 바로 '서 박사'였습니다.

Your wish is my command. 저뿐 아니라 주변에 사람들이 저를 '서

박사, 서 박사' 하니까 이 우주가 '서진규는 서 박사가 될 운명인가 보다. 그럼 길을 열어 줘야지' 하고는 잠재의식을 동원해서 박사가 되는 길을 내 눈에 띄게 만들어 줍니다. 결국 지난 2006년 세계 최고의 대학에서 저는 진짜 박사가 되었습니다. 그리고 나를 무시하던 사람들이 내 앞에 무릎을 꿇고 나한테 막 아첨을 하고, 딴 사람한테 가서 내 자랑을 하고…… 이런 장면을 제가 아주 힘들 때마다 열심히 상상했더니 지금 똑같이 되었습니다.

당신의 비전을 생생하게 그려라

그들이 딴 데 가서 내 이름 막 팔아먹습니다. 자기네들이 어릴 때부터 나한테 잘해준 것처럼 신나 합니다. 그래서 이것이 꿈인지 생신지 의아스럽기도 했습니다. 여러분 옆 사람 한번 꼬집어보세요. 지금 꿈 아니죠? 이거 현실 맞죠? 성공하지 않았더라면 식당 종업원이고 가발공장 직공이었던 저를 이렇게 불러다 놓고 이 많은 사람들이 쉬지도 않고 강연을 듣겠습니까? 성공, 참 신납니다.

상상, 바로 그것이 또 하나의 제 성공 비결이었습니다. 분노, 반항, 오기로 성공의 결심이 서고 목표가 생겼습니다. 그리고 상상력! 현실이 힘들 때 저는 상상 속에서 제가 성공한 모습을 미리 당겨서 봤습니다. 이자도 안 달라고 합니다. 오히려 이자를 붙여서 줍니다. 그리고 어릴 때부터 암행어사가 되는 게 꿈이 아니었겠습니까? 정의의 사도. 지금 현재 제가 하는 일이 뭡니까?

제가 청와대, 국회, 삼성전자. 또 삼성전자뿐만 아니라 삼성중공업이고 현대, 롯데 할 것 없이 모든 기업체에 가서 강연을 합니다. 그리고 학교뿐만 아니라 군대. 군대에 가서 강연을 했을 때는 훈련을 받다가 너무 힘들어서 그날 밤에 자살하기로 마음먹었던 젊은이가 자살을 포기하고 다시 일어섰다는 일도 나중에 제가 군목에게서 들었습니다. 참, 신나는 일입니다.

그 암행어사가 한국에서 정부라든가 기업이 평등하게 기회를 주는 방향으로 제도를 바꿔 가고 있습니다. 며칠 전에는 고건 전 총리뿐만 아니라 재벌 총수들 앞에서 또 지금처럼 강연을 하지 않았겠습니까? 그들에게서 제가 국무장관이 되도록 밀어주고, 그리고 한국의 제도를 개선하는 데 도움을 주겠다는 말씀도 들었습니다. 쓰러져 가던 사람이 일어나고, 나라의 제도를 바꾸는 데 앞장서고…… 이게 암행어사가 아니면 뭐가 암행어사입니까? 지금은 한국에서 활약을 하지만 저는 세계로 나가서 세계를 바꿀 사람 아닙니까? 바로 상상에서 보았던 것이 지금 그대로 나타나고 있습니다.

>Visualize your vision as vividly as possible.

그 엄청난 저의 스승들이 하는 말입니다. 당신의 비전을 생생하게 그려보고 그리고 미리 느껴보십시오. 그러면 우주는 그 비전을 여러분에게 가져다 줄 것입니다. 바로 서진규가 살아있는 증거입니다. 또 한 가지 서진규가 활용했던 것은 나를 도와줄 사람을 스스로 찾은 것이었습니다.

하늘은 스스로 돕는 자를 돕는다

하나님이 제게 도움 줄 사람 없이 역경을 주었다는 것은 엄청난 축복이었습니다. 도움이 될 사람, 뭔가 행복의 자료들이 많았다면 서진규는 손쉽게 해결책을 찾았을 것입니다. 그런데 아무것도 나에게 보여주지 않았습니다. 서진규는 무(無)에서 찾아내야 했습니다. 결국 서진규의 창의력·창조성·혁신적인 생각은 바로 초등학교 6학년 때부터 시작이 되었던 것입니다. 아무것도 주위에 없었기 때문에 찾아낼 수 있었던 사람은 바로 나 자신이었습니다. 사실 자기 자신에게 가장 큰 영향을 미칠 수 있는 사람은 다른 사람 아닌 바로 자신입니다.

서진규는 역경 속에서 자기 자신이라는 엄청난 동지를 발견하게 된 셈입니다. 그리고 그 동지는 힘들 때마다 이런 말을 해줍니다. '너는 이 세상에 위대한 사명을 가지고 태어났다. 너는 큰 인물이 될 것이다.' 이렇게 자기 최면을 거는 것이 바로 비전을 찾는 일입니다. 그때는 살아남기 위해서 써 먹은 방법인데, 잭 캔필드처럼 한 번 강의하고 엄청난 보수를 받는 사람들이 가르치는 내용이 다름 아닌 서진규가 무(無)에서 찾아낸 바로 그 것이었습니다.

서진규가 여러분 나이에 가발공장 직공으로 시작해서 이렇게 성공했다는 사실에서 여러분은 또 하나의 가능성을 볼 수 있습니다. 이미 나보다도 여러분은 앞서 가고 있지 않습니까? 여러분 나이에는 서진규도 얼마나 예뻤겠습니까? 그런데 그 예쁜 얼굴이 가발공장 먼지 속에서 시들어가고 있었습니다. 그때 자살을 하려고 생각도 많이 해봤습니다만 서진규를 도와준 것은 바로 스스로 6학년 때 찾아냈던 꿈과 희망, 자기 자신 그리고 분노·반항·오기· 결심…… 이런 것이 서진규를 멈추지 못하게 했습니다.

공부는 마음먹기에 달렸다

아, 그리고 참 공부를 잘해야지 박사가 된다고 해서 공부의 비결을 찾아내지 않았겠습니까? 그 전에는 만날 꼴찌만 했었습니다. 제가 꼴찌를 하는 바람에 다른 한 사람이 꼴찌를 안 해도 되니 좋은 일을 했던 거죠? 사실 그런데 그렇게 꼴찌만 하던 아이가 박사가 되어야겠다 결심하고서부터 공부를 열심히 하기 시작했습니다. 집안 살림 다 하면서 학교 다니는데도 서진규에게 주어진 시간은 남들과 똑같이 하루에 딱 24시간. 그런데 이게 웬일입니까? 그 전에는 책만 펴면 하품이 나오고 재미가 없고 그냥 딴 잡생각만 났었는데, 이번에는 책 속의 재미있는 정보가 내 눈에 막 들어오기 시작합니다. 말씀드렸죠?

Your wish is my command.

우주가 지니처럼 내 눈과 잠재의식을 통해, 그 정보가 필요하다는 마음이 있기 때문에 그것에 눈이 뜨이게 만들어줍니다. 또한 이렇게 책을 들여다보면 이게 사진 찍은 것처럼 그대로 머릿속으로 그냥 들어갑니다. 한 번 읽으면 거의 다 외웁니다. 검사해보니까 지능은 평균 정도였습니다. 그런데 왜 그 전에는 만날 꼴찌 하던 아이가 갑자기 정보가 막 이렇게 머릿속에 쉽게 들어갈까? 그리고 6학년 들어와 공부를 시작했는데 6학년 끝날 때 서진규는 전교에서 2등을 하게 됩니다. 여자아이들 가운데서는 1등을 하고, 왜 이것이 가능했느냐? 나중에 알고 보니까 그때 서진규는 내가 왜 공부를 해야 하는가 목표와 이유를 알고 있었습니다. 내가 하고 싶어서 내가 필요하다고 마음을 먹었기 때문에 시작한 공부였습니다. 또한 나에게는 잡생각을 할 시간이 없다는 것을 이 잠재의식은 깨닫고 있었습니다.

'나에게도 주어진 시간은 24시간뿐이다. 그런데 내가 성공을 못하면 이 억울한 복수 어떻게 하느냐?' 하는 그 생각. 또 한 책을 들여다보는 그 시간이 다시 돌아오지 않을 것이기 때문에 그대로 머릿속에 들어갑니다. 공부 역시 바로 마음먹기에 달렸습니다. 자신의 태도와 정신을 다잡아놨을 때 남들보다 반만 공부를 해도 효과는 두 배가 더 납니다. 그 비법으로 중학교, 고등학교 계속 우등생이 되었고, 하버드에서 마흔셋에 시작한 석사과정도 평균 A⁻ 학점으로 마쳤습니다.

우리 딸 역시 어릴 때부터 꼴찌였습니다. 모전여전(母傳女傳)이라기보다 꼴찌가 얼마나 중요한 경험인가를 엄마가 체험으로 깨달았기 때문이었습니다. 학교 성적이 조금 더 높으냐가 아니라 외국어를 몇 개나 알고 있느냐, 그리고 그 나라 문화 풍습에 대해서 얼마나 알고 있느냐 하는 것이 국제 경쟁사대에 앞서갈 수 있는 관건이라는 것을 깨달았기 때문입니다. 그래서 미국에서 태어나 한국말도 못하는 이 아이를 한국 학교에다가 넣었던 것입니다. 말을 못 알아듣는데 꼴찌는 이미 따 논 거 아닙니까?

그리고 이 아이에게 평생 공부하라는 말을 한 번도 해본 적이 없습니다. 왜 공부를 해야 하는가, 그것이 자신의 행복과 무슨 상관이 있는가, 나는 그것을 깨닫도록 유도했을 뿐입니다. 아이가 스스로 알아서 공부를 하기 시작하더라고요. 결국 고등학교 졸업할 때 딸아이는 한국말, 일본말, 영어를 완벽하게 구사하게 되었습니다. 그리고 미국 대통령상을 받았습니다. 해마다 250만 명이 졸업을 하는데 그 중 141명에게만 대통령상을 줍니다. '95년에 한국계 아이가 딱 3명. 그 가운데 한 명이 재스민 성아 조, 우리 딸이었습니다.

박사가 되고자 떠난 미국 행

아무튼 이렇게 한국에서 가발공장 직공생활을 하다가 그 다음에 간 곳이 관악산 골프장 식당 종업원입니다. 그리고 거기서 모두가 경험하는 첫사랑을 이 서진규도 했고, 또 자기보다도 너무나도 수준이 높은 이 사람과 연애를 하다가 실연도 했고, 그리고 죽음을 생각하기도 했습니다. 사실 가장 쉽게 죽는 방법을 찾고 있을 때 눈에 띈 것이 바로 미국 가정에서 식모를 구한다는 신문광고 쪼가리. 제가 죽음을 생각하지 않았더라면 아마 미국 가는 것을 두려워했을 것입니다. 그때 제 나이가 채 스무 살도 안 되었죠. 그런데 그때는 직업소개소를 통해서 미국으로 건너간 사람 가운데 70퍼센트 정도가 창녀, 매춘부로 팔려가던 시대였어요. 저도 그 대열에 낄 70퍼센트의 가능성을 안고 미국에 도착을 하게 됩니다. 그런데 제가 죽음을 생각했기 때문에 위기가 기회로 보였고, 그래서 용기를 내서 미국으로 건너갑니다.

'71년 3월 9일 뉴욕에 도착을 했을 때, 영어는 화장실 겨우 찾아갈 실력이었고 아버지가 꿔다 주신 100달러가 전 재산이었습니다. 그런데 다행히도 저는 창녀로 팔려가던 케이스가 아니었습니다. 진짜 식모 자리였습니다. 그런데 문제는 수속하는데 2년이 걸리다 보니 남미에서 온 사람이 이미 제 자리를 차지하고 있었습니다. 그 당시에는 아주 좌절감이 들었지만 지나고 나니 그것이 바로 나에게는 축복이었습니다. 거기서 일을 하면 3년을 나는 한 달에 300달러 받으면서 식모로 일을 해야 됩니다. 사실 '71년에 300달러면 엄청나게 큰돈입니다. 한국에서 제가 한 달에 1만 원 벌던 때였으니까. 그런데 거기서 나왔기 때문에 나는 한국 식당에 취직을 하게 되고, 그 '아리랑'이라는 가게에서 관악산 골프장에서 일했던 제 경력을 쳐줬기 때문에 한 달에 1,000달러씩 벌 수 있었습니다. '71년에 1,000달러면 엄청나게 큰돈 아닙니까?

제가 인터뷰한 글들을 보면 이렇게들 많이 써 놓더라고요. '서진규는 식모가 되기 위해서 미국으로 갔다.' 물론 사람들의 시선을 끌기 위해서 그렇게 썼겠지마는 내가 언제 식모가 되기 위해서 미국을 갔습니까? 나는 박사가 되기 위해서 성공하기 위해서 미국을 간 것이고, 식모는 미국으로 갈 수 있는 합법적인 수단에 지나지 않았습니다. 물론 거기서 식모로 일을 해야 한다면 해야죠. 첫해에 제가 돈을 많이 벌지 않았습니까? 이미 빚 다 갚고, 그리고 남은 돈으로 그 이듬해부터 저는 미국 유학생 신분이 되었습니다.

유학생이 되면서 낮에는 공부하고 저녁에는 식당에서 일하는 생활이 계속됐습니다. 그러다가 이번에는 진짜 제가 어릴 때부터 생각했던 이상형(키 180센티미터에 75킬로그램)을 만나게 됩니다. 한국에서 갓 건너온 합기도 검은 띠 7단. 사실 그 당시에는 외교관들이나 재벌 아들한테서 청혼이 들어오던 시절이었습니다. 그런데 제 눈에 안경이라고, 저는 그 한국에서 온 돈도 없고 영어도 못하는, 다른 기술이라고는 전혀 없는 이 사람과 사랑에 완전히 빠져 결혼을 하고, 그 이듬해 딸이 태어납니다.

실패한 부부관계, 성공한 모녀관계

미국에서는 자식 키우기 참 쉽습니다. 우리 아이는 초등학교서부터 고등학교까지 다 공립만 보냈습니다. 미국 공립학교는 한국 공립학교보다 돈이 덜 들어갑니다. 그리고 또 미국 대학생들은 주로 자기들이 벌어서 학비와 기숙사비, 생활비 다 충당을 합니다. 우리 딸이 ROTC를 시작했던 것 역시 바로 자기 학비와 생활비를 대기 위해서입니다. 그리고 하버드뿐만 아니라 미국에서 졸업한 아이들은 졸업 후 만나 서로에게 묻는 첫 질문이 '야, 너는 융자 갚을 것 얼마나 남았니?'입니다. 한국 아이들은 주로 부모들이 학자금을 다 대주기 때문에 이런 대화에는 끼지 못합니다. 저는 거저 딸아이를 키운 셈입니다. 자식에게 돈을 안 주고 키우면 부모에게 돈을 주는 자식으로 큰다던데, 몇 년 전부터는 딸아이에게 매달 100만 원씩 용돈을 받고 있습니다.

조금 돈 얘기를 한다면, 학교에서는 좀 그렇지만, 기업에서 한 번 강연하는데 주로 200만 원 넘게 받지 않겠습니까? 두세 번만 강연을 하면 딸의 월급이 나오는데 이 아이가 매달 100만 원씩 엄마한테 용돈을 보내주고 있습니다. 미국에서도 저 책을 내려고 하니까 유명한 작가 한 사람이 이런 제안을 하더라고요. 미국에서 낼 때는 제목 이렇게 붙여라. '우리 아이, 어떻게 부모에게 용돈 주는 자식으로 키워낼까? (How to raise your child to give you money?)'

카피라이트라고 합니까? 저작권이라는 것이 있기 때문에 나는 이미 그 사람에게 허락을 받아둔 상태입니다. 다른 나라에서 책이 나올 때 아마 그 제목으로 나올 확률이 굉장히 큽니다. 아무튼 그 아이가 제가 선택한 남자와의 사이에서 태어났고, 그 아이를 보면 엄청나게 좋은 투자였던 것 같습니다. 그런데 문제는 부부관계였어요. 남녀관계가 참 쉬운 게 아니더라고요.

사랑은 사람 눈을 멀게 합니다. 주변사람들 말하는 거 잔소리라고 생각하는 사람들 많습니다. 저부터도 그렇게 생각을 했었으니까. 그런데 시간이 지나고 콩깍지가 벗어지고 나니까 그 주변사람들이 했던 말들이 다 맞는 말들이더라고요. 결국 내가 선택한 결혼은 아이는 잘 낳았는데 남편은 실패를 했던 거 같습니다. 그 남자는 '마누라는 절대로 남편에게 복종을 해야 한다. 그리고 마누라는 최소한 1년에 서너 번은 두들겨 맞아야 제자리를 안다.' 이런 우스갯소리를 믿을 뿐만 아니라 실천하던 사람. 그래서 이 서진규 많이 두들겨 맞았습니다. 맞으면서도 안 아프게 맞는 방법을 생각해 냅니다. 서진규는 또 창조적이고, 혁신적인 사람 아닙니까?

상대방의 주먹이 내 피부에 닿기 0.1초 전에 온 몸에서 힘을 그대로 탁 빼버립니다. 그러면 이쪽에서 치면 이쪽으로 휘청, 저쪽에서 치면 저쪽으로 휘청. 하나도 안 아파요. 진짜 안 아파요. 못 믿겠으면 한번 둘씩 짝을 지어서 지금 쳐보세요. 아픈 사람은 여러 번 다른 방식으로 맞아보아요.

그런데 문제는 몸은 안 아픈데 이 마음이 분노하지 않습니까? 그 위대한 상상력 속에서 나는 복수를 하기 위해서 이 사람을 죽이는 장면을 수도 없이 생각하기 시작합니다. 그리고 두려운 것은 언제 내가 이것을 실행에 옮길지도 모른다는 사실입니다. 우리 인간은 엄청난 가능성을 가지고 있는데 그 가능성에는 살인마가 될 가능성도 포함하고 있습니다. 이때 터득한 깨달음입니다.

희망의 증거가 되기까지

사람을 죽이지 않기 위해서 서진규는 군에 입대를 합니다. 태어난 지 8달밖에 안 되는 딸을 아는 사람을 통해서 한국으로 보내고, 28살의 나이로 미군 일등병이 됩니다. 그리고 그야말로 죽을 고생을 했습니다. 사실 제가 다른 사병들보다 10살이 더 많았고, 왕따를 당하고 벌도 많이 받았습니다마는, 그때 생각해낸 것이 바로 하늘이 무너져도 솟아날 구멍이 있다는 것입니다. 그리고 나의 강점, 장점을 살려서 다른 사람의 약점을 보완해주기 시작했습니다.

서진규의 강점은 바로 식모 생활을 잘했기 때문에 청소도 잘하고, 옷도 잘 다리고, 군화도 잘 닦고. 미군에서는 체력만 가지고 평가를 하지 않습니다. 그 모든 것을 측정합니다. 미국 아이들은 그야말로 천방지축이어서 그것을 못해 가지고 벌점을 많이 받아 쉬는 날 밖에 나가지도 못할 때, 서진규가 자기 것 완벽하게 해놓고 이 아이들 것을 도와주기 시작했습니다. 결국 그 아이들이 왕따를 풀고 나를 도와줍니다. 그리고 두 달 뒤에 보병훈련이 끝날 때 서진규는 200명 가운데 1등으로 졸업을 했습니다. '구하라, 그러면 얻을 것이다.'

1등을 하고 나서부터는 자신이 생깁니다. 하면 되는구나! 4년 반 뒤에는 제가 미군 장교에 도전을 합니다. 미국 사람들에게 절대 뒤지지 않게 됩니다. 미국에 도착한 것이 '71년 3월 9일. 그로부터 딱 10년 뒤인 '81년 3월 21일, 세계 최강 군에 으뜸가는 성적으로 소위에 임관을 했습니다. 그리고 10년 뒤에는 이미 중대장도 끝내고 하버드에서 석사과정을 밟고 있었습니다. 일본말이 유창해져 있었습니다. 영어도 이미 술술 나왔습니다. 그리고 10년 뒤에는 한국에서 자고 일어나니까 유명해져 있었습니다. 〈일요 스페셜〉, 〈성공시대〉 등의 방송 출연에, 책이 베스트셀러 종합 1위가 되어서 저도 그 유명한 강남에 아파트를 마련하기도 했었습니다.

아무쪼록 마지막으로 여러분이 꼭 기억해두시길 바라는 요점은 이 네 가지입니다.

첫째, 우리 인간은 태어날 때 아무런 선택이 없다. 둘째, 우리 인간은 죽는다는 사실에서도 아무런 선택이 없다. 셋째, 우리 인간은 이승에서 살 수 있는 단 한 번의 기회밖에는 주어지지 않는다. 넷째, 그러나 한 번 주어진 이 기회를 어떻게 살다 갈 것인가? 그것은 바로 내가 결정한다.

감사합니다.

구두닦이 CEO의
도전인생

한 대 중
전남도청 구두컨설팅 대표

여러분 안녕하세요! (안녕하세요.) 여러분 안녕하세요! (안녕하세요.) 여러분 행복하시죠? 행복하지 않으신 분 손 한번 들어보세요. 여기 학생. 왜 행복하지 않습니까? 여기 한 분 빼놓고는 다 행복하시죠? 자, 어제 일은 다 잊어버리십시오. 지금 바로 행복하십시오. 근심걱정을 다 버리십시오. 있는 그대로 받아들이십시오. 내가 가진 것에 감사하십시오. 남과 비교하면 절대 행복할 수 없습니다. 그렇지 않습니까? 어제는 부도수표요, 내일은 어음수표요, 오늘이 현금입니다. 이 세상 최고의 선물은 나 자신이요, 지금 이 순간이요, 처음 만나본 사람들입니다. 어제도 행복했습니다. 오늘은 정말 행복합니다. 내일은 더욱 행복해질 것입니다. 항상 최고의 삶으로, 최고 행복하게 사는 남자 한대중입니다. 하고자 하는 의지와 열정을 가지고 계신 홀

륭한 여러분을 만나 뵙게 되어 대단히 반갑습니다.

　저는 설렘과 기대감을 가지고 여기에 왔습니다. 여러분을 만나니 힘이 솟습니다. 더욱 행복해집니다. 오늘 이 자리는 무엇을 채우고 담는 자리가 아니라 마음에 있는 모든 것을 다 털어버리시고, 몸과 마음을 비우고 버리는 자리가 되었으면 합니다. 여러분은 그동안 수많은 교육과 많은 책을 통해서 대한민국의 내노라 하는 분들의 강의를 들으면서 입맛이 고급이죠? 저는 오늘 다른 분이 했던 강의를 되풀이할 수 있습니다. 그리고 여러분이 이미 알고 있는 상식을 다시 반복할 수 있습니다. 그럼에도 저는 오늘 이 자리에 단 한 명이라도 바꾸고, 단 한 가지라도 얻어 가신다면, 제가 여기 선 보람으로 알겠습니다. 지금부터 대문을 활짝 여시고, 마음의 문을 활짝 여시고, 저와 여러분들이 따뜻한 가슴으로 마음과 마음을 나누는 시간이 되었으면 합니다. 오늘 한 시간 반 강의는 다른 것 열 시간과 같습니다. 교육 내용은 학습 잠재력의 극대화입니다. 오늘 지금 이 시간부터는 저와 여러분 모두 계급장을 떼고, 세 살 먹은 아기로, 동심으로 돌아가도록 하겠습니다. 그럴 수 있죠?
　우리는 행복해서 웃는 것이 아니라, 웃으면 행복이 옵니다. 웃으면 최고 상품이요, 승리자의 모습입니다. 진짜로 웃는 것이나 가짜로 웃는 것이나 똑같습니다. 여러분 지금부터 박수를 치면서 박장대소를 해주시기 바랍니다. (박수와 웃음) 처음에 망가지자고 했잖아요, 자, 다시 한 번 박수치면서, 시~작! (박수와 웃음) 우리가 어렵고 힘들 때 웃어야 합니다. 여러분 어렵고 힘들 때 웃으십시오. 웃으면 일이 잘 풀립니다. 웃으면 행복이 옵니다. 웃으면 웃을 일이 생깁니다. 긍정! (엔도르핀) 긍정! (엔도르핀) 부정! (독소) 부정! (독소) 개 한 마리 죽일 때, 95마리 죽이는 분노의 독이 나온답니다. 그리고 한 사람이 한 시간 화내면 80명 죽이는 독이 나온답니다. 여러분, 부정이 이런 역할을 합니다. 그리고 긍정하면 엔도르핀이 나오면서 우리 몸의 세포가 활성화되면서 건강하고, 성공하고, 돈 많이 벌고, 행복해지는 것입니다. 여러분 다시 한 번 따라해 주시기 바랍니다. 자존심 (자존심) 두려움 (두려움) 분노 (분노) 욕망 (욕망) 슬픔 (슬픔) 무기력 (무기력) 죄의식 (죄의식) 여러분들 마음이 어떻습니까? 다운되죠? 다운되지 않습니까? 이것이 부정 의식입니다. 지금부터는 긍정 의식입니다. 용기 (용기) 중립 (중립) 자발성 (자발성) 포용 (포용) 이성 (이성) 사랑 (사랑) 기쁨 (기쁨) 깨달음 (깨달음) 순수한 마음 (순수한 마음) 여러분, 죄의식이 1이라면, 순수한 마음은 1,000입니다. 이 마음이 예수님 경지요, 공자님 경지요, 석가님 경지입니다. 여러분, 지금 이 순간 이후부터는 이것을 버리십시오. 저는 이 부정 의식을 버렸습니다. 특히 자존심을 버리십시오. 알량한 자존심을. 그리고 내가 어렵고 힘들면, 항상 이 말만 되새기면 내 맘이 풀리고, 내 맘이 즐거워집니다. 이 부정 의식을 버려야 합니다. 나에게 전혀 도움이 안 됩니다.

자존심을 버려라

여러분, 내가 힘들고 어려울 때, '용기, 중립, 자발성' 하면 내 마음이 업되고 있습니다. 저는 이것을 모두 버렸습니다. 다 버렸습니다. 특히 자존심, 이것을 버렸습니다. 자존심이 우리 성공과 건강과 행복을 가로막고 있습니다. 우리 마음 안에는 긍정의식과 부정의식이 자리잡고 있습니다. 우리가 그동안 혁신과 변화를 거쳐 왔습니다. 그런데 우리의 습관처럼 우리 몸에 가깝게 다가오지 못했습니다. 내 맘 안에 있는 모든 부정의식을 버리고, 긍정적 에너지로 긍정의식으로 가득해야 하는 것입니다.

부정이 우리 몸 안에 있는 원인이 있습니다. 우리가 태어나면서 스무 살이 될 때까지 하루에 20분 이상, 14만 번 이상 부모에게 부정적인 말을 듣고 살았습니다. 그래서 우리 몸과 마음 안에 부정 의식이 자리 잡고 있습니다. 그리하여 부정과 불행을 앞세우고 있습니다. 저는 지금까지 긍정과 부정 가운데 긍정을 선택했습니다. 우리가 어떤 것을 선택하느냐에 따라서 우리의 인생이 바뀌게 되는 것입니다. 여러분 아시겠습니까?

지금 이 순간부터 이 부정 의식을 완전히 버리시고 긍정의식만 가지십시오. 저는 지금 현재 제 몸을 100퍼센트 긍정화하고 있습니다. 그리고 항상 긍정의식과 열린 사고를 가지고 있습니다. 그리고 항상 스펀지가 되고 있습니다. 21세기는 지식정보 사회입니다. 지식이 홍수처럼 몸에 다가오고 있습니다. 저는 제 것이 아니면 과감히 버리고 제 것만 받아들이고 있습니다.

여러분, 21세기 지금 가장 중요한 것이 무엇인지 아십니까? 그건 바로 인간관계입니다. 우리는 매일 잠에서 깨어나면 가정에서, 직장에서, 사회에서, 매일매일 사람을 만나가며 살아갑니다. 21세기는 사람부자가 큰 부자라고 했습니다. 사람이 곧 돈이라고 했습니다. 한 통계에 따르면 미국은 85퍼센트가 인간관계요, 한국은 이보다 높은 95퍼센트라고 합니다.

여러분, 주위의 성공한 사람들을 보십시오. 얼마나 많은 사람들이 따르고 있습니까. 그들은 겸손한 사람들입니다. 자기를 낮추고, 자기를 버리는 사람들입니다. 이 세상의 큰 미덕은 겸손이라 하였습니다. 여러분, 우리는 좋은 사람만 만납니까? 보기 싫은 사람, 밥맛없는 사람, 미운 사람, 폭탄 테러를 얼마나 많이 만나고 있습니까. 여러분, 여러분은 폭탄테러 안 만납니까? 만나지요? 밥맛없는 사람 많이 만나지요? 우리는 매일매일 똥을 묻히고 있습니다. 그런데 똥을 그냥 둬야겠습니까? 닦아야 합니다. 적극적이고 주도적이어야 합니다. 그것이 바로 성공한 사람입니다. 주위의 인심을 잃지 마십시오. 내가 먼저 다가서는 것입니다. 여기 동전 하나가 있습니다. 이 떨어진 동전을 줍기 위해 우리는 고개를 숙여야 합니다. 여러분, 돈을 벌기 위해 우리는 어떻게 살아가야 하겠습니까? 고개를 숙여야 합니다. 인사를 잘 해야 합니다.

인사하는 세 가지 방법

인사를 그냥 마지못해 하는 것이 아니라 마음에서 우러나는 인사를 해야 합니다. 인사에는 세 가지 방법이 있습니다. 첫째, 상대보다 먼저 인사합니다. 그리고 둘째, 빨리 인사합니다. 셋째, 인사하면서 최대한 아부한다. 인사하면서 아부해야 합니다. 왜냐하면, 아부하면서 인사하면 상대방이 얼마나 기분이 좋아집니까. 아침에 인사할 때 최대한 아부하십시오. 그러면 서로 기분이 좋습니다. 방송에서 절 보셨죠? 제가 뭐 하는지 아십니까? 한번 물어보십시오. 뭐하냐고 한번 물어보십시오. (뭐하십니까?) 도청에 있습니다. 다시 한 번 물어보십쇼. (뭐하십니까?) 자영업하고 있습니다. 이전에는 이렇게 말했습니다. 그때는 왜 그랬냐 하면, 부정적인 마음을 가지고 있었기 때문입니다. 지금은 제가 어디 가서나 구두 닦는다고 말하고 있습니다. 저는 올해 52살입니다. 34년째 구두를 닦고 있습니다. 그리고 현재 전라남도 도청에서 16년째 구두를 닦고 있습니다. 그러면서 저는 아침 5시에 일어나 하루에 150여 켤레의 구두를 닦고 있습니다. 그러면서 나를 즐겁게, 기쁘게, 행복하게 하며 일하고 있습니다. 그리고 상대에게는 최고로 친절하며, 무조건 감사하며, 어린아이처럼 즐기면서 하고 있습니다. 옛말에 이런 말이 있습니다. 아는 자는 좋아하는 자를 이기지 못하고, 좋아하는 자는 즐기는 자를 이기지 못한다고 했습니다.

우리 인생은 즐거운 여행인 것입니다. 저는 오늘 구두를 몇 켤레 닦느냐, 돈을 얼마나 버느냐가 중요한 것이 아닙니다. 오늘 날 지지하는 사람들, 날 좋아해 주는 사람들을 몇 명이나 만나는가가 중요합니다. 저는 그러면서 하루 10시간 150켤레가 넘는 구두를 닦으면서, 이 안의 유명 강사들의 강연 테이프는 계속 돌아갑니다. 이 테이프는 성공하는 사람들의 노하우와 자기계발법이 담겨 있습니다. 구두를 닦는 10시간 동안 계속 돌아갑니다. 제 지식과 제가 담겨져 있습니다. 어제 듣고, 오늘 들으면 다릅니다. 그리고 내일 들어도 또 다릅니다. 이 테이프를 10번 이상, 50번 이상 듣고 있습니다. 5년 동안 100개 이상을 삶아 먹었습니다. 5년 동안 나는 매일매일 듣고 있습니다.

그리고 저는 월말이면 한 달에 4권의 책을 삽니다. 그래서 카드를 너무 많이 쓰니깐 우리 집사람이 카드를 자꾸 쓴다고 난립니다. 그런데 내가 보던 책을 우리 집사람이 보고 있습니다. 일주일에 한 권은 반드시 봅니다. 1년이면 52주에서 53주가 됩니다. 한 달에 4권을 보면 1년이면 50권을 독파할 수 있습니다. 10년이면 500권의 책을 읽을 수 있습니다. 그러면 못할 것이 하나도 없습니다. 자기 분야의 최고가 되는 것입니다.

저는 언제 어디서나 책을 가방에 들고 다니면서 하루 한 시간 짜투리 시간을 최대한 활용하고 있습니다. 저는 이 책을 보는 데 3년이 걸렸습니다. 한 달에 4권을 보는데, 이 책은 3년이 걸렸습니다. 중국에 가면 칭화대가 있습니다. 칭화대는 세계 100대 대학 가운데 하나입니다. 칭화대는 100권 이상의 책을 읽어야 졸업을 할 수 있습니다. 그러면서 하는 말이, 첫째, 인생의 모델을 찾아라. 둘째, 영혼불변의 가치를 찾아라. 셋째, 꿈과 비전을 찾아라. 또 다른 대학이 있습니다. 미국 휘튼대학이라고 원래는 2류 대학이었는데, 총장이 바뀌면서 노벨상 수상자를 50명 이상 배출하게 된 학교입니다. 그 곳은 200권 이상을 읽어야 합니다. 이 책 안에는 모든 것이 들어 있습니다. 그리고 성공한 사람들은 반드시 책을 지니고 다닙니다.

여러분, 이게 뭔지 아십니까? 이건 플래너(planner)입니다. 하루 일과 계획입니다. 한번 보여드릴까요? 오늘이 4월 10일입니다. 1번이 스피치. 2번이 휴먼네트워킹. 21세기는 신뢰요, 인간관계요, 휴먼네트워킹입니다. 3번, 매일매일을 점검하고, 내일의 계획을 세운다. 4번, 이미지 트레이닝. 4월 10일 오후 5시 반, 유한대학 특강. 이미 성공한 모습을 그려왔습니다. 유한대학 특강, 그 다음에 집사람한테 전화. 친구한테 전화. 그 다음에 내 자신을 용서합니다. 용서하고, 내 미래의 모습을 보고, 칭찬하고 있습니다. 그 다음에 웃음, 감사. 마지막으로 감정의 주인이 되자. 이렇게 매일매일 나를 써놓고, 체크를 합니다. 요즘에는 반성일기가 아닌 성공일기를 쓰고 있습니다. 오늘은 최고의 날입니다. 오늘 또 기적이 일어 날거야. 이렇게 좋은 말을 쓰면서 잘하고 있는 내 모습을 그대로 쓰고 있습니다. 이것도 3년 만에 자리 잡을 수 있었습니다. 그 다음에 뭘 쓰느냐. 변화일기입니다.

나의 변화일기. 나의 변화 모습. 첫째, 과거의 행복한 추억이나 긍정적인 모습을 떠올려 본다. 둘째, 오늘 감사해야 할 일은 무엇인가. 셋째, 오늘 내가 선택했던 것은 무엇인가. 넷째, 오늘 스스로 느낀 것은 무엇인가. 다섯 번째, 나의 미래를 생각하며 한 장을 떠올려 본다. 이렇게 다섯 가지 변화일기를 쓰고 있습니다. 여러분, 여러분은 꿈이 있으시죠? 꿈이 10가지 이상 있는 분 손 한번 들어주십시오. 그리고 꿈 옆에 그림을 붙여 보신 분 있으시면 손 한번 들어보십쇼. 그리고 매일매일 실행하고 있는 분 손 한 번 들어보십시오. 우리는 방향이(진로가)

반드시 서야 합니다. 저는 나이가 52살인데, 여기 노트에 꿈이 100가지가 들었습니다. 제 꿈이 100가지가 들었습니다. 그리고 〈나의 사명서〉라 이름붙인 목표 10개가 적혀 있습니다.

〈나의 사명서〉

첫째, 존경받는 남편. 둘째, 용(龍) 같은 아빠. 셋째, 효성스런 아들. 넷째, 나는 반드시 CEO가 되겠다. 다섯째, 이웃과 사회에 봉사하는 사람이 되겠다. 여섯째, 성공학 책을 쓰겠다. 일곱째, 성공 컨설팅 대표. 여덟째, 최고 동기부여 강사. 아홉째, 노벨평화상. 열째, 대한민국 그 자체가 되겠다고, 제 구두 닦는 맞은편에 붙여놨습니다. 5년 전에 붙여놨는데, 5년 만에 동기부여 강사가 됐습니다. 나는 매일매일 이미 돼 있는 모습, 하는 모습, 이루어지고 있는 모습을 보고 상상하고 있습니다. 이것을 글로만 쓰면 안 되니깐, 그림으로도 붙여놨습니다. 그림으로 붙여야만 이루어질 수 있습니다. 내가 갖고 싶은 차, 내가 갖고 싶은 집, 그리고 내가 가고 싶은 곳, 하와이, 알프스 산맥, 그리고 내가 하고 싶은 것, 내 사진은 붙여 놓고 그 밑에다 초대강사, 토크쇼 사회자. 이렇게 붙여 놨더니 5년 만에 최고 동기부여 강사가 이루어졌습니다.

이런 통계가 있습니다. 사회의 20퍼센트는 반드시 빈민층입니다. 60퍼센트는 어떤 사람들이냐, 현실에 안주하는 사람들입니다. 10퍼센트는 어떤 사람들이냐, 머리로만 성공했다고 생각하는 사람들입니다. 3퍼센트의 사람들은 목표와 기록을 가지고 있는 사람들입니다. 그들은 막연한 것이 아니고, 간절하고 절실합니다. 그리고 언제까지 이루겠다고 시간까지 정해놓은 사람들입니다. 그래야만 이루어집니다. 머리로만 생각하면 됩니까? 안 되지요. 반드시 이렇게 기록이 돼야 하고, 반드시 그림까지 붙여야 합니다. 그리고 저는 올해 목표가 11가지가 있습니다. 작년에 10가지 세워서 7가지를 이뤘습니다. 한 번 불러드릴까요?

첫 번째는 '잘 웃자' 입니다. 저는 '무조건 웃자' 입니다. 두 번째로 스피치. 세 번째로 수신제가(修身齊家). 네 번째로 매일 30분씩 운동한다. 저는 1월 29일부터 매일 하고 있습니다. 그리고 날마다 나 자신을 용서하고 칭찬하고 있습니다. 그리고 한 달에 4권의 책을 읽는다. 그리고 성공 테이프를 듣는다. 제가 작년에 도청 탁구대회에서 4등을 했는데, 올해는 우승을 목표로 하고 있습니다. 그리고 제가 판소리를 배우고 있는데, 판소리 한 곡 완창. 그리고 현대 의학의 모순과 한계를 알고 있습니다. 그래서 대체의학에 관심을 가지고 있습니다. 그래서 대체의학 기반 시기. 그 다음에, 11번째. 제가 올해 특강을 12번째 하고 있는데 올해 30회 이상 하기로 마음먹었습니다.

잠재의식은 내가 시키는 대로 하면 됩니다. 그래서 올해 목표는 11가지입니다. 그런데 이렇게 써놓기만 하면 안 되고 실행해야 합니다. 이루고 싶은 이유와 실행방법, 이렇게 나와야만 이루어집니다. 올해도 많이 이루어질 것 같아요. 이렇게 기록하고, 실행하면 다 이루어집니다. 저는 현재 꿈이 100가지 있고, 〈나의 사명서〉가 10가지 있고, 올해 목표가 11가지가 있습니다. 저는 매일 실행하고 있습니다. 실행하지 않으면 아무 소용없습니다. 말로만 해놓으면 아무 소용없습니다. 제가 잘 하고 있습니까? (예~) 천진난만한 모습 좋지요? 제 스스로를 열심히 닦고 있죠. 저에겐 현재 장점이 100가지가 있습니다. 여러분들도 쓰면 다 나옵니다.

그리고 제 단점이 15가지가 있습니다. 여러분 단점 많죠? 저는 이렇게 써놓았습니다. 그리고 이 단점들을 매일 줄여나가고 있습니다.

지금도 두려움이 있습니다. 지금도 긴장감이 있습니다. 지금도 자존심이 있습니다. 지금도 게으름이 있습니다. 지금도 미움이 있습니다. 지금도 실천 안 한 것이 있습니다. 지금도 고정관념이 있습니다. 집중력이 부족합니다. 이렇게 나의 단점을 써놓고, 하나하나 매일매일 줄여나가고 있습니다. 이것이 나를 성장시키고, 발전시키는 것입니다.

여러분, 제 나이 52살에 꿈이 100가지가 있다는 것이 이상하죠? 여러분, 오늘 백지 위에 꿈을 적어보십시오. 한 10가지 남짓 나올 겁니다. 하루아침에 100가지가 나오지 않습니다. 계속 늘려나가면 꿈이 많아집니다. 한번 적어보십시오, 꿈을. 저는 머리보단 하고자 하는 의지가 있습니다. 능력보단 열정이 있습니다. 끝없는 실패 속에서도 계속 배우고 있습니다. 나 자신을 사랑하고 존경하고 있습니다.

하루가 행복하기 위해서는 이발을 하라고 했습니다. 여러분, 이발하고 나면 기분 좋죠? 일주일이 행복하기 위해서는 말을 타라고 했습니다. 말 타고 달리면 신나죠? 한 달이 행복하기 위해서는 자동차를 타라고 했습니다. 여러분, 새 차를 타서 드라이브하면 기분 좋잖아요? 일 년이 행복하기 위해서는 결혼을 하라고 했습니다. 여러분, 사랑하는 사람과 만나서 살면 얼마나 기분이 좋습니까? 여러분, 평생을 행복하게 살아가기 위해서 어떻게 살아가야 하겠습니까? 저는 이렇게 생각합니다. 성실해야 한다. 정성을 다해야 한다. 곰탕집을 40여 년 동안 운영했던 아주머니가 아들에게 물려주면서 세 가지를 강조했습니다. '정직하라. 진실하라. 정성을 다하라'라고 했습니다.

저의 인생을 결론지어서 말씀드리겠습니다. 저는 죽는 그날까지 성실하게, 정직하게, 근면하게 이타적으로 살 것입니다. 저의 몸은 해부용으로 의과대학에, 제 재산은 국가에 모두 환원할 것입니다. 저의 큰 성공과 행복은 나눠주고, 베풀어주는 데 있습니다. 저는 가난과 못 배움과 신체장애라는 행운을 가지고 태어났습니다. 저는 가난했기 때문에 부자가 되려고 노력했습니다. 배우지 못했기 때문에 배우려고 끊임없이 노력하고 있습니다. 저는 건강치 못했기 때문에 건강하기 위해 부단히 노력하고 있습니다. 저는 구두닦이 34년 동안 거의 모든 것을 극복했습니다.

저는 태어나서 머리가 미련했습니다. 지능지수가 70이었습니다. 초등학교 성적은 양·양·양·가 꼴찌였습니다. 열등아, 저능아였습니다. 그리고 이 안에 사람이 들었다고 했습니다. 낫 놓고 기역자도 몰랐습니다. 그리고 태어날 때는 폐도 좋지 않아 말도 잘 하지 못했습니다. 초등학교 6학년이 돼서야 국어책을 읽었습니다. 그리고 2006년 4월 이전만 하더라도 제가 제 말을 못 알아들었습니다. 말을 더듬었습니다. 그리고 목 디스크, 허리 디스크를 30년 이상 앓았습니다. 모든 조건이 저에게 좋은 것이 없었습니다. 그러나 저는 부모님도 원망하지 않았고, 환경도, 여건도 탓하지 않았습니다. 저는 단점, 약점, 결점, 실수 등을 저의 디딤돌로, 동기로 삼았습니다. 그리하여 오늘 여러분 앞에 당당히 선 것입니다.

바다 한가운데 유조선이 있었습니다. 그 배 안에는 100명의 선원이 타고 있었습니다. 그런데 불행하게도 그 유조선에 불이 났습니다. 99명은 그대로 죽겠다고 했습니다. 단 한 명만이 1퍼센트의 희망을 보고 바다로 뛰어들었습니다. 저는 그 누가 반대하더라도 내가 생각할 때 옳다고 생각된다면 단 1퍼센트의 희망을 보고 나아가겠습니다.

저는 12남매의 장남입니다. 그리고 어머님도 세 분입니다. 저희 아버님은 토목과 건축 기술자였습니다. 전남 장흥군 안양면 일대 피난민촌을 다 지으셨습니다. 그리하여 많은 전답을 마련하셨습니다. 그런데 할머님의 암 투병과 작은 외할아버지의 빚보증으로 모든 전

답을 잃게 되었습니다. 작은 외할아버지는 5남매를 대학까지 다 가르치고도 1원 한 푼 갚지 않았습니다. 그리하여 아버님은 우리를 가르치시려고, 모든 것을 정리하시고 광주로 올라오셨습니다. 그런데 올라오셔서 토목 일이 잘 되지 않아 수업료도 못 내는 처지였습니다. 그때 제가 중학교 1학년이었는데, 선생님은 수업료를 내지 않았다고 첫 시험 첫 시간에 시험지를 뺏어가 버렸습니다. 그 학교에 있을 수 없었습니다. 저는 학교를 그만두었습니다.

공부할 수 있다는 말에 시작한 구두닦이

그 뒤로 저는 15살 때부터 사회생활을 시작하게 되었습니다. 2년은 이발 일을, 3년은 기왓장을 만들었습니다. 기와 일을 하면서 저는 하루에 영어 단어를 30개씩 외웠고, 밤에는 경찰서에서 운영하는 야학을 다녔습니다. 정말 공부가 하고 싶었습니다. 그러던 중 어느 날 옆집 사는 친구가 구두를 닦으면 공부를 할 수 있다고 하였습니다. 그리하여 저는 1974년 8월, 18살이라는 나이에 구두 닦는 곳으로 갔습니다. '74년부터 오늘 날까지 34년째입니다. 그 친구와 함께 광주 임동의 청소년재활학교 BBS센터에 들어갔더니 거의 다 고아였습니다. 다들 성격이 난폭하고, 포악합니다. 옛날 광주고속 맞은편 자리에 있는 다방 앞에서 선배와 함께 구두닦이를 시작했습니다. 그런데 구두 닦는 일이 쉬운 것이 아닙니다. 그리고 사람들이 구두를 잘 안 닦습니다. '구두 닦아요' 하고 다니면 외면해버립니다. 그래서 '힘듭니다, 안 할래요'라고 했더니 안으로 들어오라고 하더군요. 방에 들어갔더니 방 가운데 나를 두고 10명이서 때리기 시작했습니다. 계속 맞다가, 너무 힘들어서 밖으로 나왔습니다. 그런데 어디 오갈 곳이 없었습니다. 그래서 다시 돌아갔습니다. 그리고선 하루 종일 맞았습니다. 저는 공부하기 위해서 꾹 참았습니다. 그런데 이 친구들은 구두 닦는 일을 하루 종일 하는 것이 아닙니다. 오전만 하고 저에게 돈을 벌어오라고 시켰습니다. 제가 하루 종일 벌어서 가져다주면, 돈이 적다고 뭐라고 그랬습니다. 그런 식으로 2년을 하고 나서야 해방이 됐습니다.

구두 통을 들고 광주 시내를 돌아다녔습니다. 그때 전남대 교육봉사회 학생들이 저녁에 1~2시간씩 공부를 시켜줬습니다. 그러면서 용봉중학교 야학을 운영하고 있다고 했습니다. 저는 그때 19살의 나이에 중학교 2학년에 들어갔습니다. 저는 교복을 입는 순간 얼마나 기분이 좋았는지 모릅니다. 남들은 고등학교 3학년일 때, 저는 중학교 교복을 입고 2학년을 다녔습니다. 그런데 공부할 마음은 있는데, 몸과 마음이 따라주질 않았습니다. 저녁에 가면 매일 졸기 일쑤였습니다. 그리고 집에 와서 일기를 쓰면 항상 졸았습니다. 몸과 마음은 따라주지 않았습니다. 그러니 학교를 졸업했겠습니까?

그러다가 군대 영장이 나왔습니다. 근데 중학교를 졸업하지 못해서 방위병을 판정받았습니다. 방위가 무슨 자랑이냐구요? 저는 낮에 열심히 일하고, 밤에는 대한민국 사상가들의 책을 읽었습니다. 그러면서 도산 안창호 선생과 김구 선생을 만났습니다. 도산 안창호 선생이 뭐라고 했느냐, 조국과 민족이 내 애인이요, 내 마누라요, 그와 결혼했다고 하였습니다. 저도 똑같이 했습니다. 그때 정말 열심히 했습니다. 겨울에 반팔을 입고 일해도 춥지 않았습니다. 책임과 의무와 사명감에 불탔습니다. 오늘 죽어도 여한이 없다는 운명까지 감사했습니다. 그때처럼 열심히 했던 적이 없던 것 같습니다. 자기가 원하는 일을 즐겁게 열심히 하면 무슨 일이든 다 이루어집니다.

그런데 제대할 무렵, 저는 방황했습니다. 어렸을 때는 모르고 구두를 닦았는데, 제대할 무렵에는 그렇게 하기 싫었습니다. 내가 구두를 다시 닦아야 할 것인가? 아니면 신부가 될까도 생각했습니다. 그러다가 제대를 했습니다. 어느 부모가 장남이 구두를 닦겠다는데 닦으라고 하겠습니까. 저도 발걸음이 무거웠습니다. 어머니는 학교를 다니라 했고, 아버님은 같이 일하자고 하셨습니다. 그리하여 저는 아버님과 함께 건축 토목 일을 1년 동안 함께했습니다. 그러나 건축 일은 도저히 제 일이 아니었습니다. 눈물을 머금고 다시 구두 닦는 곳으로 갔습니다. 공부를 하기 위해서. 저는 구두 닦는 곳으로 다시 가서 일하는데 방황과 갈등이 계속되었습니다. 우울증까지 걸렸습니다. 하지만 광주 우체국 앞에서 후배 둘과 함께 구두 닦는 일을 다시 시작했습니다.

그러다가 5·18을 맞이합니다. 그때 저는 총을 들지 않았습니다. 군대를 막 제대한 사람이라. 그리고 6월 항쟁을 겪었습니다. 저는 데모를 열심히 했습니다. 그리고 재야인사들이 광주로 많이 왔었습니다. 저는 재야인사들의 강의를 다 들었습니다. 그러면서 저의 의식이 깨어났습니다. 그리하여 '81년도에 고입, '87년도에 대입 검정고시를 치르느라 10년이 걸렸습니다. 이렇게 제가 머리가 안 좋습니다. 제가 구두닦이로 3,000만 원 정도를 벌었습니다. 1,500만 원 정도를 집에 썼고, 나머지 1,500만 원 정도를 가지고 대학을 다니려고 했습니다. 그런데 1년만 공부하면 서울대는 못 가더라도, 연고대는 가겠더라구요. 그래서 행정고시, 사법고시, 외무고시 가운데 하나를 골랐습니다. 이렇게 미련한 머리라도 계속 노력하니깐 조금씩 깨어나게 되더라구요. 지금 아마 지능지수가 98 정도는 될 겁니다. 저는 대학을 가려고 했는데, 우리 아버님이 '너 결혼은 해야하지 안 겄냐?' 하셔서 저는 아버님 말씀을 따라 1989년 10월 1일에 지금의 집사람과 결혼했습니다. 그런데 우리 집사람은 평강 공주요, 저는 바보 온

달입니다. 우리 집사람은 아주 부잣집 딸내미입니다. 저하고는 이루어질 수 없는 사이인데, 그래도 결혼을 했습니다.

"대중 형님 가는 길에는 먹을 것이 없다"

저는 광주광역시의 관공서에서 대부분 일을 했습니다. 저는 어디에서건 정직하게, 근면하게 일했습니다. 그래서 제 후배들이 하는 말이 있습니다. "한대중 형님이 가는 길은 먹을 것이 없습니다." 저의 큰 경쟁력은 성실과 정직과 근면입니다. 저는 '89년까지 마지막으로 있으면서 고아들 50여 명을 관리했습니다. 그런데 고아원에 가면 원장과 총무 몰래 구타가 심합니다. 그래서 매에 못 이겨서 시내로 많이 나옵니다. 저는 옷을 사 입히고, 자립할 수 있도록 했습니다. 최근에는 제가 설 전에 동네 사우나를 갔더니 내가 길렀던 고아가 있었습니다. 내가 녀석을 17년 만에 만났는데, 신혼 때 우리 방에서 재운 애기입니다. 그런데 천진난만하게 웃으면서 구두를 닦고 있었습니다. 나는 미안한 마음이 앞섰습니다. 그 청년은 고아라서 여러 가지 일을 하다가 결국에 이 일을 하고 있었습니다. 그렇지만 365일 매일 구두를 닦으면서도 즐거운 표정으로 일을 하고 있었습니다. 그러나 저는 마음 한구석이 편치 않았습니다.

저는 '89년 결혼하면서 광주 직업훈련소에 있다가 밖으로 나왔습니다. 그리하여 광주 동구청과 전산국에서 새로이 일을 시작했습니다. 그런데 한 3년쯤 일하고 있는데 광주의 전라남도 도청에 있는 후배의 요청으로 '92년도에 도청에 들어갔습니다. 우리 인생에 세 번의 기회가 있다고 했는데, 도청에 들어간 것이 제 첫 번째 기회였습니다. '97년까지는 상황이 참 어려웠습니다. 그런데 '97년부터는 제가 생활에 좀 여유가 생겼습니다. 그리하여 우리 구두닦이가 공무원들 결혼식에, 상가에 찾아다니기 시작했습니다. 그런데 구두닦이가 공무원들 행사에 쫓아다니니깐 주위에서들 어떻게 생각했겠습니까? 이상한 눈으로 봤습니다. 그러나 저는 묵묵히 다녔습니다. 그러다 보니 직원들이 저를 구두닦이로 보지 않고, 저를 한 직원으로, 식구로 대해줬습니다. 그리하여 매일 저녁이면 술을 마시게 됐습니다. 매일 술을 먹다 보니 도저히 안 되겠더라구요. 그래서 저는 2002년 3월 1일에 어떤 계기로 술과 바둑과 TV를 끊었습니다. 3년 동안. 그때 나의 습관을 완전히 바꿨습니다. 술 먹는 습관을 교육받는 습관으로, 바둑 두는 시간을 책 읽는 시간으로. 이렇게 바꾸다 보니 그때 3년 동안의 내 인생이 완전히 바뀌었습니다. 그때의 습관이 지금의 습관으로 바뀐 것입니다. 여러분, 나쁜 습관을 하지 말라고 하면 더 합니다. 그런데 취미를 좋은 쪽으로 바꾸면 하나씩 바뀌기 시작합니다. 저는 지금 TV 보는 것보다도, 술 먹는 것보다도, 바둑 두는 것보다도, 책을 보고 교육받는 것이 더욱 즐겁습니다.

그런데 도청에서 근무하면서 어려운 시기가 두 번이 찾아왔습니다. 한 번은 장애인을 고용해야 한다는 민원이 들어왔습니다. 인터넷으로 3개월 동안 시달렸습니다. 그런데 어려울 때면 나를 도와주는 사람이 나타납니다. 도와준 사람이 있어서 저는 살아났습니다. 또 한 번은 2005년 전남 도청이 무안으로 옮기면서 구두닦는 자리를 입찰하게 되었습니다. 저에게는 큰 난관이었습니다. 담당이 입찰하라고 난리인데 우리 직원들이 저를 살려줬습니다. 다른 사람은 몰라도 한대중 사장은 모시고 가야 한다고. 그리하여 실국장 간부회의를 세 번이나 했습니다. 저를 16명이 비밀투표를 하여 15명이 저를 살려주었습니다. 그리하여 2005년 10월 10일에 우리 직원들과 같이 갈 수 있었습니다.

광주의 전남 도청에서 구두를 닦을 때는 자리가 없어서 복도를 돌아다니며 닦다가 귀가 다 얼었습니다. 그런데 지금은 23층 건물 지하에 마련된 아담한 내 방이 있습니다. 그래서 지금은 아주 행복하게 일하고 있습니다. 그리고 직원들과 취미 활동을 같이 하고 있습니다. 바둑과 단전호흡, 판소리, 탁구 등을 같이 하고 있습니다. 저는 제가 도청에서 구두를 닦고 있지만, 이 일이 천직이라 생각하고 취미라고 생각하고, 손님은 한 식구이고 가족이라고 생각합니다. 저는 항상 종의 마인드가 아닌 주인의식을 가지고 살아갑니다. 이 세상에서 가장 중요한 것이 나 자신과 싸워 이기는 것이고, 나 자신과의 약속을 지키는 것입니다. 저는 1979년 12월부터 헌혈을 시작하면서 나는 반드시 100회 이상을 해야겠다고 다짐했습니다. 모든 적은 밖에 있는 것이 아니라 내 안에 있습니다. 저는 2002년 3월 10일에 100회 이상 헌혈하겠다는 자신과의 약속을 지켰습니다. 그때 나 자신과 싸워 이겼으며, 나 자신과의 약속을 지켰습니다. 그때의 기분은 이루 표현할 수 없었습니다. 세상은 자기와 싸워서 이겨야만 성공할 수가 있습니다. 자기와의 약속을 지켜야만 성공할 수 있는 것입니다.

제가 처음에 말을 잘 못 한다고 하지 않았습니까? 지금은 제가 말을 잘 합니까? 제가 어떻게 해서 바뀌었느냐, 제가 성공한 사람들이나 잘된 사람들을 보니깐 다들 말을 잘 하더라고요. 그래서 저도 어렸을 때 최고 동기부여 강사가 되겠다는 꿈도 있었지만 '나도 말을 좀 잘 해야겠다'라고 생각해서 2006년 4월에 양국진 고품격스피치리더십센터에 들어갔습니다. 동료와 같이 했는데, 제가 초급, 중급까지 마쳤습니다. 그러면서 제가 스피치 학원 회장을 스스로 맡았습니다. 그리고 한 번도 결석을 안했습니다. 그리고 원장이 시키는 대로 15분 이상 스피치 했습니다. 그리고 모임에, 상가에, 예식장에, 국립묘지에, 지하철 스피치까지 계속 3분 스피치를 했습니다. 그리하여 이렇게 목이 트였습니다. 그리고 목포대 사회교육원도 2년간 다녔습니다. 3분 스피치를 300번 이상 한 것입니다. 하다 보니깐 이렇게 목이 트이더라구요. 3분 스피치 한번 해드릴까요?

시간을 내 것으로 만들어라

이 세상에서 최고의 선물이 있습니다. 황금보다 중요한 지금 이 순간입니다. 지금 만나고 있는 사람들입니다. 시간과 만남을 소중히 생각하면서 오늘 제가 말씀드릴 주제는 시간의 특성에 대한 것입니다. 어떤 검정고시 학원강사는 이렇게 말했습니다. '시간이 없다는 것이 시험공부에 많은 도움을 주었다. 시간이 없다고 생각되었기에 필사적으로 일 초도 아끼며 공부한 결과, 합격할 수가 있었다.' 여기서 중요한 사실을 발견할 수 있습니다. 중요한 것은 한가한 시간, 일할 수 있는 시간이 얼마나 있느냐가 아닙니다. 한정된 시간을 어떻게 활용하는가에 있는 것입니다. 헬렌 켈러는 말했습니다. 남에게 부탁할 일이 있을 때, 한가한 사람보다는 매우 바쁜 사람에게 하라고 했습니다. 바쁜 사람은 바쁜 대로 여러 가지를 연구하게 됩니다. 그래서 시간을 효과적으로 쓰는 방법을 알고 있기 때문에 부탁을 잘 들어주는 것입니다. 우리는 시간을 어쩔 수 없이 주어지는 것, 수동적으로 생각해선 안 됩니다. 시간을 내 것으로 만들어 그것을 어떻게 관리하고 자신의 시간으로 발전시켜 나가는 것이 중요합니다. 시간을 잘 쓰는 사람이란, 시간을 적극적으로 관리하고 훌륭하게 경영하는 사람을 말합니다. 빈부귀천, 남녀노소, 동서고금을 막론하고 차별 없이 가장 공평하게 주어진 것입니다. 그것은······.

오늘 목이 메어서 말이 잘 안 나오네요. 마지막으로 1분 시를 읊고 끝낼까 합니다.

나는 가리다. 저 산이 험준하다 해도, 나는 가리다.
나는 가리다. 저 바다가 아무리 깊어도, 나는 저 파도를 넘어가리다.
나는 가리다. 그 무엇이 앞을 막고 가려도, 나는 그것을 뚫고 헤치며 계속 가리다.
영원토록 가리다.

여러분, 이 얼마나 끈질기고 집념에 찬 글귀입니까. 가슴속에 원대한 희망으로 가득 찬 젊은이들, 이러한 인내와 신념을 가져야 합니다. 높은 산의 정상을 정복하겠다는 불타는 야망으로, 태평양을 횡단하겠다는 커다란 소망으로, 끈질기게 도전하고 줄기차게 헤쳐나가는 용기 있는 한국의 개척자가 되어달라는 것입니다. 여러분 감사합니다.

유일한 박사의
생애와 정신

유 승 흠
연세대 의대 교수 / 전 유한학원 이사장

　우리나라 1인당 국민소득이 2007년에 2만 달러 선을 넘어섰습니다. 직장을 구하기가 다소 어렵고 살기 힘들다고는 하지만, 옛날부터 어르신네들이 "등 따숩고 배 부르다"라고 표현하시던 의식주 문제가 해결되고, 삶을 즐길 수 있는 경제수준이 된 것입니다. 이제 우리는 앞으로 어떻게 살아가야 될 것인지를 잘 생각하여야 할 것입니다.
　젊음이 넘치는 여러분! 여러분의 삶의 가치관과 철학을 뚜렷하게 정립하는 것이 필수적인 시점입니다.
　우리나라에서 존경받는 인물을 논할 때마다 빠지지 않는 분이 유일한 박사님입니다. 그러므로 사회에서 존경받는 분이 설립한 기관에서 공부를 하고 있는 여러분은 긍지(프라이드)를 가지기에 충분하다고 생각합니다.

나에게 유일한 박사님의 삶을 소개할 기회를 주어 매우 기쁘게 생각합니다. 나는 유 박사님의 조카로서 어려서부터 가르침을 받아왔습니다. 유 박사님은 내가 의사가 되겠다고 하니 무척 좋아하시면서 청진기도 사 주시는 등 격려와 사랑을 듬뿍 해주셨습니다. 나는 연세대학교 의과대학 교수로서 평생을 살아오고 있으며, 현재 석학들의 모임인 대한민국의학한림원 회장을 맡아 일하고 있습니다.

유일한 박사님의 출생과 아홉 살 소년의 도미

유 박사님의 아버지 유기연 님은 경상북도 예천 사람이신데, 젊은 나이에 고향을 떠나 서울을 거쳐서 평양에 정착하셨습니다. 19세기 말 평양을 중심으로 기독교가 전파되었기에 우리나라에서 서양의 선진문명을 받아들인 지역이었습니다.

유기연 님은 평양 사람인 김기복 님과 결혼하셨고, 새뮤얼 마펫(Samuel Moffet) 선교사의 전도를 받아서 기독교인이 되셨습니다. 참고로 새뮤얼 마펫 선교사의 아들(하워드 마펫)이 의료선교사로서 대구의 동산병원(현 계명대학교 동산의료원)을 크게 키운 분입니다.

기독교인이 된 유기연 님은 스스로 상투를 자르고 개화하셨습니다. 그는 음식점도 하고, 싱거재봉틀 대리점도 하고, 환전상도 하는 등 장사를 잘 해서 돈을 많이 번 타고난 경영인이었습니다. 이렇게 번 돈으로 독립운동에 참여하여 평안도를 중심으로 한 서북 지역 재정담당을 하셨습니다. 일본이 한국을 침략한 때부터는 일본 경찰의 감시 때문에 평양에 살 수가 없어서 옌볜으로 이주하여 계속 독립운동을 하신 분입니다.

기독교 문화를 접한 유기연 님은 교육을 강조하여 본인과 부인도

미식축구 선수로 활약한 청년 유일한의 고교시절(왼쪽)
필라델피아 한인자유대회 행사 장면(오른쪽)

한글을 배우고, 아들들은 물론, 딸과 며느리까지 모두 다 공부를 시켰습니다. 그리고 기독교 정신을 실천하셨습니다. 유일한 박사님은 1895년에 출생하였는데, 위로 누님 한 분 그리고 밑으로 남동생 다섯과 여동생 둘이 있었습니다.

어느 날 마펫 선교사가 말씀하시기를, 대한민국 순회공사 박장현씨가 미국에 가는데, 희망하면 아이들 두세 명을 미국에 데려갈 수 있다고 하였습니다. 그때 유기연 님은 부인과 상의도 하지 않고 아홉 살의 소년 유일한을 보내겠다고 하였습니다. 요즈음도 그렇지만 그 옛날에 아홉 살짜리를 미국에 보낸다니 믿어지지 않는 이야기입니다.

소년 유일한은 1904년에 제물포(인천)항에서 미국으로 떠났습니다. 미국 대륙의 중앙에 있는 네브라스카에 정착을 해서, 기독교인 자매가 사는 집에 살면서 일도 해주고 나무도 패고 하면서 공부를 했습니다. 그리하면서 독립운동가 박용만 등이 운영하던 한국소년병학교에 입교했습니다. 유 박사님은 네브라스카 고등학교를 졸업한 뒤 앤아버(Ann Arbor)에 있는 미시간 대학교(Univ. of Michigan)에서 상과를 전공했습니다. 학생 때 미식축구 선수로도 활약했고, 웅변도 했습니다.

대학생 시절인 1919년에 필라델피아에서 한인자유대회가 열렸습니다. 그때 이승만, 서재필, 조병옥, 유일한 등 네 사람이 선언문을 만들었는데, 대학생인 유일한 박사님이 초안을 만드셨습니다. 당시 네 사람이 서명한 선언문이 천안 독립기념관에 있는데, 선언문 제일 앞에 서명한 분이 유 박사님입니다.

　대학을 1920년에 졸업한 유 박사님은 제너럴일렉트릭(GE)에 회계사로 취직을 했습니다. 회사에서는 성실하고 동양 사람인 것을 고려하여 동남아 지역을 담당할 홍콩 지점장으로 보낼 계획을 하였습니다. 그런데 아버지 유기연 님이 유일한 박사님을 미국에 보내면서 공부가 끝나면 돌아와 우리나라에서 일하고 독립을 도와야 한다고 가르치셨기에, 회사를 사임하고 미국인 친구하고 둘이서 라쵸이식품회사를 만들었습니다. 그리고 숙주나물 통조림 등을 만들어서 돈은 많이 벌었습니다.

라쵸이식품회사

유일한 박사님의 귀국과 유한양행 창설

　1925년에 세브란스의학전문학교 교장 겸 연희전문학교 교장인 에비슨(의료선교사)의 초청으로 한국에 들렸습니다. 이 때 에비슨 교장은 유일한 박사님에게 연희전문학교 상과 교수를 해달라고 제안했습니다. 유 박사님은 기업을 일구어 우리 국민이 잘살도록 하겠다고 교수직을 사양하였습니다. 그랬더니 에비슨 교장은 약이 없어서 치료를 할 수 없으니 약을 취급해달라고 하였습니다. 이것이 유일한 박사님이 제약업을 하시게 된 계기입니다.

　1926년에 라쵸이식품회사의 주식을 판 돈을 가지고 귀국하셨습니

유한양행 사무소가 있었던 YMCA건물

다. 그리고 유한양행을 창설하여 의약품뿐 아니라 농기구, 페인트 등도 수입하여 판매했습니다. 그리고 부천군 소사읍(현 부천시)에 제약공장을 지었습니다. 1936년에는 유한양행을 주식회사로 전환하면서 종업원들에게 주식을 나누어 주었습니다. 요즈음 말하는 종업원 지주제를 그 옛날에 시작한 것입니다. 지금까지 유한양행이 노사갈등이 없는 모범회사로 인정받는 큰 이유 가운데 하나로 이 제도를 꼽을 수 있습니다.

미국에서 독립운동, 광복 후 자동차 회사 설립

1930년대 말 일본 사람들이 태평양전쟁을 하면서 미국 사람들을 몰아냈습니다. 유일한 박사님도 미국에서 공부했기 때문에 더 이상 한국에서 일할 수 없게 되었습니다. 그리하여 가족과 함께 미국에 가셔서 남캘리포니아 대학교에서 법학을 공부하셨습니다. 그리고 우리나라 독립을 위해서 글을 쓰시는 등 여러 가지 활동을 하셨습니다.

손꼽히는 활동이 독립운동이었습니다. 나는 독립운동 관련 이야기를 유 박사님에게서 직접 듣곤 하였지만, 우리나라에는 잘 알려져 있지 않았습니다. 광복 50주년 즈음하여 국사편찬위원회에서 자료를 발굴하다가 1942년 로스앤젤레스에서 맹호군을 창설한 것과 박사님의 나이 오십에 미국전략기획처(OSS)의 특수요원으로 훈련을 받으면서 7개 공작조 가운데 제1조 조장으로 한국에 상륙하는 작전에 참여하신 일 등이 밝혀졌습니다. 그래서 광복 50주년을 맞아서 독립훈장을 추서받으셨습니다.

6·25전쟁이 시작되었는데, 유일한 박사님은 1951년에 피난지 부산에서 유한자동차회사를 설립하시고, 크라이슬러자동차 대리점을 하였습니다. 자동차 산업을 일으켜야 나라가 부유해질 수 있다는 신념을 펴신 것입니다. 유한의 자동차 관련 사업은 이미 광복 직후에 시작되었는데, 현재 유한학원 터에서 미군 자동차 정비사업을 하였습니다. 유 박사님의 동생이자 나의 선친(유동한)이 일본에서 기계공학을 전공한 엔지니어여서 자동차 사업을 담당하였고, 유한공업고등학교의 전신인 고려공과학원 시절에 학생의 일부가 이 사업장에서 실습을 하였습니다. 그 당시 부평에 미군부대에서 필요로 하는 각종 물류를 공급하는 큰 부대가 있었는데, 그 중에서 자동차 수리를 유한양행 자동차사업부가 담당했습니다.

2차대전 이전에 유한양행은 중국 등 아시아에 지점을 두고 활동을 하는 국제적인 기업으로 성장하였는데, 광복 후 분단과 전쟁에서 입은 피해를 복구하여 재건하였습니다. 1962년에는 유한양행을 주식시장에 상장하여 누구나 유한양행 주식을 사고팔 수 있게 하였습니다.

유일한 박사님의 평소 기부 활동

유일한 박사님은 평생 살아오면서 번 돈을 평소에 꾸준하게 기부하셨습니다. 그런데 기부할 때 특징이 있었습니다. 회사 돈을 기부한 것이 아니라, 자기 개인재산을 기부한 것입니다. 요즈음 매스컴에서 누가 10억 냈다, 100억 냈다고 보도하는데, 회사 돈으로 기부하는 경우가 대부분입니다. 유 박사님은 꼭 자기 개인 돈으로 기부하셨습니다.

6·25전쟁 직후에 서울로 환도하였는데, 살기가 너무 어려웠던 시절이었습니다. 그때 기술을 가르쳐야 한다고 미국식 직업교육기관(vocational school)인 고려공과학원을 만드셨습니다. 유한양행 소사공장에서 숙식을 제공하면서 목공과 자동차 정비를 가르쳤고, 일부는 지금 대방동 유한양행 자리에 있던 유한자동차회사에서 무료로 공구도 나눠주고 숙식도 제공하면서 훈련을 시켰습니다. 그런데 우리나라에서는 졸업장이 있어야 된다는 주변의 건의를 받아들여서 1964년에 유한공업고등학교를 설립하였습니다. 그리고 수업료 전액을 장학금으로 운영하셨습니다.

그뿐 아니라, 유한양행 소사공장 터는 YWCA에 기부하여 버들캠프장으로 운영되었으며, 유한양행의 개인 소유 주식을 연세대학교와 보건장학회에 기부하셨습니다. 또 개인 소유 주식을 기부하여 사회 및 교육신탁기금을 만드셨는데, 현재 유한재단으로 운영되고 있습니다. 물론 유한학원에도 기부하시어 학교를 설립하였습니다.

유일한 박사의 유언 내용을 소개한 1971년 신문 보도

1971년에 일흔여섯 살로 돌아가셨고 유한공업고등학교 앞에 묘소를 만들어 모셨습니다. 유언장을 공개했는데, 손녀딸의 대학 등록금으로 쓰라고 1만 달러를 주셨고, 딸 유재라 여사에게 유한공고 앞에 있는 땅 5천여 평을 줄 터이니 공원으로 만들어서 젊은이들이 마음대로 뛰어놀 수 있게 하라고 하셨습니다. (이 땅은 유재라 여사 사후에 유한학교 소유가 되었습니다.) 미국에서 변호사를 하고 있는 아들에게는 아무 것도 주지 않았고, 나머지는 전부 재단에 주라고 하셨습니다. 정부는 유 박사님에게 국민훈장 무궁화장을 추서하였습니다.

유일한 박사님의 가치관과 철학

그러면 기업가, 독립운동가, 교육자, 사회사업가로 요약할 수 있는 유일한 박사님의 가치관과 철학을 살펴봅시다.

첫째, 유 박사님은 기업을 하여 좋은 제품을 만들어서 국민의 건강을 향상시키고, 기업을 키워서 일자리를 만듦으로써 국민들이 잘 살도록 하겠다는 기업가로서의 신념을 지니셨습니다. 기업이 성장하여야 일자리를 만들 수 있는 것이므로 잘 키워야 하며, 상품을 정성껏 만들어서 국민들이 쓰게 하고, 정직하고 성실하고 양심적인 사람을 양성하는 것입니다. 박사님은 인재를 양성하는 것에 중점을 두셨습니다.

유 박사님은 세금을 제대로 내라고 항상 강조하셨습니다. 오늘날 사회 지도층에 있고 국민의 투표에 의해 뽑힌 사람들도 탈세를 하는 경우가 종종 밝혀지고 있는 실정입니다. 박사님은 정직하게 세금을 내야 국가가 잘 될 수 있음을 강조하셨습니다. 정치자금은 전혀 낸 일이 없어 밉보인 탓인지 유한양행을 국세청에서 조사하러 나왔는데, 몇 달을 샅샅이 조사해도 부정이 없어 도리어 표창을 받았습니다. 이것이 기업인으로서의 유일한 정신입니다.

유 박사님은 정직과 성실을 늘 강조하셨습니다. 공금을 마구 쓰는 것을 용납하지 않으셨습니다. 유 박사님 스스로 유한양행의 약을 회사에서 거저 가져다 쓰지 않고, 약국에서 사셨습니다. 친척들도 유한양행의 약을 사서 먹었습니다.

둘째, 유일한 박사님은 국가와 민족을 위하여 일하셨습니다. 아버지 유기연 님이 아홉 살짜리 유일한에게 미국에 가서 공부하고 돌아와서 국민들이 잘살게 하라고 하신 말씀을 평생 마음에 새기셨습니다. 미국에서 돈을 많이 벌었고 얼마든지 미국에서 잘살 수 있었지만, 유 박사님은 목돈을 만들어 귀국하셨습니다. 달러를 해외에 빼돌리는 외화도피가 이따금 보도되는 것을 생각하면 정말 애국자임을 느낄 수 있습니다.

뿐만 아니라, 항일독립운동에 적극적이었습니다. 이승만 박사와 서재필 박사 등에게 독립운동을 위한 재정지원을 하셨습니다. 아울러 맹호군 창설, 미국 전략기획처 제1조 조장 등으로 몸소 독립운동을 하셨습니다. 유 박사님이 독립운동에 적극 참여하셨다는 사실은 별로 알려진 바 없었는데, 국사편찬위원회의 조사에서 유일한 박사님이 정말 훈장을 받을 만한 분임이 밝혀져 독립훈장을 추서받게 되었습니다. 유 박사님은 말로만 하는 것이 아니라, 몸과 마음 그리고 돈까지 나라를 위하여 바치는 애국자의 표상이셨습니다.

셋째, 유일한 박사님은 진정한 교육자였습니다. 직원을 교육시켜서 유능한 경영인을 만드셨기에 유한양행 출신들이 대통령 비서실장, 초대 보건부 장관 등 정부를 비롯하여 제약회사 등에 진출하였습니다. 시간과 약속 지키기, 정직한 납세, 투명 경영, 예절 등에 관하여 항상 가르치셨습니다. 누구한테나 가르치셨고, 까다롭게 가르치셨습니다. 나이가 드신 뒤에는 여권의 직업란에 "교육자"라고 기록하셨습니다.

조카인 나에게도 만날 때마다 여러 가지를 가르치셨습니다. 외국에 계실 때에는 나더러 영문으로 편지를 써서 보내도록 하셨는데, 그 편지의 영어를 고치신 뒤에 답장을 써서 보내주시곤 했습니다. 나는 아직도 그 편지들을 가지고 있습니다. 미국에서 공부하던 내 아우에게 백여 통의 편지를 보내셨는데, 그도 이 편지들을 아직 간직하고 있습니다.

넷째, 유 박사님은 사회사업가였습니다. 평소에 교회는 안 다니셨지만, 아버지에게서 배운 기독교정신, 미국에 가서 기독교 가정에서 배운 생활과 미국의 문화 등의 영향을 받아서 기업에서 얻은 이익을 사회에 환원하여야 한다는 신념이 투철하셨습니다.

특히, 왼손이 한 것을 오른손이 모르게 도우셨습니다. 생전에도 평소에 늘 기부를 하고 사셨습니다. 그리고 남은 것은 돌아가실 때 전부 재단에다 기부하셨습니다. 청교도윤리(protestant ethic)에 철저하셨습니다. 평생 검소하게 사셨으며, 근면하셨습니다. 돌아가실 때 양복이 네 벌밖에 없었고, 그 중 한 벌로 수의를 하셨을 정도로 검소하셨습니다. 생일잔치를 하려 들면 매년 생일이 돌아오는데 할 필요가 없다고 하셨습니다. 친척들의 성화로 칠순 때 꼭 한 번 잔치를 하셨는데, 그것도 동생들과 조카 등 친척들만의 모임이었습니다.

우리 국민이 영원히 존경할 인물 유일한 박사

1980년대 초 사회적으로 혼란한 시절에 부각시킬 인물로 유일한 박사님이 선정되어 일대기가 텔리비전에 시리즈로 방영되었습니다. 유한대학 앞길에 '유일한로'라고 이름을 붙인 것도 의미를 되새겨볼 필요가 있습니다. 국가, 교육, 기업, 가족이 다 중요하지만, 유일한 박사님은 국가, 교육, 기업, 그 다음 가족의 순이었습니다. 공과 사가 엄격하여 회사의 전화나 메모지를 가져다 쓰면 혼이 났습니다. 그래서 오늘날 투명경영, 윤리경영의 표본이 되고 있는 것입니다. 유일한 박사님의 정신과 교훈은 우리 사회의 버팀목이 될 것이며, 영원히 존경받는 인물로 국민의 뇌리에 새겨져 있을 것임을 확신하는 바입니다.

이와 같이 국민의 존경을 받는 유일한 박사님이 세우신 유한학교에서 공부하는 여러분 모두에게도 유일한 박사님의 정신이 흐르고 있을 줄 압니다. 그리하여 여러분은 유일한정신을 국민 모두에게 몸으로 보여주는 사람들이 되어야 할 것입니다.

근래 우리나라에서 윤리경영과 투명경영이 입에 오르내리고 있으며, 이는 글로벌시대에 필수적이라 믿습니다. 이제 여러분이 유일한 박사님의 정신으로 무장하여 사회에 진출함으로써 우리 사회가 세계화하는 데 큰 보탬이 될 것을 기대합니다.

[유일한 박사님에 관하여 더 알고자 하면 필자가 윤리경영학회지에 쓴 글(〈윤리경영자의 한국적 원형: 유일한의 윤리경영〉, 《기업윤리경영》 제12집, 2006. 8.)을 참조하기 바랍니다.]

안철수
김종갑
임해규
최광기

나와 사회

나와 사회

안연구소 사례를 통해서 본 국내 벤처기업의 성장과정

안 철 수
카이스트 Business Economics Program 석좌교수

　여러분 안녕하세요? 조금 전 소개받은 안철수입니다. 여기 와서 열심히 공부하시는 많은 분들 직접 뵙게 되어서 정말 반갑습니다. 어떤 말씀을 드리는 게 좋을지 고민을 했는데요. 책에 나오는 내용을 그대로 들려드리는 것보다는 제가 의사, 프로그래머, 경영자, 그리고 교수로서 지내면서 느끼고 배웠던 점들, 그러니까 실제로 생활하면서 얻을 수 있었던 교훈들을 중심으로 말씀드리는 게 좋겠다는 생각이 들었습니다. 그리고 많은 부분들이 안연구소라는 조그마한 벤처 기업의 경영과 관련된 부분에 초점이 맞춰질 수밖에 없는데, 그 기간 동안에 굉장히 좋은 경험을 하고 많이 깨달았기 때문입니다. 그런데 하나의 조직을 경영하다 보면 작은 조직은 작은 조직대로, 큰 조직은 큰 조직대로 여러 가지 문제들이 있는데요, 그 다양한 문제들을 어떤 식으로 생각하고

극복을 하면서 배웠었는지에 대한 내용을 들려드리고자 합니다.

안연구소라는 회사이름 자체에 제 이름이 들어가 있기 때문에, 먼저 제 개인에 대한 이야기를 잠깐 말씀드린 다음에, 안연구소의 성장과정에 따라 어떠한 어려운 점들이 있었고 어떻게 극복해 나갔는지를 말씀드리고, 마지막으로 나름대로 정리한 조직에 대한 생각들을 순서대로 말씀드리도록 하겠습니다.

의대를 들어갔던 이유는 아버님이 의사이셨기 때문입니다. 그렇지만 아버님이 직접적으로 의대를 가라고 말씀하신 적은 한 번도 없었습니다. 오히려 제가 워낙 기계나 전자 계통을 좋아하다 보니까 당연히 공대를 갈 것으로 생각하셨던 것 같습니다. 강요하시지 않고 말씀을 안 하시니까 오히려 제가 먼저 눈치를 보게 됐습니다. 뭘 하면 아버님이 좋아하실까? 그래서 생각해보니 장남이 가업을 잇는다면 굉장히 좋아하실 것 같다는 생각이 들었어요. 병원 개업 후에 환자를 보다가 환자가 안 올 때는 라디오를 만들면서 살면 재밌겠다는 엉뚱한 생각을 하게 되었지요.

개인용 컴퓨터와 첫 만남

그래서 의과대학을 들어갔습니다. 의대를 들어간 다음에 처음으로 개인용 컴퓨터를 접하게 됩니다. 애플컴퓨터라는 8비트 컴퓨터였는데, 지금의 휴대용 게임기보다도 훨씬 성능이 못한 장난감 같은 컴퓨터였습니다. 제가 여기에 빠졌던 이유는, 보통 현실에서 상상하는 것들이 실제로 이루어지

내 생애 첫 컴퓨터, 애플

기가 참 어려운데, 컴퓨터는 내가 상상하는 것을 그대로 화면에서 나타나게 할 수 있었기 때문입니다. 내 실력만 문제가 되지요. 물론 학기중에는 제가 해야 되는 학과 공부를 열심히 하고, 방학 때만 취미로 컴퓨터 공부를 하면서 학부생활을 마쳤습니다.

의대를 졸업할 때 한 가지 고민에 빠졌습니다. 대부분 의대를 졸업하면 환자를 진료하는 내과나 외과 등의 임상으로 가게 됩니다. 그렇지만 저는 병의 원인을 밝히거나 치료 방법을 개발하면 한꺼번에 많은 사람들을 도와줄 수 있다는 생각을 했습니다. 또한 기계를 잘 다루고 컴퓨터를 좋아하는 제 특기를 살리면 다른 연구자들에 견주어서 좀더 잘할 수 있겠다는 생각이 들었습니다. 그것이 제가 임상으로 가지 않고 기초의학 연구분야를 택했던 이유였습니다.

그런데 박사과정 때 우연히 잡지를 보다가 '컴퓨터 바이러스'라는 말이 눈에 들어왔습니다. 기사에 컴퓨터 바이러스가 무엇이며 어떻게 발견할 수 있다는 설명이 있었는데 참 낯설었습니다. 여기 사진을 보시면 이 기사가 사실은 엉터리 기사입니다. 컴퓨터 바이러스가 사람에게 옮는다고 신문에 대문짝만큼 실리던 그런 시절이었으니, 컴퓨터 바이러스가 뭐하는 건지는 아무도 몰랐던 그런 시절이었지요. 그렇지만 호기심에 퇴근 후에 집에 있는 컴퓨터를 뒤져봤습니다. 외신에 나오는 기사여서 나랑은 상관이 없겠지만 저녁 먹고 나서 심심풀이 삼아 뒤졌습니다.

'컴퓨터 바이러스가 인간에게 옮는다!' 는 내용의 엉터리 기사

그렇지만 없을 거라고 생각던 컴퓨터 바이러스가 발견되어 깜짝 놀랐습니다. 놀라기도 하고, 화도 나고, 나도 모르는 사이에 사기당

한 것처럼 무섭고, 또 한편으로 호기심도 일었어요. 그래서 한번 분석을 해보자는 생각이 들었지요.

바이러스는 사용자 몰래 실행되는 복사 프로그램

세균 검사할 때는 세균이 사람의 맨눈으론 보이지 않기 때문에 현미경을 씁니다. 컴퓨터 프로그램도 그냥 보면 내부가 보이지 않지만, 내부를 들여다볼 수 있는 '디버그'라는 프로그램이 있습니다. 하룻밤을 샜지요. 결론적으로 컴퓨터 바이러스라는 게 생각보다 복잡하지 않다, 간단한 복사 프로그램과 다를 바가 없다는 것을 알게 되었습니다. 다만 차이점이 있다면, 컴퓨터의 복사 프로그램은 사용자가 명령을 내려야 실행이 되는 것과 달리, 컴퓨터 바이러스는 사용자가 명령을 내리지 않아도 저절로 실행이 된다는 점에서 차이가 있습니다. 그러니까 컴퓨터 바이러스란 '사용자 몰래 실행되는 복사 프로그램'입니다. 그런 점을 그날 깨달았던 거지요.

일주일이 지났습니다. 어떤 후배가 찾아와서는 컴퓨터가 바이러스에 걸렸는데, 수소문해본 결과 치료가 불가능하다는 말을 들었다는 겁니다. 그런데 제가 일주일 전에 했던 분석결과를 떠올려보니, 치료가 가능하겠다는 생각이 들었습니다. 컴퓨터 바이러스는 사용자 몰래 복사를 하면서 원래 순서를 뒤바꿔 놓습니다. 만약 정상적인 프로그램의 순서가 1, 2, 3이라면, 컴퓨터 바이러스가 하는 일은 1과 3을 바꿔 버리는 식입니다. 바로 그 상태를 두고 감염이 되었다고 하죠. 그럼 치료하려면 어떻게 해야 되겠어요? 간단합니다. 다시 1과 3을 서로 바꾸어주면 1, 2, 3의 원 상태로 돌아가게 되지요. 그래서 그 생각을 후배에게 이야기했습니다.

백신 프로그램 V3 1번의 탄생

그런데 저를 포함해서 엔지니어들이 흔히 저지르는 실수가 있습니다. 뭔가 하나 재미있어서 빠져버리면, 상대방이 알아듣든 못 알아듣든 상관없이 혼자 신이 나서 떠드는 겁니다. 저도 그랬던 것 같아요. 그렇게 한참을 떠들었더니 그 후배가 그러더군요. "무슨 말인지 하나도 못 알아듣겠어. 그렇게 말로 설명할 수 있는 것 같으면 그 말대로 해주는 프로그램을 만들어요. 나처럼 컴퓨터를 잘 모르는 사람도 그 프로그램만 실행하면 고칠 수 있게요?" 그 이야기를 듣고 보니까 할 수 있다는 생각이 들었고, 재미있겠다는 생각이 들었습니다. 그래서 그날 집에 가서 밤을 새워가며 그 프로그램을 만든 거죠. 그때가 1988년 6월의 어느 날 밤이었는데, 20여 년이 지난 지금도 많은 사람이 사용하고 있는 V3의 버전 1번이 그렇게 탄생하게 되었던 거지요.

저는 학교를 오래 다녔어요. 초등학교부터 치면 27년을, 제 인생의 절반 이상을 학생으로 살았어요. 학교만 다닌 사람은 사회에서 제 구실 못한다는 말은 잘못된 통념이지요? 어쨌든, 학교를 오래 다니다 보니까 떠오른 생각 가운데 하나가, 저는 사회로부터 계속 도움만 받고 산다는 생각이었어요. 지금 있는 이 건물, 자동차, 컴퓨터······. 모두 우리 선조들이 만들어 놓은 지식들이 쌓이고, 같은 시대 현장에서 일하는 다른 사람들 때문에 문명의 혜택을 받고 사는데, 저는 한 게 없잖아요. 사회로부터 받기만 하기보단 뭔가 역할을 하고 조금이라도 돌려주고 싶은데 방법이 없더라구요. 그런데 다행히 의대를 다니다 보니까 할 수 있었던 게 진료봉사였어요. 토요일이면 여기서 가까운 구로동에 가서 진료 활동을 했고, 방학이 되면 근교에 의사나 병원이 전혀 없는 무의촌에 가서 환자를 봤어요. 그런데 대학원을 가게 되니까 방학도 없고, 주말에도 따로 시간을 낼 수가 없었어요. 그런 상황에서 백신 프로그램을 만들고 보니, 굉장히 많은 사람들이 도움을 받고 고마워했어요. 다시 사회 구성원의 일원으로서 조금이나마 역할을 할 수 있는 기회가 생긴 거죠.

문제는 시간이었어요. 의대 대학원생이면 한눈 팔 시간이 없는 것은 당연하니까요. 그래서 시간을 만들었어요. 그 다음날 아침부터 새벽 3시에 일어났죠. 새벽 3시부터 6시까지 컴퓨터 바이러스 분석하고 백신 만들고, 6시가 되면 준비를 해서 의과대학으로 출근했어요. 학교에 가서는 다른 짓하는 걸 눈치 못 채도록 더 열심히 일했어요. 그렇게 3년이 지난 다음에 학위를 받고, 의대 교수가 되어서 학생들 가르치고, 군대갈 때가 되어서 군의관으로 갔어요. 그 당시에는 깨닫지 못했는데, 7년 동안 거의 매일 새벽 3시에 일어나서 6시까지는 프로그래머로서 일을 하고 나머지는 의사로서 일을 하면서 나름대로 두 가지 일을 열심히 했던 시절이었지요.

일만 보고 선택한 프로그래머의 길

그런데 선택의 순간이 오더군요. 두 가지 역할을 다 하는 게 영원히 갈 수는 없는 법이니까요. 컴퓨터 바이러스는 매년 2배씩 증가했어요. 그러니까 새벽에 3시간 정도 일을 해서는 모두 처리할 수가 없게 된 것이죠. 또 의대 교수로서는 지도학생을 받아야 할 나이가 되었어요. 그런데 생각해 봤어요. 지도교수인데 지도 학생 몰래 새벽에 일어나서 딴 짓을 하고 있으면, 자기 인생을 걸고 저한테 온 지도학생이 불쌍하잖아요. 그럼 한 가지를 선택해야 하는데 그게 참 쉽지가 않았어요. 그러면서 6개월 남짓 고민했는데, 그때 깨달았어요. 흔히들 실패가 사람의 발목을 잡는다고 하잖아요? 그래서 한번 실패를 하면 그 다음에 과감하게 결단을 내리지 못하고 주저하게 되지요. 그런데 성공도 똑같다는 걸 깨달았어요. 조그맣게라도 성공을 하게 되면 뭘 가지게 되지요. 그런데 뭘 하나 가지게 되면 그걸 잃어버릴까봐 마음이 약해져서 과감한 결단을 못 내리게 되요. 자기가 고생해서 가진 것을 잃고 싶지 않거든요. 그러니까 실패도 그렇지만 성공도 과감한 결단을 못 내리게 하는 건 마찬가지임을 깨닫게 된 거지요.

또 사람들이 결정할 때 주저하게 되는 두 번째 이유는 주위 사람들의 평판과 시선이에요. 내가 만약 이런 선택을 한다고 하면 부모님이 어떻게 생각할까, 친척들이 뭐라고 할까, 친구들이 뭐라고 말할까, 그런 것들이 굉장히 신경이 쓰이는 거죠. 그리고 중요한 결정에서 냉정하게 판단을 못 내리는 세 번째 이유는 결과에 대한 욕심 탓이에요. 어떤 일을 선택한 다음에 정말로 열심히 최선을 다하고 운이 좋으면 좋은 결과가 나오는 법인데, 그 전에 미리 결과부터 견주어 보는 거지요. 이러한 세 가지 이유들이 사람 머리를 굉장히 복잡하게 만들어요.

그래서 그 세 가지에 붙들려서는 안 된다고 생각을 정리했습니다. 정말 이 일이 나에게 의미가 있는 일인지, 내가 재미있게 할 수 있는 일인지, 내가 잘할 수 있는 일인지만 생각하기로 다짐했어요. 저를 포함한 우리나라 사람들이 심각해서 그런지, 재미는 항상 우선순위가 떨어져요. 그렇지만 제 개인적인 생각으로, 재미는 정말로 중요해요. 재미를 느껴야 오랫동안 힘들어도 계속 할 수 있고, 그래야 전문성이 생기고, 전문성이 있어야 성공을 해요. 그리고 잘할 수 있는 일에 대한 것인데, 잘하는 일과 하고 싶은 일은 달라요. 한 가지 예로 마이클 조던이 농구를 잘 하다가 야구하러 떠났지요? 그렇지만 야구에서는 결국 빛을 못 보고 다시 농구로 돌아왔어요. 그렇게 유명한 사람도 자기가 잘하는 일과 하고 싶은 일을 구별하지 못했던 거지요.

이런 생각으로 그 당시에 고민을 해보니, 의사로서의 일도 참 좋았어요. 의미 있었고 재미있고 나름대로 잘하는 일이었어요. 그런데 컴퓨터 바이러스 백신 만드는 일은 우리나라에서 저 말고는 하는 사람이 없다 보니까 더 의미가 큰일이고, 더 재미있는 일이고, 의사 일보다 더는 아닐 수도 있지만, 어느 정도 잘할 수 있는 일이었어요. 그 생각이 결국 의대 교수를 그만두고 중소기업 사장을 시작하게 된 계기였죠. 그 당시에는 벤처기업이라는 말도 생소했고 CEO라는 말이 널리 쓰이던 시절도 아니었으니, 저는 벤처기업 CEO가 아닌 중소기업 사장으로 시작한 셈이지요. 그리고 사실상 이 둘은 차이가 없기도 하구요. 이것이 안연구소라는 조그마한 벤처기업의 시작이었어요.
　여기도 창업하실 분들이 계실 거예요. 창업이 남의 일이라고 생각하는 사람이 많지만, 요즘은 사람이 수명이 길어지고 나이 들어서도 일을 해야 하다 보니, 전체 인구의 40퍼센트 내지 50퍼센트가 인생에서 한 번은 창업을 하게 된다는 통계가 있어요. 빠른 사람은 젊어서 창업하지만, 나이 들어서 정년퇴임하고 창업하는 경우도 많지요. 그러니 남의 일이 아닌 셈이지요. 그런데 창업을 하게 되면 공통적으로 부딪히는 어려움이 세 가지가 있어요. 첫 번째는 자금을 마련하기가 힘들고, 두 번째는 좋은 사람 구하기가 힘들고, 세 번째는 창업자의 경영능력 부족이에요. 경영을 안 해봤으니까 당연한 거죠. 저는 특히 세 번째가 심각했어요. 왜냐하면 저는 의사였고, 프로그래머였고, 교수였기 때문이지요. 모두 자신의 개인 실력을 늘리는 데만 관심이 많은 전문가이자, 조직에 대한 경험이나 경영에 대한 개념을 쌓을 기회가 전혀 없는 직종이기 때문이지요. 그런데 처음엔 몰랐어요. 모르니까 시작을 했는데요. 결과가 좋지 않아서 원인을 추적하다 보니 원인이 다 저더라구요. 제가 못해서 결과가 잘 안 나오는 거더군요. 그런데 제가 뭘 모르는지 뭘 잘못하고 있는지를 모르겠어요. 알아야 고칠 텐데. 결국 제가 할 수 있는 유일한 선택은 최단 시간에 간접경험을 최대한 많이 해서 남들이 했던 시행착오를 반복하지 않는 것, 즉 경영학 공부를 하는 길이었지요.

CEO, 경영 공부를 떠나다

사실 CEO가 회사를 놔두고 경영 공부를 하러 간다는 것은 추천하고 싶지도 않고 불가능한 일인데, 그 점에선 제가 운이 좋았던 것 같아요. 그게 가능했던 이유는 사업 파트너였던 '한글과컴퓨터' 사가 마케팅과 판매를 전담했기 때문이었지요. 한글과컴퓨터 사가 독점판권을 가지는 대신에 마케팅과 판매는 전담하고, 안연구소는 대기업 부설 연구소와 같이 연구만 하는 형태였어요. 그러니까 저는 CEO였지만, 하는 일은 연구소장과 다를 바가 없었지요. 그래서 매일 해야 하는 경영의사 결정은 아주 작았어요. 한국 시장이 미국 시장보다 3년 정도 늦게 열리는 점도 있었어요. 미국에서 보안 소프트웨어 시장이 그때부터 성장하기 시작했으니, 한국은 한 3년 뒤에야 바빠지겠다고 내다봤어요. 그러니 그때가 공부할 수 있는 유일한 기회였던 셈이지요.

미국에 가서 공부를 하면서 회사도 인터넷으로 원격 경영을 하면서 2년이 흘렀어요. '97년이 되면서 두 가지가 달라졌어요. 우선 제가 졸업할 때가 되었어요. 그리고 흔글 프로그램 살리기 운동 기억하세요? '98년에 한글과컴퓨터 사가 경영위기를 맞으면서 마이크로소프트 사에 흔글을 팔겠다는 제안을 하면서 시작된 일이었지요. 그런데 한글과컴퓨터 사가 어려워진 것은 '97년 초부터였어요. 그때 한글과컴퓨터 사에서 제게 한 이야기는, 안연구소까지 맡아서 마케팅과 판매를 할 여력이 부족하니 독자적인 경영을 하라는 이야기였어요. 저도 한국으로 돌아올 때고 안연구소도 독자적인 마케팅과 판매망을 구축해야 하는, 기업부설 연구소의 형태가 아니라 작지만 독자적인 벤처기업으로서 새롭게 출발해야 하는 상황이 되었던 거지요.

그런데 제가 크게 아프게 되었어요. 왜 아플 수밖에 없었냐 하면, 제가 미국에 경영학 공부를 하러 가서는 이틀에 하루밖에 못 잤으니까요. 그럴 수밖에 없었던 이유가 몇 가지가 있어요. 첫째는 만 33세에 처음 미국으로 갔으니 영어가 제대로 될 리가 있겠어요? 회사 경영하느라 여름에 어학코스도 듣지 못한 채, 수업 시작 하루 전에 미국으로 갔어요. 그러니까 첫날 수업을 듣는데 정말 한 마디도 안 들리더라구요. 두 번째로는 경영에 대해서 한글로도 배우지 않은 상태에서 처음부터 영어로 들으니까 개념을 잡기가 엄청 힘들었어요. 세 번째로는 다른 학생들은 공부만 하면 되지만 저는 경영도 해야 되잖아요.

그런데 경영학 수업들은 미리 읽어올 것들을 많이 읽어오게 한 다음에 수업시간에는 질문하고 토의만 해요. 제가 영어를 잘 못하다 보니까 한 시간에 몇 페이지를 못 읽었어요. 그 다음날 아침 수업까지 다 읽어 가려면 물리적으로 불가능하지요. 선택은 둘 가운데 하나죠. 밤을 새워서라도 읽고 수업에 들어가든지, 아니면 창피 당할게 뻔하니 차라리 수업에 안 들어가야 해요. 그런데 저는 학위가 목적이 아니잖아요? 수업시간에 안 들어갈 거라면 차라리 한국으로 돌아가서 회사 경영을 해야지요. 그러니까 저는 선택이 없었어요. 이틀에 하루밖에 못 잤던 이유는 그 때문이었지요. 그러니까 7년 동안은 새벽 3시에 일어나서 일을 하고, 그 뒤 2년 동안 이틀에 하루 꼴로 자는 생활을 하다 보니 몸이 버틸 재간이 없었어요.

귀국하자마자 쓰러져서 10월 말에 병원에 입원을 하게 되었는데,

11월 중순에 병실 텔레비전에서 저 장면이 나오는 거예요. 오른쪽 자리에 앉은 사람 아시죠? 당시 IMF 총재 미쉘 캉드쉬. 병실 텔레비전에서 대한민국 정부가 IMF 구제금융에 서명을 하는 거예요. 국가도 부도 위기인데, 안연구소 같은 조그마한 벤처기업은 태평양에서 풍랑 만난 조각배 신세가 된 거지요.

그런데 결과적으로 IMF 환란은 위기가 아니라 기회가 되었어요. 살아남을 수 있었던 것은 경영학을 배우면서

임창렬 당시 경제부총리가 IMF 구제금융을 위한 정책 이행각서에 서명한 뒤 기자회견하는 장면.

얻은 교훈 때문이었어요. 경영학을 배우기 전에는 기술은 아무나 할 수 있는 게 아닌데 경영은 아무나 할 수 있는 거라고 생각했어요. 프로그래머의 예를 들어보지요.

프로그래머는 아무나 할 수 있는 게 아니에요. 우선은 적성에 맞아야 되고, 누가 시키지 않아도 그 두꺼운 프로그래밍 언어 책을 공부해야 하고, 프로그래밍 하면서 에러가 생기면 고치느라고 사흘 밤낮을 고민하다가 고치면서 실력이 늘어요. 그 과정이 반복되면서 오랜 시간이 지나야 좋은 프로그래머가 돼요. 그러니까 아무나 할 수 있는 게 아니지요. 그런데 동네 구멍가게 경영은 자격증이 필요한 것도 아니고 특별한 기술도 필요하지 않으니까 아무나 할 수 있는 게 아닌가 생각했어요. 특히 기술자들이 그렇게 생각해요. 그런데 2년 동안 경영을 배우면서 생각이 바뀌게 됐어요.

가장 간단하게 말씀드리면, 경영은 다섯 가지 분야로 나눌 수 있어요. 첫 번째로 숫자를 다루는 회계(accounting)와 재무(finance)가 있어요. 이 두 가지도 상당히 다르기는 하지만요. 두 번째가 프로세스

를 다루는 운영관리(operations management), 세 번째가 전체적인 전략 (Strategy), 네 번째가 제품이나 서비스와 관련된 마케팅(marketing), 다섯 번째가 인사관리나 조직관리와 같은 매니지먼트(management)가 있어요. 경영자는 주위 환경에 따라 이 다섯 분야에 대한 최적화된 솔루션을 찾아야 해요. 그런데 문제는 이 다섯 분야가 따로 떨어져 있는 게 아니라는 거지요. 서로가 서로에게 영향을 미치지요. 예를 들면 광고를 최대한 많이 해야 최고의 효과를 얻을 수 있는 상황이라도, 돈이 없으면 그렇게 못하지요. 그리고 난이도를 더 높이는 또 다른 이유는, 주위 상황도 가만있지 않는다는 거지요. 시장이 급변하고 소비자들의 요구사항이 시시각각으로 바뀌지요. 그러니 이렇게 급변하는 상황에서, 서로가 서로에게 영향을 미치는 다섯 분야의 답을 실시간으로 찾아야 하는 것이 경영자의 몫이지요. 그러면 그게 다냐? 아니에요. 그건 시작에 지나지 않아요. 자기 혼자서 해답을 찾는 일은 전문가와 다를 바가 없지요. 그런데 경영이란 한마디로 '다른 사람을 통해서 일을 하는 것'이라고 할 수 있어요. 그렇다면 경영이란 나름대로 찾아낸 답을 자신만 알면 안 되고, 직원들의 눈높이에 맞추어서 전달하고 이해시키고 동기부여 하고 그 사람들이 일할 수 있는 여건(인프라)을 만들어 주고 평가 및 보상 시스템을 만들어주는 것까지가 경영의 범위라고 할 수 있지요. 이렇게 방대하고 복잡한 경영의 범위에 대해서 알게 되니까 자신감이 붙는 게 아니라 오히려 완전히 자신을 잃어 버렸습니다. 지식으로 남은 것 없이 공포감만 남았어요.

위험(risk) 관리로 IMF 환란을 넘다

제가 경영자로서 얼마나 부족한 점들이 많은지를 절감하게 되니,

제가 할 수 있는 유일한 방법은 가능한 위험도(risk)를 낮추는 일이었습니다. 회사경영에서 위험은 여러 가지가 있는데요. 내가 관리할 수 없는 위험이 있고, 관리할 수 있는 위험이 있어요. 관리할 수 없는 대표적인 위험으로 시장 위험(market risk)을 들 수 있지요. 외부 시장의 변화는 경영자가 아무리 노력한다 해도 바꿀 수 있는 게 아니거든요. 관리할 수 있는 위험은 회사 내부의 위험인데 가장 간단하게 나눠본다면 재무 위험(financial risk)과 운영 위험(operational risk)이 있어요. 이들 위험을 줄이는 방법은 간단해요. 재무 위험을 줄이기 위해서는 가능한 빚을 적게 쓰면 되고, 운영 위험을 줄이기 위해서는 전체 비용 중 고정비용(fixed cost)이 차지하는 비중을 줄이고 변동비용(variable cost)이 차지하는 비중을 늘리면 됩니다. 아무튼 제가 할 수 있는 방법은 이렇게 위험을 줄이는 방법밖에는 없더군요.

그러다가 IMF 환란이 왔어요. 공격적으로 빚을 얻어 쓰던 기업들은 망하고, 외국회사들은 지사들을 철수하기 시작했지요. 그렇지만 안연구소는 빚을 최소한으로 가지고 있다 보니, 살아남을 수가 있었던 거예요. 결국은 경영학을 배운 게 도움이 되었지요. 저 스스로가 얼마나 부족한 경영자인지를 알게 되고 보수적으로 위험을 관리하며 경영을 했기 때문에 살아남을 수 있었던 거지요. 또한 빌딩 임대료들 비롯한 여러 가지 고정비용들이 줄었고, 마침 이때부터 실력있는 사람들이 중소기업으로 오기 시작했어요. 그래서 IMF 환란이 위기가 아닌 기회가 되었던 거지요.

그 당시 생각은 IMF 환란을 극복하려면 5년은 걸릴 거라고 생각했지요. 이렇게 힘든 시기에 할 수 있는 일은 미래를 보고 기초 체력을 기르는 일이더라구요. 다음에 올 기회를 준비하기 위해서 연구개발에 투자하고 조직을 정비하고 판매망을 구축하는 일들을 꾸준히 해

나갔지요. 그런데 기회는 5년 뒤가 아니라 바로 그 다음해에 찾아왔어요.

1999년 4월 26일 전국을 강타한 CIH 바이러스 대란이었어요. 9시 뉴스 첫 보도로 IT분야가 나오는 일은 좀처럼 없는데, 그날 하루에 전국적으로 30만 대 이상의 컴퓨터를 망가뜨린 초유의 사건이 벌어진 것이었지요. 그러면서 백신 프로그램이 필수적이라는 인식이 자리잡게 되면서 시장이 본격적으로 성장하기 시작하고, 그에 맞춰서 안연구소도 발전하기 시작했던 거예요.

CIH 바이러스 대란을 첫 보도로 내보낸 MBC 뉴스데스크

벤처기업 '거품' 발언과 홍역

이 밖에도 1999년을 회상하면 두 가지 기억이 더 떠올라요. 첫 번째가 벤처 붐이었지요. 그 당시에는 우리나라 사람들 대부분이 벤처는 성공의 보증수표라고 생각했어요. 그런데 같은 시기에 미국 실리콘밸리의 투자자들에게 이야기를 들어보면 벤처의 성공 가능성은 1퍼센트래요. 따라서 성공하면 비정상이라고 볼 수 있을 정도죠. 그러면 두 의견 사이에 너무 차이가 심한데, 오랜 기업 역사를 지닌 미국이 맞지 않겠어요?

제가 예전부터 생각했던 것은, 산업과 투자자는 동반자 관계라는 것이었어요. 투자자들이 산업에 투자하고, 산업이 발전하면 투자자들이 성공하게 되고, 성공한 투자자들은 다시 그 산업에 투자하면서 서로 발전하는 것이지요. 그런데 벤처기업이 100퍼센트 성공이라고 생각하고 묻지마 투자를 하는 상황에서는 결국 실패확률이 높을 수밖에 없고, 그렇게 다시 투자를 하지 않으면 벤처산업도 쇠락의 길을 걸을 수밖에 없다고 생각했어요. 그래서 제가 경고를 한다면 조심해서 투자를 하게 되고, 성공확률이 높아지면 다시 재투자가 일어나면서 장기적으로 벤처산업이 발전할 수 있을 거라고 생각했지요. 그 생각으로 신문에 인터뷰를 하게 되었는데, 그 다음날 신문에 제 인터뷰 기사가 대문짝만큼 실렸어요. 거의 전면 인터뷰였는데, 그 당시에 한 사람 인터뷰 기사가 그렇게 크게 나오는 것은 드문 일이었지요. 화면은 인터넷에 나온 기사인데, 실제 종이 신문에서 나온 제목은 〈벤처기업 95퍼센트가 망한다〉였어요.

> 지금 벤처 거품이 심각한 상황인데 이 상태가 그대로 간다면 내년부터는, 그러니까 2000년이 되면 벤처기업에 잘못 투자해서 자금을 날린 투자자와 사업에 망한 벤처 금융사범들이 다수 등장할 것입니다.

또 여기 화면에는 나오지 않았지만 뒤에 연이은 기사에서는 이렇게 말했습니다.

> "코스닥은 하강곡선을 그릴 겁니다."

이 기사에서 제가 이야기했던 내용은 이렇게 세 가지입니다. 결국 예언처럼 들어맞긴 했지만, 제가 이야기를 한 의도는 그러한 일이 일어나는 것을 막아야 한다는 의도였습니다. 벤처기업이 실패확률이 높다는 사실을 깨닫고 조심해서 투자해야 한다는 말이었지요.
그런데 제 평생 그렇게 고생했던 적은 처음이었어요. 아침부터 전화가 쏟아지는 겁니다. 전화를 받아보니, 어제까지 투자를 하기로 했던 사람이 제 기사를 보고 투자를 안 하기로 했대요. 그래서 저보고 물어내라고 하는 겁니다. 또 어떤 사람은 처음부터 욕을 하다가 끝까지 욕을 한 다음에 끊어요. 한국말로 그렇게 다양하게 욕을 할 수 있다는 것을 처음 알았지요.

저는 벤처 붐 이전부터 벤처기업을 시작했던 사람이어서, 벤처산업에 대한 애정으로 따지자면 벤처 붐에 편승해서 시작한 사람들에 견주어 못하지 않다고 생각해요. 벤처산업에 대한 애정을 가지고 장기적으로 벤처산업이 성장하길 바라는 마음에서 쓴소리를 한 것인데, 단기적인 시각으로 곡해하고 비난하는 사람들을 보면서 마음이 참 아팠지요.

Y2K 바이러스 피해는 없다

벤처 붐에 관련된 인터뷰로 홍역을 치른 다음에는 Y2K 관련된 일이 생겼어요. 마침 최근에 한겨레 신문기자가 그 당시를 회고하는 기사를 쓴 것이 있어서 가지고 나왔어요.

배경을 설명드리면 이렇습니다. 여러 Y2K 문제 가운데 하나가 Y2K 바이러스 문제였습니다. CIH 바이러스가 특정일에 수십만 대의 컴퓨터를 동시에 망가뜨린 것처럼, 2000년 1월 1일이 되면 전 세계의 컴퓨터를 망가뜨리는 Y2K 바이러스가 기승을 부릴 것이라는 주장이었지요. 그렇지만 CIH 바이러스가 피해가 컸던 이유는 몇 달 전부터 사람들이 눈치채지 못하는 사이에 컴퓨터에서 컴퓨터로 감염되어서 잠복하고 있다가 시한폭탄처럼 동시에 터졌기 때문이었지요. 따라서 Y2K 바이러스가 문제를 일으킬지를 알 수 있는 가장 손쉬운 방법은, 사람들이 쓰고 있는 컴퓨터에 Y2K 바이러스가 이미 퍼져서 몰래 잠복하고 있는지를 알아보면 피해가 있을지 없을지를 알 수 있지요.

실제로 조사해본 결과, Y2K 바이러스는 거의 퍼져 있지 않았습니다. 따라서 저와 같은 전문가의 처지에서는 Y2K 바이러스는 피해가 없을 것이라고 확신을 가질 수 있었습니다. 그런데 어느날 아침 신문을 읽다 보니 국내 어떤 백신 업체에서 대문짝만 하게 광고를 낸 거예요. Y2K 바이러스 피해에 대비해서 공익을 생각해서 원가 세일을 한다구요. 이런 거짓말을 보고 그대로 있으면 안 된다는 생각에 보도자료를 냈지요. Y2K 바이러스 피해는 없을 거라구요. 그렇지만 실제로 기사화된 신문은 한 곳밖에 없었어요. 또 다른 한 신문에서는 데스크에서 거부되어 기자수첩의 형식으로 기사화가 되었지요. 지금도 안연구소는 공신력이 있기 때문에 보도자료를 쓰면 많은 신문에서 보도가 되는 편인데, 그때는 한두 곳밖에 나지 않았던 셈이지요.

이러한 경험을 하면서 사회의 '관성'이란 참 무서운 것이라는 생각을 하게 됐습니다. 예를 들어서 기자 한 분이 글을 썼다고 합시다. 그런데 나중에 그것이 사실이 아님을 스스로 알게 되요. 그렇지만 자기의 이름을 걸고 쓴 글과 반대되는 글을 다시 쓰지는 못하는 법이지요. 그러한 경우가 한 사람, 두 사람 모이다 보면, 사회적인 관성이 되는 거예요. 한 방향으로 가는 도중에 그것이 틀리다는 것을 알게 되어도 방향이 바뀌거나 멈출 수가 없게 되요. 그게 벤처붐 때 그리고 Y2K 바이러스 때도 일어났던 일이지요. 그래서 어떤 면에선 약간 절망했어요. 옳다고 믿는 말을 하는데도 사회는 변화하지 않고 오히려 이야기를 한 저만 고생을 하게 되니 그럴 필요가 있는가 하는 회의가 들었어요.

그런데 그 생각이 바뀐 것이 3년 뒤였어요. 2003년 초에 참여정부가 들어서면시 벤처에 대해서 새롭게 조명을 하기 위한 회의가 열렸어요. 청와대 바깥에서 열린 회의였는데, 장관급이 4명 이상 나온 회의는 처음 참석해 보았어요. 회의 말미에 참석자 가운데 가장 지위가 높은 경제부총리께서 이렇게 말씀을 하시는 거예요. "벤처기업 95퍼센트가 망한다는 게 국민상식 아닙니까?" 그렇게 말씀을 하시더라구요. 그리고 '99년에 저한테 욕을 했던 분도 그 자리에 계셨는데, 부총리의 발언에 맞장구를 치는 거예요. 그런데 그 자리에 있던 어느 누구도 그 말이 예전에 제가 했었던 말이라는 걸 기억하지 못하는 거예요. 그렇지만 저는 그 순간에 희열을 느꼈어요. 사람들의 생각이 바뀔 수 있다는 걸 깨닫게 된 거지요. 3년 전만 하더라도 아무리 밀어도 꿈쩍도 하지 않는 거대한 바위 같았던 생각들이, 하나의 발언이 계기가 되어 조금씩 움직이고 바뀌게 되면서, 나중에는 본인들 스스로도 마치 아주 오래전부터 그렇게 생각하고 있었던 것처럼 완전히 바뀌어버리는 것을 목격하게 된 거지요. 그때부터 용기를 얻고 다시 사회적인 발언을 하기 시작했어요. 사실 중소기업이나 벤처기업 CEO들이 사회적인 발언을 하기 힘들어요. 먹이사슬 속에 있거든요. 자칫하면 미운털이 박혀서 회사 매출에 지장을 받아요. 그렇지만 옳다고 믿는 이야기를 하는 것이 당장은 아니더라도 장기적으로는 조금이라도 사회에 도움이 될 수 있다는 믿음 아래, 예를 들면 우리나라 소프트웨어 산업의 구조적인 문제점을 지적한 '빌게이츠도 우리나라에서는 성공할 수 없다'는 이야기를 비롯하여 여러 가지 발언을 하게 되었지요.

어려운 시기를 잘 보내는 것이 인생의 핵심

2003년이 되면서 두 번째 위기가 찾아왔어요. 성장 정체가 시작되었어요. 2년 정도 많은 고생을 했었는데, 나중에 보니 이 시기가 제가 CEO 10여 년의 기간 동안 가장 많은 깨달음을 주고 경영과 인생에 대해서 배울 수 있었던 가장 소중한 시기가 되었어요. 그때 깨달았던 것 가운데 하나는, 어려운 시기를 잘 보내는 것이 인생과 조직의 핵심이라는 것이었어요. 항상 잘되기만 하는 사람, 조직, 국가는 없는 법이지요. 마찬가지로 항상 나빠지기만 하는 사람, 조직, 국가도 없구요. 잘되는 시기 다음에는 안 되는 시기가 오고, 안 되는 시기 다음에는 잘되는 시기가 오는 법이지요. 단기적이 아닌 장기적인 관점에서 보면, 잘될 때 얼마나 더 잘되는지는 결과에 큰 영향이 없다고 생각해요. 오히려 안 되는 시기를 얼마나 잘 보내느냐가 더 중요한 것 같아요. 지금 대학생들은 수강하는 과목에서 학점 잘 받으려고 최선을 다하지요. 그렇지만 한 과목 학점을 잘 받거나 못 받는 게 인생에 영향을 미치지 않아요. 따라서 잘되는 시기보다는 안 되는 시기, 어려운 시기를 잘 보내는 데 인생의 핵심이 있어요.

어려운 시기 다음에는 기회가 찾아와요. 모든 사람들에게 기회가 찾아오는데, 준비된 사람들만이 그 기회를 자기 것으로 만들 수 있어요. 준비가 안 된 사람, 즉 어려운 시기를 잘 보내지 못한 사람은 기회가 오더라도 그것은 자기 것이 아니고 다른 사람 것이 되고 말지요. 사회생활은 상대경쟁이에요. 다 같이 기회가 없을 때는 차이가 없지만, 일단 기회가 왔는데 자기 것으로 만들지 못하고 다른 사람에게 넘어가 버리면 그때부터 차이가 나기 시작하지요. 뒤쳐지고, 잊혀지고, 망하고, 죽고 말아요. 따라서 힘든 시기를 잘 보낸 사람은 기회를 맞이하면 다시 도약할 수 있지만, 그 전에 아무리 하늘 높은 줄 모르고 승승장구하던 사람도 어려운 시기를 잘못 보내면 기회를 살리지 못하고 나락으로 추락하는 법이지요. 잘되는 시기에 얼마나 더 잘되느냐 보다도, 힘들고 어려운 시기를 얼마나 더 잘 보내느냐가 더 중요하고 핵심인 이유이지요.

어려운 시기를 잘 보내는 법 세 가지

그럼 어떻게 하는 것이 어려운 시기를 잘 보내는 것일까요? 제가 CEO로서 어려운 시기를 헤쳐 나가면서 나름대로 깨닫고 정리한 생각이 다음의 세 가지였어요. 첫째, 유혹에 빠지면 안 된다는 것이지요. 너무 힘들다 보면 유혹에 빠질 수 있어요. 단기처방이나 편법, 탈법들이지요. 기업으로 치자면 분식회계 같은 것이지요. 분식회계를 하게 되면 단기적으로는 편해질 수 있지요. 금융권 대출도 쉬워지고 직원들의 사기도 올라가고 경영자도 경영성과를 자랑할 수 있지요. 그렇지만 분식회계는 한번 해서 내놓으면 없어지지 않아요. 주홍글씨 같은 것이지요. 나중에 좋은 기회가 와서 다시 도약의 시기가 왔을 때 오히려 이것 때문에 발목이 잡혀 추락하고 말아요.

둘째는 문제를 고치는 것이에요. 잘되는 시기에는 문제를 고치지 못해요. 잘될 때는 교만해져서 문제를 모르기도 하고, 설령 문제를 알더라도 앞으로 나가기에도 너무 바빠서 뒷전으로 밀리기 십상이지요. 따라서 어려운 시기란 어떻게 보면 문제를 고치라고 하늘에서 주신 절호의 기회일 수 있지요. 어려운 시기에 문제를 고쳐 나가다 보면 기회가 찾아오고, 준비된 상태에서 그 기회를 자기 것으로 만들 수 있지요. 설령 어려운 시기에 유혹에 빠지지 않더라도 문제도 고치지 않고 참고 기다리고만 있다면, 기회가 찾아와도 그 기회를 자기 것으로 만들지 못하고 남에게 넘겨주게 되지요. 그러면 결국 망하게 되는 거예요.

세 번째는 미래에 대한 믿음과 서로 간의 사기진작인데요. 혹시 '스톡데일 패러독스(stockdale paradox)'라고 들어보셨나요? 짐 콜린스가 쓴 《좋은 기업을 넘어 위대한 기업으로(Good to Great)》에 나오는 이야기인데요.

여기 사진은 스톡데일 장군의 사진이에요. 월남전 때 월맹군에 포로로 잡힌 미군 최고위 장성이었지요. 적에게 붙잡힌 어려운 상황에서도 월맹군과 교섭하고 다른 미군 포로들의 사기진작을 시킴으로써, 전쟁이 끝난 다음에 많은 미군 포로들을 살아서 고향으로 돌아가게 만든 전쟁 영웅이지요. "그 힘든 포로수용소에서 살아남은 사람들은 어떤 사람들입니까?" 하고 전쟁이 끝난 다음에 기자들이 물었어요. 장군의 대답은 "낙관주의자들은 모두 죽어버리고 현실주의자들만 살아남았다"는 것이었습니

스톡데일 장군

다. 상식과는 반대이지요. 낙관주의자들이 오래 버틸 것 같은데 말이죠. 왜 그러냐고 다시 물으니 장군의 대답은 이랬습니다.

낙관주의자들은 전쟁이 빨리 끝날 거라고 믿었대요. 그래서 자신도 그렇게 믿고 주위 사람들에게도 용기를 불어넣어 주면서, 조금 뒤 크리스마스가 되면 전쟁이 끝나고 나갈 수 있을 거라고 이야기를 한대요. 그런데 크리스마스가 지나요. 조금은 실망하지만 다시 희망을 되찾으면서 부활절이 되면 전쟁이 끝나고 나갈 수 있을 거라고 이야기를 한대요. 그런데 그런 일이 계속 반복되다 보면, 계속 자기를 속일 수가 없게 되요. 실망을 하고 실수를 하게 되는데, 전쟁에서 실수는 바로 죽음이지요. 그러면서 한 사람 두 사람 죽어나갔대요.

그렇지만 현실주의자들은 그렇지 않았대요. 전쟁이 빨리 끝나기를 바라는 마음이야 같겠지만, 냉정하고 객관적으로 현실을 살펴보고 전쟁이 빨리 끝나지 않을 것이라는 것을 알았대요. 그렇지만 실망하는 것이 아니라, 자신은 이런 타국에서 그냥 죽어나갈 운명이 아니라

언젠가는 살아남아 고향으로 돌아가서 부모, 형제, 친구들의 얼굴을 볼 수 있을 거라는 믿음을 가지고 있었데요. 참 상반되죠? 하나는 현실에 대한 냉정한 시각, 다른 하나는 미래에 대한 믿음이라는 상반된 것처럼 보이는 두 가지를 같이 가지고 있어야 고난을 뚫고 살아남을 수 있다는 것이지요.

제가 '스톡데일 패러독스'를 알기 전에 저 나름대로 정리했던 생각은 어려운 시기를 극복하기 위해서는 '차가운 머리와 뜨거운 가슴'이 필요하다는 것이었어요. 여기서 '차가운 머리'는 현실에 대해서 냉정하고 객관적이며 냉철하게 바라보는 시각을 뜻하며, '뜨거운 가슴'은 미래와 자기에 대한 열정과 믿음을 뜻합니다. 반대의 경우를 생각해보면 쉽게 이해될 수 있는데요. '차가운 머리'와 반대인 '뜨거운 머리'는 현실에 근거하지 않고 막연하게 무조건 잘 될 거라고 믿는 것이지요. 예를 들어서 월드컵에서 우리가 1등할 것이라고 누가 이야기한다고 해보세요. 듣기만 해도 가슴이 벅차지요. 그러나 그런 기분은 오래가지 못하는 법이에요. 문제는 어려운 시기는 잘되는 시기보다 훨씬 길다는 거지요. 막연한 낙관은 짧은 시간은 버틸 수 있게 해줄지는 몰라도 긴 시간을 버티지는 못하는 법입니다. 오히려 뒤늦게 현실을 알게 되면서 실망하고 자포자기하게 되지요. 월남전에서 죽어간 낙관주의자들처럼요. 그래서 오히려 냉정하게 현실을 바라보는 것이 그나마 더 실망하지 않을 수 있어요. 그렇다고 차가운 머리만 가진다고 되는 것은 아니에요. 차가운 머리를 가졌지만 가슴도 차가운 경우, 즉 미래에 대한 믿음이 없는 사람은 버티기가 힘들어요. 비관론자라고 볼 수 있지요. 따라서 아주 상반된 것 같지만, 현실에 대한 냉정한 시각과 미래에 대한 믿음 두 가지 모두를 가지고 있어야만 이 어려운 시기를 뚫고 나갈 수 있고, 그 힘을 바탕으로 유혹에도 빠지지 않고 문제를 고치면서 때를 기다릴 수 있지요.

산업계의 조언자가 되기 위한 새로운 도전

어려운 시기를 극복하고 다시 회사는 성장궤도에 올랐어요. 국내 소프트웨어회사로는 전무후무한 최고의 실적을 기록하게 되었어요. 경영자로서 인정받는 순간이었지요. 그런데 그때 저를 괴롭히던 생각이 있었어요. 안연구소는 잘되고 있지만 많은 벤처기업들이 계속 힘들어지고 있는 상황에서, 만약 산업 전반적인 성공확률을 높이는 데 기여할 수 있다면 어떨까 하는 생각을 했어요. 우연히 떠오른 생각이 매일같이 뇌리를 떠나지 않았어요. 창업 때와 같은 상황에 빠지게 되었지요. 보람되고 재미있고 잘할 수 있는 일이었던 의대 교수를 그만둔 것과 같은 상황에 빠졌어요. 안연구소 CEO 일도 의미 있고 재미있고 잘하는 일이었지만, 산업계 전체를 도와줄 수 있는 일을 궁리하게 됐지요. 거의 1년을 고민한 끝에, 업계 전반적인 성공확률을 높이는 데 기여할 수 있는 일을 하기로 했어요. 스스로 CEO를 사임하면서 전문 경영인에게 회사 경영을 맡겼습니다. 그리고 저는 준비를 위해서 먼저 공부를 하기로 했지요. 경험만으로는 좋은 조언자가 될 수 없기 때문에, 경험을 체계화하고 저변을 넓히는 작업을 하기 위함이었어요.

그런데 공부하는 방법이 문제였어요. 제가 공부를 오래 하다 보니 공부에 대한 저 나름대로의 생각이 있어요. 'No Pain, No Gain'이 그것인데요. 고생을 안 하면 남는 것도 없더군요. 그냥 연구원으로 가서 청강을 해보면 듣고 싶은 과목이나 시간만 골라서 듣고 시험 스트레스도 없으니 듣는 순간에는 굉장히 많이 깨닫는 것 같지요. 그러나 며칠만 지나도 도대체 뭘 들었는지 하나도 남지를 않아요. 반면에 학위과정 학생으로 들어갈 때는 교수님들이 봐주지를 않아요. 수업시간에 발표시키고, 프로젝트하고, 시험 치면서 고생하다 보면, 어느새 그 많은 분량의 지식들이 내 것이 되는 것을 알게 되지요. 그것이 40대 중반에 토플 시험, GMAT 시험을 새로 치르고 와튼 스쿨의 MBA 석사과정 학생으로 들어간 까닭이에요. 2년 동안 숙제 때문에 스트레스 받으면서 공부한 뒤, 시간이 흘러 드디어 올해 5월에 졸업하고 귀국하게 되었어요.

 귀국 뒤에는 카이스트에서 석좌교수로서 기업가정신 강의를 하고 있어요. 안전과 전망에 휘둘리는 젊은 학생들에게 기업가정신이란 무엇(what)이며, 누가(who) 기업가가 되며, 왜(why) 기업가는 그런 일을 하는가에 대해 생각해 보는 수업이에요. 젊은이들의 생각에 영향을 주고 바꿀 수 있다는 것은 매우 보람 있는 일이지요. 또한 안연구소를 포함한 여러 벤처기업들의 고민을 듣고 조언을 해주고 필요한 교육들을 시키는 일을 진행하고 있고, 여러 가지 사회활동을 통해서 중소기업과 벤처기업들의 성공확률을 높일 수 있는 사회적인 인프라와 제도를 만들기 위해서 노력하고 있어요. 우리나라의 미래는 중소기업과 벤처기업의 성공과 기업가정신에 있다고 믿기 때문이지요. 두서없지만 이 정도로 마치겠습니다. 경청해 주셔서 감사합니다.

세계 경제 환경과
한국 기업의 진로

김 종 갑
(주)하이닉스반도체 대표이사

평소에 존경하는 김영호 전 장관님(유한대학 총장)을 이 자리에서 다시 뵙게 되어 반갑습니다. 저는 영광스럽게도 이 자리에 두 번째로 서게 되었습니다. 이곳에서 금형산업 협력에 관한 회의가 열려서 우리나라 주요 금형 관련 기업인들을 선발하기 위해 온 적이 있고, 오늘은 학생 여러분들과 한국 기업이 나가야 할 방향에 대해서 논의해 보고자 합니다.

하이닉스 반도체는 전체 매출의 96퍼센트인 90억 달러 이상 수출해서, 2007년에 우리나라 기업 가운데 수출 5위를 기록했습니다. 전 세계를 대상으로 수출하고 또 미국, 중국, 대만에 투자를 하고 있는 기업의 처지에서 세계 경제 환경이 어떻게 보이고, 그리고 우리나라 기업이 어떤 준비를 해나가야 하는지 여러분과 함께 생각해 보도록 하겠습니다.

세계 기업 환경과 전망

우선, 저희와 같이 국제경영을 하고 있는 기업의 입장에서 봤을 때, 지금의 경영 환경을 네 가지로 말씀드릴 수가 있겠습니다. 첫째, 최근에 중국, 인도, 브라질, 러시아 이른바 브릭스(BRICs)의 부상, 또는 그 중에서 특히 중국하고 인도, 즉 친디아(CHINDIA)가 아주 빠른 속도로 부상하고 있다는 점이 특징적인 현상입니다. 그런데 중국이 저렇게 무섭게 발전하면 우리한테 얼마나 위협이 되느냐, 이런 얘기를 많이 합니다.

중국이 위협이냐? 기회냐? 저는 중국은 기회라고 생각합니다. 중국이 전 세계에서 가장 큰 제조기지, 즉 제조업의 몸통으로 발전하고 있는데 우리가 머리 역할을 할 수만 있다면, 즉 그 제조기지에 우리가 가장 부가가치가 높은 소재, 부품, 소프트웨어를 제대로 잘 공급할 수 있다면 인접한 곳에 아주 큰 시장을 확보한 우리에게는 매우 좋은 기회입니다. 흔히들 중국이 2025년에 GDP 기준으로 미국을 따라잡을지 모른다는 전망을 합니다. 중국이 아무리 빨리 가더라도 우리가 계속해서 중국보다 반 보, 또는 한 보 앞서 나간다면 우리에게는 기회이고 우리의 생존을 위해서는 그렇게 준비하는 길밖에 다른 대안이 없다는 생각이 듭니다.

둘째, 전 세계시장이 개방되고 있습니다. 우리나라도 미국하고 FTA 협정을 체결해 놓고, 양국 국회가 비준을 하느니 마느니 얘기하고 있습니다. 또한 EU하고도 FTA 체결 준비를 하고 있고, 이번에 대통령께서 중국을 가시면 FTA 문제가 논의될 것이며, 지난번 일본과 정상회담에서는 빠졌지만 한때 FTA 논의를 한 적이 있습니다. 어떻든 국경의 장벽이 낮아지고 있습니다.

다만, 우리가 '국경 없는 무한 경쟁시대'라는 표현을 쓰는데 그것은 적절한 표현이 아닙니다. 국경은 아직도 굉장히 큰 위험부담입니다. 국경은 얼마나 높은 장벽인가? 여러분들 가운데 혹시 방학 때 미국-캐나다 배낭여행 다녀오신 학생 있어요? 미국-캐나다 국경 넘을 때 그냥 여권만 보여주면 통과입니다. 캐나다 경제의 85퍼센트 가량이 미국 국경에 위치하고 있고, 같이 영어 쓰고 같은 문화권입니다. 그러니까 우리가 보기에 두 나라가 같은 나라가 아닌가 할 정도인데, 알고 보면 미국 안의 주(州)들 사이에 거래되는 물량이 미국과 캐나다 국경 사이에 거래되는 물량의 10배나 됩니다. 그러니까 같은 나라처럼 생각되는데도 국경은 큰 장벽이 되고 있습니다. 아무리 개방이 많이 되어도 '국경이 없다'는 표현은 매우 과장된 것입니다. 국경은 어디서든 높은 장벽으로 남아 있습니다만 종래에 비해서는 그 장벽이 낮아지고 있음이 분명합니다.

셋째, 점점 더 지식·기술·정보가 경쟁력의 핵심 원천이 되고 있습니다. 여기 제 앞의 탁자에 분명히 관리 번호가 붙어 있을 겁니다. 혹시 파손되거나 없어지면 재물관리 하는 분은 아마 곤경에 처할 겁니다. 그런데 여러분, 1억 원짜리, 10억 원짜리가 될 만한 정보에 번호 붙여서 관리하는 회사나 조직 본 일 있습니까? 아직도 우리는 그러한 무형재화에 대한 인식이 별로 안 되어 있습니다. 유형 재화에 대해서는 1만 원짜리도 철저하게 번호 붙여서 관리하면서도, 우리가 10억 원짜리, 100억 원짜리 가치의 정보는 소홀히 하는 경향이 있습니다. 미국 기업체 가운데 이른바 《포춘》 500대 기업 같으면 이미 그 회사 자산의 80퍼센트가 무형재화입니다. 특허권, 상표권, 영업권, 눈에 보이지 않는 그러한 재화가 차지하는 비중이 매우 높습니다. 앞으로는 더욱더 지식과 기술과 정보가 경쟁력의 핵심이 될 것이므로 이들을 잘 관리해야 할 것입니다.

넷째, 앞에서 국경이 낮아지는 현상을 보셨습니다만, 그러면 경쟁만 아주 치열해지느냐? 그런데 알고 보면 경쟁도 치열해지지만 협력도 더욱 강화될 것입니다. 시장이 열리고, 국경이 낮아지면 경쟁만 치열해질 것 같은데 의외로 동종 산업에 있는 기업끼리 서로 협력하게 됩니다. 왜냐하면 점점 더 기술 발전의 속도는 빨라지고, 투자 규모는 커지기 때문에, 1등 하는 기업도 기술의 문제나 투자의 문제를 혼자서 해결할 수 없습니다. 그렇기 때문에 적과의 동침, 비록 적이지만 협력하는 그런 상황이 다반사가 되고 있습니다. 저희 하이닉스의 경우도 며칠 전에 대만 업체와 협력 관계를 맺었습니다. 그리고 또 다른 협력문제를 협의하기 위해서 이번 토요일에 잠시 일본을 다녀올 예정입니다. 우리는 같은 업종에 있는 경쟁자이지만 협조할 땐 서로 협조하고, 경쟁할 땐 경쟁하는 구도로 가고 있는 것입니다.

한국 경제의 회고와 개선과제

지난 40년을 돌이켜 보면 우리처럼 성공적으로 산업을 발전시켜 온 나라가 거의 없습니다. 한국은 30년 전에 아프리카 가나와 GDP가 비슷한 나라였습니다. 그런데 왜 가나는 여전히 후발개도국으로 남아 있고 한국은 이렇게 발전한 나라가 되었습니까. 제가 1994년 세계은행의 세미나에서 참석했을 당시 이번 논의를 했습니다. 그리고 10년 뒤인 2004년 세계은행에서 세미나를 했는데, 이번엔 유럽담당 부총재가 나와서 '왜 40년 전에 한국과 아프리카의 가나가 비슷한 나라였는데 지금은 이렇게 달라졌느냐?' 하고 발표를 했습니다. 그러니까 10년 전에 갔을 때는 30년 전 이야기를 하더니, 10년 뒤에는 또 40년 전 얘기를 꺼낸 것입니다.

어떻든 지난 40년 동안, 특히 제조업 분야에서는 한국만큼 발전해 온 나라가 없다고 보시면 되겠습니다. 그럼에도 서비스 산업은 규제가 심했고 경쟁환경이 조성되지 않아 발전이 되지 못했습니다. 뒤늦게 우리나라도 금융발전에 역점을 두고 있습니다만 전체 금융산업에서 해외영업의 비중이 2퍼센트 미만입니다. 거기에 비하면 제조업의 수출입은 GDP의 70퍼센트를 넘는 상황입니다. 좀 전에 하이닉스에 대해 잠깐 말씀드렸습니다만 전체 생산의 96퍼센트를 수출하고 있습니다. 그러나 우리 경제의 혈맥이라고 불리는 금융이 워낙 취약하여 제조업 발전에도 지장을 주는 그런 상황입니다. 내수경기 회복을 통한 경제발전 전략이 필요하지만 서비스 산업에서 우리의 핵심 먹거리를 찾기는 아직 시기상조입니다.

여러분들 여기 계시니까 하는 말씀은 아니지만, 사실 유일한 박사님이 창업하신 '유한'은 기업가 정신이 발현되어 성장도 하고 윤리적으로도 모범사례가 되었습니다. 우리나라 기업은 '지속가능경영' 측면에서는 취약한 점이 많은 것 같습니다. 우선, 중소·중견 기업의 발전이 우리 산업 발전에 중요한 문제입니다만 아직 대부분의 중소기업은 가족기업에 머무르고 있습니다. 적당한 수준으로 키워서 자식들에게 넘겨주는 것이 많은 중소기업가들이 가지고 있는 생각입니다. 어떻게 하면 중소기업이 중견기업으로 크고, 중견기업이 다시 대기업으로 성장할 수 있느냐 하는 것이 우리 산업계 성공의 관건이겠습니다. 하지만 아직은 과거 재벌 형태로 태어난 대기업 말고는 중소기업이 중견기업으로, 중견기업이 대기업으로 큰 사례가 극히 드문 상태입니다. 그리고 대기업과 중소기업 사이의 협력도 매우 부족합니다. 우리나라 제조기업의 67퍼센트가 어떤 형태로든지 대기업과 협력관계를 가지고 있습니다만, 주로 단기적인 관계에 치중하고 있고, 장기적으로 서로 윈윈(win-win)하는 관계로까지는 발전하지 못하고 있습니다.

그리고 아무리 시장이 열렸다 하지만, 우리 기업들이 국제적인 협력관계를 발전시키는 노력이 부족하고 아직 성과가 많이 나타나지 않는 상태고, 한편으로는 외국인들이 국내에 와서 자유롭게 사업을 할 수 있는 환경도 갖추고 있지 못합니다. 외자(外資)에 대한 차별이 많고, 고비용 구조, 영어가 통하지 않는 아주 대표적인 나라, 이런 나라로 한국을 이야기합니다. 얼마 전에 제가 네덜란드에서 세계적으로 가장 성공적인 기업 가운데 하나로 꼽히는 반도체 장비 회사에 갔습니다. 그 회사 사장 이야기가 자기네들 아시아 지역 센터를 한국에 두느냐 대만에 두느냐를 두고 오래 고민하다가 결국 대만으로 결정했다고 말하더군요. 대만 사람들이 한국 사람보다 영어를 잘 쓰고, 규제도 대만이 한국보다는 적다는 것이 이유였습니다.

여러분들 '헤지펀드(hedge fund)'라는 말씀을 들어보셨어요? 우리나라 사람들은 헤지펀드라고 하면 '단기 투기자금'이라고 해석을 하는데, 그것은 사실 자금의 성격을 잘 겪어보지 못한 사람들이 하는 말입니다. 우리나라에 있는 기관 투자자들은 저희 회사의 주식을 금방 샀다 팔았다 합니다만 우리가 흔히 외국계 단기 투기자금이라고 말하는 헤지펀드는 저희 회사 주식을 가졌다 하면 1년 정도 보유하는 '장기 투자'를 하고 있습니다. 그러니까 우리가 이런 사정을 잘 파악 못하고 외국 자본은 차별해도 좋다는 식으로 사고하는 경향이 있는 것 같습니다. 말이 나와서 말이지만, 우리나라는 규제가 너무 많습니다. 불필요한 규제는 이제 좀 없앨 때가 된 것 같습니다. 물론 필요한 규율은 철저히 확립해야겠지만 불필요한 규제는 혁파해야 할 때입니다.

앞서 지식, 기술, 정보가 새로운 성장 동력이 된다고 얘기를 드렸습니다. 그러기 위해서 국가가 딱 한 가지만 제대로 해줬으면 좋겠다라고 기업인 입장에서 말씀드린다면, 그것은 인재양성, 즉 교육을 좀 제대로 시켜줬으면 좋겠다는 것입니다. 유일한 박사님의 철학과 일맥상통하지요. 그리고 우리가 해야 될 일이 산업계하고, 학계하고 서로 산학협력을 강화하고, 또 대기업-중소기업, 그리고 대기업 사이의 상생협력이 중요한 과제가 될 것이라고 봅니다.

동북아 자유무역지대 필요

우리는 인구 수가 이미 4,800만 명이 넘은 나라입니다. 우리가 한동안 국가 발전 모델을 어떻게 정립시켜 나가야 할 것인가를 고민하면서 핀란드, 스웨덴, 노르웨, 스위스 하는 유럽에 있는 강소국, 인구는 500만 명~800만 명 수준이지만 그러나 아주 강한 나라들, 개방되고 경쟁이 치열하고 인력 양성을 잘하는 나라들의 사례를 본받자는 얘기들이 많았습니다. 그러나 사실 우리가 그렇게 하기에는 이미 인구가 5,000만 명에 가깝고 남북통일이 되면 7,000만 명이 넘는, 규모가 상당히 큰 나라입니다. 우리가 독일보다 조금 작습니다. 그렇기 때문에 강소국들이 취하고 있는 전략이 우리한테는 맞지 않을 수도 있습니다. 그래서 저는 '강중국' 전략이라고 부르고 싶습니다만, 그렇다고 강소국들이 성공을 거둔 경험에서 저희가 배워야 할 점이 없다는 것은 아닙니다. '개방하고, 경쟁하자'는 것이 제 주장이고 그런 점에서 강소국들로부터 배워야 할 것입니다.

저는, 중국과 일본과 더불어 동북아시아 지역에서 대통합을 이루는 큰 규모의 자유무역지대가 되는 것이 우리나라에게 가장 바람직한 구도로 보고 있습니다. 우리가 지난 2,000년 동안 940여 차례 전쟁을 치렀다고 합니다. 전쟁이라고 할 만한 큰 규모의 충돌은 그보다 적었다는 주장도 있지만, 사소한 도발까지 포함하여 2,000년 동안 940회의 전쟁을 치른 나라 같으면 2년에 한 번씩 치렀다는 말입니다.

그것이 아니고 사백 몇십 회라고 하더라도 4년에 한 번씩은 전쟁을 치른 꼴입니다. 옆에 양강, 4강 등 강대국 틈새에서 늘 전쟁을 치르고 지내 온 나라입니다. 앞으로도 계속 이웃과 다투는 그러한 구도로 갈 것인지 아니면 더 긴밀하게 소통도 하고, 결혼도 하고, 피도 섞이고 그런 관계로 나아갈 것인지를 우리가 곰곰이 생각해 보아야 합니다. 저 나름으로는 동북아 지역의 자유무역 지대화가 동북아시아의 항구적인 평화를 위해서도 해답이 아닌가 생각합니다.

한국 자본주의의 발전 방향

제가 평소에 가지고 있는 나름대로의 기업관, 또 한국 자본주의가 어떤 방향으로 발전해 나가야 되는가 하는 것에 대해 생각해 보도록 하겠습니다. 과거에 우리가 자본이 충분하지 않은 그런 상태에서 재벌정책은 불가피한 대안이었습니다. 한국에서 산업정책은 재벌정책이었다라고 보면 될 정도로 불균형성장 정책을 통해서 큰 기업체에게 자원을 집중적으로 배정하고, 그런 큰 기업들이 국제시장에 나가서 다른 나라 대기업들하고 경쟁하게 한 것입니다. 그렇게 되다 보니 아직도 우리가 가끔 겪는 일이지만 기업의 비윤리적인 관행들을 접하게 되고, 또 국민들도 기업의 기여도에 대해 제대로 인식하지 못하는 그런 상황들이 계속되고 있습니다. 다만, 우리 총장님께서 기업의 사회적 책임(CSR)운동을 주도하고 계셔서 최근에 여러 기업들이 기업의 사회적 책임에 대해서 과거와는 다른 새로운 인식을 하게 된 것 같습니다.

저는 2007년 3월 30일 하이닉스반도체 대표이사로 취임을 했습니다만, 취임하면서 표방한 것이 4대 경영 지침입니다. "우리가 기업이기 때문에 주주이익에 부합하려면 돈을 많이 벌어야 한다. 재무적인 성과를 거둬야 한다는 것은 기업의 당연한 기본 책무이지만 지식경영, 고객경영, 윤리경영, 환경경영을 통해서 하이닉스반도체가 수백 년을 지속하는 기업으로 성장해 나가자"면서 제2창업을 선언하였습니다.

여러분들은 최근에 '창조적 자본주의' 또는 '신자본주의'란 말씀을 들으셨을 것입니다. 빌 게이츠가 2007년 하버드 대학 졸업식에 초청을 받아서 연설하는 가운데 '창조적 자본주의(Creative Capitalism)'라는 표현을 썼습니다. 기업이 재무적인 성과에 더하여 사회적 책임을 강조하는 자본주의를 통칭 '뉴캐피털리즘(New Capitalism)'이라고 얘기합니다만, 빌게이츠는 이를 '창조적 자본주의'라고 했습니다. 부를 축적하는 중요한 방편인 자본주의가 걱정해야 할 것은 바로 빈부의 격차라든지, 기아라든지, 질병과 같은 문제라고 했습니다. 그것은 총장님이 하시는 기업의 사회적 책임운동과 맥락을 같이하는 부분이라고 보시면 되겠습니다.

15년 동안 수출 1위 품목인 반도체

이왕에 여기 왔으니, 혹시 여러 훌륭한 유한대학 학생분들이 한 분이라도 더 우리 회사에 지원을 해주시지 않을까 하는 희망에서 반도체 산업에 대해서 좀 설명을 해드리겠습니다. 반도체 산업은 첨단기술(hightech) 산업이며, 빠른 속도로 발전을 하고 있습니다. 지금 우리 회사가 쓰고 있는 반도체 기술이 48나노 기술입니다. 1나노가 10억 분의 1미터니까 머리카락의 3,000 분의 1로 자른 미세공정을 다루는 것입니다. 그런데 이것은 한번 기술을 습득하면 누구든 대량 생산할 수 있는 일반 상품(commodity)의 성격을 함께 가지고 있습니다. 최근

대만이 반도체 산업에 많이 진출하는 바람에 경쟁이 좀 격화되고 있습니다.

반도체는 1947년에 발명되었습니다. 그동안 연평균 14퍼센트의 높은 성장을 이루어 왔습니다만 최근에 와서는 성숙되는 추세를 보이면서 8퍼센트 정도 성장을 하고 있습니다. 반도체 산업은 사이클이 심한 산업입니다. 위험 부담도 크고, 그런 위험을 잘 감당만 하면 보상도 크게 받을 수 있는 산업으로 특징지을 수 있습니다. 그러니까 사이클은 빠른데 많은 투자를 해야 하고, 많은 연구개발을 통해 남보다 기술을 좀더 빨리 개발해야 한다는 점에서 위험 부담을 갖지만, 남보다 한발 앞서가면 무한한 기회가 있는 그런 산업이라고 보시면 되겠습니다.

하이닉스는 작년에 세계 반도체 회사 전체에서 6위를 했습니다. 1위가 인텔이고, 삼성전자가 2위이고, 하이닉스 반도체가 6위였습니다. 하이닉스는 10년 후에는 세계 최고의 반도체 전문회사로 성장해보겠다는 비전을 마련했습니다. 반도체는 지난 15년 동안 우리나라 수출품목 1위를 지켜왔습니다. 작년에도 360억 달러 정도 수출했습니다만 지금은 경기가 하강국면이어서 1등 자리를 자동차에 양보해줘야 하는 그런 때가 오지 않았나 하는 생각을 해봅니다.

인생 선배로서 충고 한마디

여러분들은 조금 있으면 사회로 나가야 할 것이고, 여러분들의 선배로서 제 나름의 작은 경험을 여러분들과 함께 나누는 것이 좋지 않겠나 싶습니다. 미래는 준비하는 사람의 몫입니다. 저는 머리가 별로 좋지 못하고, 남보다 특출한 환경이나 여건을 가지지 못했기 때문에,

지금까지도 남보다 30분 내지 한 시간 덜 잘 수밖에 없다고 생각하며 살고 있습니다. 그래서 아침 5시에 일어납니다. 사람들이 대부분 6시에 일어난다고 보고 제가 한 시간 더 열심히 일하면 남보다 모자라는 점을 보충할 수 있지 않겠냐 하는 생각입니다. 그래서 젊은 시절부터 '열심히 일하고, 하늘의 뜻을 기다리자'고 하는 '진인사대천명(盡人事待天命)'을 좌우명으로 삼았습니다. 그런데 한 3, 4년 전부터 공자의 '일신우일신(日新又日新)'을 또 다른 좌우명으로 삼고 있습니다. 또 한 저는 이 표현을 좋아합니다. Today is the first day of the rest of your life(오늘은 여러분 남은 인생의 첫날입니다). 항상 오늘이 새로운 시작이라는 기분으로 산다는 것은 중요한 일입니다.

누구든지 작은 발전에 기여할 수는 있지만 패러다임을 바꾸는 것은 저 같은 범인(凡人)이 할 수 있는 일은 아닌 것 같습니다. 세계를 움직인다든지 큰일을 도모하는 사람들에게서는 패러다임 변화를 읽는 것이 중요한 일입니다. 어떤 교수분이 지적한 대로, 이미 마차의 시대는 가고 자동차가 신작로로 쌩쌩 달리고 있는데, 주인이 마굿간을 자동화하고, 마찻길을 포장한들 자동차를 따라갈 수 없는 일입니다. 이미 스타벅스 같은 새로운 비지니스 모델이 나왔는데 과거처럼 예쁜 한복을 차려입은 여자 종업원이 서빙하는 다방이 번창하기는 어렵습니다. 패러다임이 달라지는 상황을 예견하고 대처하면 성공할 수 있을 겁니다. 금방 눈앞에 보이는 이익보다는 긴 안목으로 생각하는 것이 좋은 것 같습니다. 여러분들은 사회에 나가서 동료들보다 열심히 했는데 승진이 늦을 수도 있고, 어떤 때는 동료를 도와줬는데 나보다 더 높은 평가를 받는 그런 상황들이 생깁니다. 여러분들이 주변 사람들보다 자기희생을 하는 자세로 살아가시기 바랍니다.

또 작은 일을 잘하지 못하면서 큰일을 도모한다는 것은 있을 수 없는 일입니다. 작은 일, 여러분들 옆에 떨어져 있는 휴지 줍는 일, 쓰레기통 비우는 일을 앞장서 하십시오. 작은 일부터 모범이 되지 않고, 큰일을 도모하기는 어렵습니다. 나비효과라는 말이 있습니다. 나비효과는 작은 시작이 큰 결과를 낳는다는 표현으로 흔히 씁니다만 원래는 과학용어입니다. 얼마 전에 돌아가셨습니다만, 에드워드 로렌츠 교수는 1972년 워싱턴 기상학회에서 아마존에 서식하는 나비의 작은 날개짓이 점점 더 큰 파장을 일으켜 끝내는 미국 텍사스에 토네이도를 일으킨다고 분석합니다. 그러한 작은 출발이 중요합니다. 제가 들은 바로 20미터 공기총 사격에서 0.87도만 빗나가면 만점이냐 아니면 0점이냐를 결정하게 된답니다. 그러한 작은 차이가 큰 결과를 낳습니다. 결코 작은 것은 사소한 것이 아니며, 작은 일을 제대로 할 수 있어야만 큰일을 도모할 수 있는 것입니다.

그리고 여러분들이 희망하는 대로 일이 흘러가지 않는 경우가 많습니다. 위기도 있고, 절망할 때도 있습니다. 그런데 개인이나 기업이나 모든 집단을 막론하고, 위기에 처한 바로 그때가 기회이기도 합니다. 아주 좋은 시절에는 누가 더 잘하는지 그 차이를 알 수가 없습니다. 바로 그 위기를 누가 잘 넘기느냐에 따라서 큰 성공을 거두느냐 아니냐를 결정짓게 됩니다. 그렇기 때문에 어려운 일을 당했을 때는 그것을 어떻게 슬기롭게 잘 극복하느냐 하는 것이 여러분들 성공의 관건이 될 것 입니다.

곧 사회에 나가서 여러 분야에서 일을 하시겠지만 여러분들 각자의 분야에 대한 전문 지식을 지녀야 하고, 또 어학능력을 갖추어야 합니다. 영어는 기본이고, 중국어, 일본어는 부수적으로 할 수 있는 준비를 오늘부터 바로 시작하십시오.

저희 회사에서도 훌륭한 인재들이 많습니다만 거의 모든 분야가 해외 여러 기관들, 기업들하고 협력관계를 발전시켜 나가야 합니다. 그런 시각에서 보면, 연구원들은 미국의 연구원, 독일의 연구원과 같이 세미나도 해야 하는 등 언어는 기본 가운데 기본입니다. 영어는 우리 모국어처럼 쓸 수 있는 때가 되어야만 여러분들 시대에는 사회 활동이 가능합니다.

혹시 영어가 모자란다는 생각이 드시면 CNN을 30분 듣고 주무십시오. 5개년 계획을 세우시고 오늘 저녁부터 시작하세요. 중간고사가 있어서 다음 주부터 한다는 그런 생각 하지 마시고, 그냥 CNN 틀어놓고 어머니께 주무실 때 TV 좀 꺼달라고 하시고 잠드세요. 그러한 각오로 일단 영어를 시작하시고, 그 다음에 중국어와 일본어는 간단한 의사소통이라도 할 수 있을 만큼은 하시는 것이 좋겠습니다. 물론 여러분들 전문 분야를 잘하는 건 기본입니다.

스티브 잡스, 위기를 기회로 만든 창조적 경영자

너무 무거운 말씀을 드렸습니다만 위기는 기회라는 것을 스티브 잡스(Steve Jobs) 사례로 말씀드리고 제 얘기를 마치겠습니다. 스탠퍼드 대학교 홈페이지에서 스티브 잡스의 연설문을 볼 수 있겠습니다만 이 자리에서 간단히 소개하겠습니다.

스티브 잡스는 어머니가 미혼모였습니다. 미혼모인 어머니한테서 태어났는데, 태어날 때 이미 입양이 결정되어 있었습니다. 스티브 잡스의 어머니가 비록 자기는 미혼모로서 아기를 가졌지만 좋은 가정에서 자라나기를 바랬기 때문에 처음에 변호사한테 입양을 했습니다. 그런데 막상 낳아보니까 아들이다 보니 변호사가 입양할 생각이 없다고 마음을 바꿨습니다. 바로 그 변호사 뒤 순서로 있던 사람은 미국에서 고등학교도 졸업하지 않은 형편이 매우 어려운 사람이었어요. 그럼에도 살림이 어려운 양부모가 대학까지 졸업시키겠다고 약속하고 스티브 잡스를 데려갔습니다.

스티브 잡스가 고등학교를 졸업하고 리드(Reed) 대학에 들어갔습니다. 미국 서부의 작은 학교인데 등록금이 비싼 학교입니다. 그래서 한 학기를 다녔는데 자기 양부모가 그동안 모아둔 재산이 다 들어가 버렸습니다. 그래서 양부모한테 더 이상 폐를 끼칠 수가 없다 해서 스스로 학교를 그만뒀습니다. 그러나 그 뒤로도 청강생으로 수업을 듣습니다. 학비는 내지 않고, 도강을 한 거죠. 도강을 한 수업 가운데 하나가 서체학이었습니다. 그래서 10년 후 매킨토시를 출시할 때 가독성이 높은 서체를 가지고 컴퓨터를 만들었습니다. 잡스는 "내가 리드 대학을 자퇴한 것은 내가 지금까지 한 결정 가운데 가장 잘된 결정(best decision)이었다"고 회고를 했습니다. 자퇴라는 어려운 상황을 오히려 새로운 기회로 삼은 그런 사람이었습니다.

29세에 매킨토시를 출시했습니다만 그 다음해에 자기가 세운 회사에서 쫓겨났습니다. 그럼에도 애플보다 더 좋은 회사를 만들겠다고 넥스트(NeXT)와 픽사(Pixar)를 창업했습니다. 픽사라는 회사를 만들게 된 것은 애플에서 잘렸던 것이 계기가 되었습니다. 잡스는 '그때는 몰랐지만 내가 만든 회사에서 잘렸다는 것이 나한테 일어난 가장 좋은 일 가운데 하나였다'고 회고했습니다.

그런데 잡스가 췌장암에 걸렸습니다. 그래서 의사가 병원에서 할 일이 없기 때문에 집으로 돌아가라고 했어요. 그런데 정말 의지를 가지고 암을 극복했습니다. 죽음의 문턱에서 살아난 이 사람은 지금도 매일 아침 거울을 보면서 '내가 만약 오늘이 내 인생의 마지막이라면 나는 오늘을 어떻게 달리 살 것인가'를 자문해 본다고 합니다. '죽음이라는 것은 삶이 만든 가장 위대한 발명'이라고 이야기했습니다. 죽음의 문턱에 서 봤기 때문에 하루하루를 더 열심히 살게 된 것입니다. 보통 사람 같으면 한 가지도 견뎌내기 어려운 위기를 다 극복하고, 세계 최고의 경영자가 된 것입니다.

사실 애플에는 큰 기술도 없습니다. MP3플레이어도 원래 애플의 기술이 아닙니다. 싱가포르에 있는 회사에서 사온 기술입니다. 애플 제품은 미국에서 만들지도 않고 대부분 중국에 가서 만듭니다. 이 사람이 생각하는 일은 어떻게 하면 사람들이 행복감을 느낄 수 있을지, 소비자들이 행복감을 느낄 수 있는 그러한 디자인의, 기능의 제품을 만드느냐는 것입니다. 마케팅에 능한 사람이죠. 반도체의 가치사슬(value chain)에서 핵심인 마케팅에서 최고의 역량을 발휘하는 창조적인 기업가인 것입니다.

오늘 많은 분들이 제 강의를 들어주셔서 영광으로 생각하고, 또 혹시 잠시 들린 인연으로 여러분들과 하이닉스에서 함께 일할 수 있는 계기가 되었으면 하는 바램입니다. 여러분들과, 유한대학이 많은 발전 있기를 바랍니다. 고맙습니다.

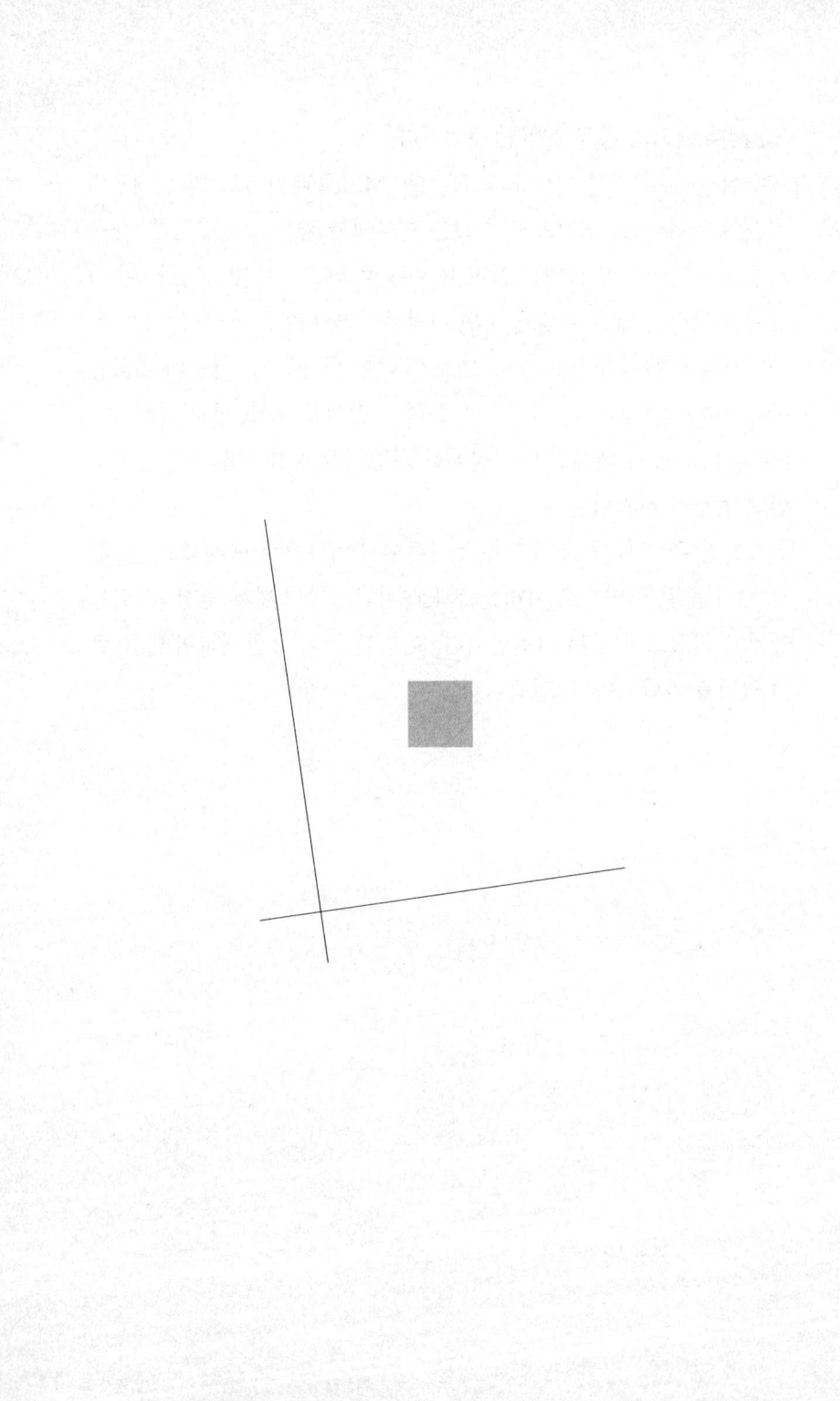

교육의 목적과 난점

임 해 규
국회의원

여러분 안녕하세요?

저는 5년 전에 여기 맞은편의 동신아파트에 살았기 때문에 여러분들을 이렇게 만나 뵌 것은 처음이지만, 유한대학은 오랫동안 옆에서 늘 보아온 대학교입니다. 오늘 드디어 유한대학에서 여러분과 이야기하는 영광을 나누게 되어서 대단히 기쁘게 생각합니다.

저는 지금 국회 교육과학기술위원회에서 한나라당 간사를 맡고 있습니다. 교육과학기술위원회에는 위원장이 한 분 계시고 당별로 간사를 한 명씩 두고 있어요. 간사는 상임위원회에서 이러저러한 의제와 안건을 협의해서 상정하는 심부름꾼 역할을 하는 사람입니다.

오늘날 교육에 대해서 여러분들이 뭔가 느낀 점이 있다면 저한테 이야기를 해 주세요. 지금도 교육을 받고 있고 지난 오랜 세월 동안 초등학교, 중학교, 고등학교 교육을 다 받아오신 분들이니까 '교육, 이렇게 바뀌었으면 좋겠다'는 생각이 있으시겠죠? 여러분들의 경험에 바탕을 둔 교육에 대한 생각을 저한테 말씀해 주셔도 좋고 질책해도 좋고 또 궁금한 것은 물어보셔도 좋습니다. 그래서 여러분과 편안하게 대화를 나누는 그런 시간이 되었으면 합니다.

오늘 강연의 제목은 교육의 목적과 난점입니다. 교육의 목적을 정하는 것도 쉬운 일이 아니고 정한 목적을 실현하는 것도 쉬운 일이 아니라는 말입니다. 제가 오늘 하려는 이야기는 교육정책을 다루는 정부가 무슨 생각을 하고 있을까? 지금 우리나라 교육이 문제가 무척 많다고들 하는데 국회의원들은 그 현장을 어떻게 보고 있을까? 또 어떻게 바꿨으면 좋겠다고 생각하고 있을까? 이런 점에 대해 이야기해 보려고 합니다.

저한테 주어진 시간이 한 시간가량 됩니다. 저는 한 20분 정도 제가 준비한 이야기를 하고 그 다음부턴 여러분과 대화하는 시간을 갖도록 하겠습니다.

유아교육에 통합된 체제가 필요

교육은 보통 유아교육, 초중등교육, 고등교육, 그리고 성인교육으로 시기적으로 네 분야로 나눕니다. 그 각 분야에 대해 먼저 간략하게 살펴보지요.

지금은 여러분들이 아직까지 시집 장가를 안 가서 아이들이 없기 때문에 잘 모르겠지만, 어린이들은 초등학교 들어가기 전에 유치원, 어린이집, 미술학원 등 여러 종류의 유아교육시설에 다니고 있어요. 다니는 곳에 따라서 가격에 차이가 있고 교육과정이 다르지요.

우리나라 유아교육에서 큰 문제점은 어린이집이나 유아원은 보건복지부에서 관장을 하고, 유치원은 교육과학기술부가 관장을 한다는 점이에요. 정부에서 같은 연령대의 유아들을 대상으로 교육을 하는데 어린이집 다니는 아이들은 보육의 대상이 되고, 같은 나이인데 유치원에 다니면 그 아이는 유아 교육의 대상이 되는 거죠. 좀 이상하잖아요?

그래서 3세부터 5세의 아이들이 초등학교 들어가기 전에 어린이집과 유치원을 한 종류로 통합해서 어디에 다니건 같은 조건에서 무상교육을 받을 수 있도록 국가 유아교육 체계를 바로 세우는 것은 굉장히 중요한 문제에요. 이게 중요한 이유는 유치원에 다니는 어린 시기부터 부모님의 재산이나 학력에 영향을 받아서 학력차가 나도록 해서는 안 되기 때문이에요. 이 어린 시절에 생기는 학습결손이나 성격결점 같은 것을 적정하게 치유하거나 교육하지 않으면 나중에 커서 그 격차를 줄이기가 굉장히 어렵지요. 그렇기 때문에 많은 나라들이 유아교육 단계에서 학습격차 해소를 위한 프로그램, 성격치유 프로그램을 운영합니다. 어릴 때 교정을 해주어야 자신의 능력이나 적성이 아니라 외부 조건에 의한 학습차를 줄인다는 거죠.

아시다시피 가난한 집에서는 아무래도 유아 때 좋은 보살핌과 교육을 받기 어렵잖아요? 부모님이 맞벌이도 하셔야 되니까요. 또 아이들을 방과 후에도 잘 돌봐줘야 하는데 그 서비스의 수준이 유치원 다르고 어린이집 다 달라요. 또 심지어는 유치원과 어린이집에 가지도 못하는 아이도 있고요. 그래서 3세에서 5세까지는 국가에서 공교육화를 해서 전부 다 국가에서 교육받도록 하는 것이 정부로서는 중요한 일입니다.

그런데 그 예산이 무지무지하게 많이 들어요. 그래서 지금은 소득에 따라 지원을 하고 있지요. 정부는 우리나라의 국민들을 소득에 따라 열 개 등급으로 나눠요. 그렇게 나누어서 아주 하위층인 국민기초

생활보호수급자의 만 5세 유아에게는 유아원 보육료 전액을 다 대주고, 그보다는 소득이 조금 높은 저소득층에게는 일부를 보태주는 식으로 지원합니다.

그런데 애들을 셋 낳으면 셋째 아이부터는 유아원 보육료가 다 무료예요. 아이를 요새 많이 안 낳으니까 많이 낳게 하는 정책을 취하는 거죠.

고등학교 체제도 변화가 필요

초등학교 교육은 그동안 많은 발전을 해 왔지요. 세계 어디에 내 놓아도 괜찮은 정도의 시스템을 갖추고 있어요. 여러분 초등학교 다닐 때 성적 같은 것을 매기지 않고 다 초등학교 졸업했죠? 여러분들 아마 그런 세대일 거예요. 즐거운 학교생활을 하도록 배려하고 있는 거지요.

중학교도 초등학교처럼 의무교육이 돼서 여러분들은 수업료를 안 냈죠? 1989년생부터 의무교육이 시행되었어요. 우리나라 중학교는 무상교육이 되었고 입시 위주의 교육을 하는 것을 막기 위해 국가에서 여러 가지 노력을 기울여 왔지요. 그리고 우리나라 중학생들의 실력은 세계 주준급이에요.

그런데 우리나라 고등학교 교육은 아직 많은 문제를 안고 있어요. 우선 고등학교는 아시다시피 일반계 학교와 전문계 학교로 나뉘어 있잖아요? 그런데 그렇게 나누는 것이 시대착오적이지 않은가 하는 문제의식을 가지고 있어요. 이제 모두 대학을 가기 때문에 고등학교에서 과거처럼 나누는 것은 재검토해야 되지요. 그때는 전문계 고교 나오면 취직한다는 전제였거든요. 예전에는 우리나라에 산업인력을 많이 필요로 했어요. 직업도 많이 다양화 되어 있지 않을 때니까 그럴 때는 공업고등학교나 상업고등학교로 단순하게 구분할 수 있었을지 모르지만, 오늘날에는 그렇게 단순하게 구분하기가 좀 어려워졌어요.

그래서 저는 일반계 고등학교-전문계 고등학교 이렇게 나눌 것이 아니라 특성화 학교와 그렇지 않은 일반 학교로 자연스럽게 구분하면 좋지 않겠느냐고 생각해요. 말하자면 애니메이션 고등학교나 조리 고등학교에서는 특정한 직업을 염두에 두어 일찍부터 그 분야에 소질이 있고 적성이 있는 친구들이 미리부터 가서 열심히 공부하고 대학도 그 길로 가잖아요. 특성화 고등학교에서는 그렇게 배우는 것이 좋아요. 그런데 전문계 고등학교는 특성화된 것이 아니라 다 비슷한 것을 배우고 있기 때문에 이는 적절치 않은 것 아닌가 하는 이런 생각이지요. 그런 전문고는 그냥 일반고로 전환하는 것이 좋겠어요.

또 하나는 여러분 잘 아시다시피 고등학교 교육이 너무 입시문제 풀이에 치우쳐 있다는 거예요. 학교에서 공부하는 걸로 충분하지 못해서 수능을 보려면 학원엘 가야 돼요. 그래서 특히 왕성한 청년기인 고등학교 시절에 조금 자유롭게 책 읽는 것조차 사치스러운 상황이에요.

국가적으로 보아서도 너무 낭비가 되고 있지요. 사교육비도 굉장히 많이 들잖아요. 앞으로 학교에서 배우는 것을 반복하는 낭비적인 학원비를 확 줄이는 것이 우리 중등교육의 큰 문제예요.

정부가 지향하는 대학교육 체제

여러분들이 지금 다니는 대학은 어떠냐? 대학에도 비슷한 문제가 있는데요. 여러분들은 지금 전문대학에 다니고 있지만, 전문대학과 종합대학은 도대체 무슨 차이가 있느냐? 이런 문제가 사회적으로 많이 제기가 되고 있어요.

전문대학에서는 직업적인 것과 연관이 많아서 상당히 인기를 누리고 있는 과가 많아요. 그런 과가 있다고 하면 4년제 대학을 졸업하고 거꾸로 전문대학을 오는 역류현상도 있었잖아요. 그리고 전문대학의 인기 있는 과를 일반대학이 모방을 해서 일반대학이 전문대학처럼 되는 이상한 현상이 나타나기 시작했어요. 그러다보니까 전문대학과 일반대학을 나누기보다는 직업 기능을 중심으로 가르치는 대학과 이론을 연구하고 가르치는 연구가 중심이 되는 대학으로 나누어야 한다는 논리가 힘을 얻고 있어요.

또 하나는 대학이 너무 많아서 지방에 가면 이제 대학이 학생을 모집하기가 어려울 정도까지 되었어요. 고등학교 졸업생들이 대부분 대학을 가는데도 말이지요. 지금은 몇 퍼센트가 대학을 가는지 알아요? 현재 고등학교를 졸업하고 바로 대학을 가는 학생이 85퍼센트 정도 되요. 그런데 나중에 성인이 되어서 방송대학이나 디지털 대학 같은 곳으로 진학하는 사람도 많아요. 이런 대학에 가는 사람까지 다 치면 사실 여러분 세대가 대학에 가는 비율이 90퍼센트가 넘을 것으로 추정해요.

그렇게 전부 다 대학을 간다 하더라도 앞으로 약 5년 뒤부터는 인구 증가가 정점을 찍고 그 다음부터는 줄어들기 때문에 앞으로 15년, 20년쯤 뒤가 되면 대학생 수가 지금의 60퍼센트밖에 되지 않아요. 그때 되면 대학들이 정원을 줄이거나 대학이 문을 닫아야 하는 상황이 발생하는 거죠. 그래서 그것도 국가적으로는 큰 문제예요.

우리 교육이 나아갈 길

아주 개괄적이지만 우리 교육계가 안고 있는 몇 가지 제도의 난점을 제가 말씀드렸어요. 이제 마지막으로 우리 교육의 변화를 어떻게 인식하고 있는가에 대해 말씀드리고 여러분들 이야기를 듣도록 할게요.

요새 교육이 많이 바뀌었어요. 지금까지는 주로 선생님이 학생을 가르치는데 초점을 많이 두었지요. 시험에 나올 것들을 가르쳐주고 학생들은 열심히 외우고 그것들을 시험 보고 이렇게 했잖아요? 그런데 앞으로 우리에게 필요한 지식을 배우려면 그런 모습보다는 선생님들이 과제를 내주면 그룹으로 조를 짜서 풀어보려고 노력하고, 그것을 발표하는 형식으로 하도록 해야 돼요. 즉 학습자 중심으로 문제해결력을 키우는 교육을 해야 된다는 것이지요. 사실 대학에서는 그렇게 공부하고 있다고 보아야지요. 초중등교육도 그렇게 학습자가 교육의 중심에 서는 방향으로 차츰 변해야 하지요. 사실 선진국의 경우에는 중학교 때부터 이미 학생들 중심으로 수업을 해요.

선생님들은 학생들이 자료를 찾고 분석하고 하는 것을 도와주는 도우미 노릇을 할 뿐이에요. 우리 교육도 그런 모습으로 좀 바뀌어야 한다고 생각해요. 교육 중심에서 학습 중심으로 바뀌어야 한다고 하는 문제의식을 가지고 있고 그렇게 바뀌어 가고 있어요.

두 번째는 우리 교육이 학교 중심으로 교육을 했잖아요? 여러분들도 지금 유한대학이라는 학교에 있고, 그 전에는 유치원에서부터 초등학교, 중학교, 고등학교를 다녔지요. 학교라는 교육기관을 쭉 다닌 거예요.

그런데 아까 제가 말씀 드렸듯이, 많은 사람들은 요새 방송대학교나 디지털 대학교를 다니고 심지어는 외국에 있는 대학교의 인터넷 강의를 듣는 일도 생겨나고 있어요.

그리고 직업을 옛날처럼 한 직업을 가지고 평생을 살기가 어렵기 때문에 직업도 바꿔야 하는 사람도 많이 발생해요. 여기 계신 여러분들은 전자과와 애니메이션과라고 들었는데, 애니메이션 열심히 하고 있는데 나중에 보니까 아닌 것 같아서 다른 거 하는 경우도 있잖아요? 전자과도 마찬가지고. 그럴 경우에는 다른 과목을 짧은 기간에 압축적으로 배울 수 있는 곳 역시 또 대학이거나 그와 비슷한 교육기관들 아니겠어요?

그러니까 이제는 학령기라고 해서 학교를 가는 적절한 나이가 있는 것이 아니라 살다가 일하다가, 필요하면 학교나 다른 교육기관에 가서 배우기도 하는 것으로 융통성 있게 교육과 학습이 바뀌고 있어요. 그래서 이제 정부에서도 평생 학습 시스템을 만들고 있어요.

예를 들어서 학점은행제라고 들어봤어요? 학점은행제가 뭐냐면 적절한 학점을 차곡차곡 따면 교육과학기술부 장관이 그 사람에게 학사학위를 수여하는 제도에요. 학점은행제 학습자는 유한대학 강의를 신청해서 학점을 딸 수 있어요. 유한대학에서 몇 강좌 듣고, 저기 가톨릭대학에 가서 몇 강좌를 듣고 학점을 다 모아서 대학을 졸업할 수 있는 학점을 따놓으면 학사학위를 받을 수 있는 거지요.

또 독학사라고 그런 제도도 있어요. 독학사라는 건 시험을 봐서 그 시험에 통과하면 학사학위를 받는 거예요.

그리고 정부에서 또 학습계좌제라는 것을 도입했어요. 학점은행제는 대학학위를 따기 위한 제도지만 학습계좌제는 우리가 공부해온 모든 학력을 전부 다 적는 제도예요. 선진국에서도 이 제도를 운영하고 있는 곳이 있지요. 우리가 평생에 걸쳐서 학습할 수 있도록 지원하기 위한 거예요. 그리고 고용주 입장에서는 학습력을 아는 자료가 되기도 하지요. 다시 말하면 학교교육 중심에서 평생교육 중심으로 넘어가기 위한 제도들이지요.

마지막으로 우리가 변해야 하는 게 있어요. 공동체성을 강화해야 한다는 것이지요. 사실 우리 사회가 미국제도를 많이 받아들였잖아요? 미국은 와스프(WASP)가 지배하는 사회라고 하잖아요? W가 White이구요. AS가 Anglo-Saxon이고 P가 Protestant지요. 말하자면 앵글로 색슨족이고 기독교도인 백인이 지배하는 사회라는 말이죠. 그들 제도가 상당히 개인주의적이잖아요? 그래서 지금 우리나라 문화도 상당히 많은 부분이 개인주의적인 문화로 바뀌었어요. 그래서 그것을 조금은 더 동양적인 문화, 공동체적인 문화 이런 문화로 바꿔야 된다고 하는 문제제기가 굉장히 많아요. 그것을 교육이 담당해야 되지 않느냐 교육으로 문화를 제대로 만들어 가야 하지 않겠느냐는 것이지요.

제가 말씀드린 우리 교육이 지향해야 할 세 가지 방향은 저만의 생각이 아니라 대체로 우리 교육과학기술위원회의 국회의원들이 지니고 있는 보편적인 생각이에요. 우리 국회 교육과학기술위원들은 앞에서 말씀드린 교육의 난점들을 해결하면서 교육을 세 가지 지향점을 향해 어떻게 하면 잘 나갈 것인가 이런 고민을 하고 있어요.

이제 여러분들이 가지고 있는 생각을 들어볼게요.

질문: 학교마다 보건교사를 꼭 두어야 하지 않은가요?
답변: 법에는 학생 수에 관계없이 모든 학교에 보건교사 1인을 둔다고 되어있어요. 그런데 우리 현실은 모든 학교에 보건교사를 한명씩 둘 수가 없는 상태예요. 시골에는 학교 전체 학생 수가 100명, 200명이 안 되는 학교가 굉장히 많거든요? 그런 곳에는 보통 순회보건교사를 두지요. 그런 학교들도 가급적 예산을 더 늘려서 보건교사를 다 두도록 노력할게요.

질문: 어떻게 국회의원이 되었나요?
답변: 저도 가끔 그 이유에 대해 생각해요. 제가 왜 이 험한 국회의원을 하고 있을까 하고요. 그래도 자부심을 가지고 살아가요. 저는 1979년도에 대학에 입학을 했지만 민주화 운동과

노동운동을 하느라 학교에서 제적되었지요. 그래서 92년에 다시 복학을 해서 95년에 빛나는 졸업장을 받았어요. 그때는 제가 결혼해서 큰 애가 6살이었는데 졸업하고 그때부터 공부를 더 하고 싶어서 석사도 하고 박사도 하게 됐어요.

답변: 정치를 하게 된 건 지금 경기도지사를 하시는 김문수라는 분이 노동운동을 하다가 정치에 입문했는데 그때 함께 정치권에 발을 들여놓았어요. 그래서 부천시의원도 하게 되고 국회의원도 하게 되었어요. 아마 사회개혁에 늘 관심을 가지고 있었기 때문에 이런 선택을 하게 된 것 같아요. 고난의 길이지만 보람도 있어요. 사명감과 책임감을 가지고 일 하지요.

이제 정리를 해야겠네요.

여러분들은 참 좋은 학교를 다니세요! 여러분들이 다니는 이 학교는 전통이 있지요. 그 전통이라는 건 하루이틀에 한두 사람의 힘으로 만들어지는 게 아니에요. 정말로 그 속에는 역사의 숨결이 있어요. 그런데 여러분들이 그 숨결에 한 숨을 더 보태는 분들이 되는 거지요.

여러분들이 자랑스러운 유한대학의 전통 잘 이어가시고 사회 나가서도 유한인으로서 자랑스럽게 사회를 위해서 이바지하기를 조금 더 산 선배로서, 제 지역구인 부천에 있는 대학 후배들에게 진심으로 부탁드려요. 여러분이 꼭 다 성공하시길 기원드립니다.

여러분 경청해 주셔서 감사합니다.

긍정과 공감의 말하기

최 광 기
방송인

여러분, 안녕하십니까? 최광기라고 합니다. 오늘 초대해 주셔서 고맙고, 반갑습니다.

아까 저랑 엘리베이터 같이 탄 여학생들 어디 계시죠? 아, 네, 반갑습니다. 우린 구면이죠? 먼저 엘리베이터 사건에 대해 잠깐 얘기하면서 저의 정체를 밝히도록 하겠습니다. 제가 오늘 이 강의를 하기 전에 천안의 여성분들을 대상으로 강의를 끝내고 부리나케 엘리베이터를 타고 올라오는데, 뒤에서 웬 여학생들이 수군거리는 거예요. "시민운동가라는데…… 최광기? 그런 사람이 온대" 그래서 제가 "저예요" 그랬더니 깜짝 놀라더라구요. 아마 인터넷 검색을 해보시면 직업란에 그렇게 분류가 되어 있을 거예요. 시민운동가라고도 하고 방송인이라고도 하고, 또 요즘은 제가 많은 분들의 연설을 지도해서 정치인들의 연설 트레이너로도 활동을 하고 있어요. 또 이렇게 강의도 다니지요.

저는 사람마다 여러 가지 색깔을 가지고 있는데, 자기의 색깔을 잘 찾아내서 자기가 과연 어떤 사람인가를 알아가는 과정이 인생을 살아가는 과정이라고 생각해요. 저는 살면서 제가 가지고 있는 여러 가지 재능들, 가능성들을 끊임없이 찾고 도전하고 하나하나 실천해보면서 살아왔습니다. 그래서 오늘 제가 왜 시민운동가라고 불리는지, 왜 방송인이라고 불리는지, 또 대한민국에 몇 안 되는 정치 연설 트레이너이면서 그 가운데 유일한 여성인데, 어떻게 시작하게 된 건지 하나하나 풀어드리겠습니다.

태어나면서 눈뜨게 된 여성 문제

최광기는 제 본명이에요. '기'자 돌림이어서, 우리 집에는 없는 기가 없어요. 광기, 명기, 문기, 청기, 금기, 양기…… 다 있어요. 큰집에는 아들만 4형제, 아래로는 2형제인데, 저만 당시에 유일하게 딸로 태어났기 때문에 돌림자도 쓰고 특별히 귀한 대접도 받았지만, 또 반대로 딸이라는 이유로 제 호적의 생년월일은 실제보다 6개월이나 뒤로 신고되어 있어요. 우리 집이 딸, 딸, 딸, 아들이거든요? 왜 그렇게 되었는지 아시겠죠? 귀남의 탄생을 위해서 세 명의 후남이가 사정없이 태어난 거예요. 그래서 저는 6개월, 제 아래 동생은 한 달, 그 아래 여동생은 보름의 시차를 두고 출생신고를 하게 되었어요.

저는 여성으로 살면서, 태어나서부터 차별이라는 것이 무엇인지를 많이 느끼면서 살았던 세대인 것 같아요. 제가 사회운동을 하고 여성운동을 하게 된 계기들이 이렇게 만들어지기도 했구요. 또 여성으로 살면서 이름, 호적에서부터, 이런 불평등한 일들을 겪고서 제가 결혼하고 나니까 (이제는 호주제가 폐지됐지만) 저희 집에선 저를 빼고 모두 다 '안'씨인 거예요. 제가 그렇게 열 달을 품고, 정말 죽을 힘을 다해서, 별이 노래지도록 고통 속에서 낳은 두 아이는 안남규, 안예서예요. 저만 최광기고 '안'씨들만 모여서 살고 있는 거예요. 거기까지도 좋았는데, 어느 날 주민등록등본을 떼어보니까 제 이름란에는 X표가 그어져 있더라구요. 마치 내가 사망신고된 느낌도 들었어요. 제게도 본적이라는 게 있잖아요. 비록 한 번도 가보지 않았지만 아버지 고향 주소였는데요. 그 본적을 '충남 청양군……' 이렇게 외웠거든요? 그런데 결혼을 하고 나니까 소용이 없었어요. 제가 남편 집으로 편입이 됐기 때문에 본적이 바뀐 것이죠. 새로운 본적은 '부산광역시 진구……' 이렇게 시작되는데, 요즘에는 외울 수도 없어서 지갑 안에 써놓고 다녔어요.

여기 이렇게 남학생, 여학생들이 함께 앉아 있지만, 아마도 대한민국은 여성들 스스로가 페미니스트로 자라나기 좋은 나라인 것 같아요. 평범한 사람들이 페미니스트로 자랄 수밖에 없는 조건을 갖추었는데, 선배 언니들의 많은 도움에 힘입어서 이제는 호주제도 폐지됐고 조건들이 많이 좋아지고 있죠. 그러나 여전히 우리 사회가 안고 있는 문제점들이 참 많은 것 같아요. 그래서 저는 여성 문제에 관심을 갖게 되고, 여성계를 대표하는 사회자가 되면서 여성뿐만 아니라 이 사회에 있는 많은 소수자들, 약자에 대해서 관심을 가지게 되었어요. 제가 사회운동가라고 불리는 계기였죠.

'이동권'이라는 연세대 학생?

여러분들은 대학에 들어와서 또 다른 세상을 위해 준비하고 무언가 도전할 시기에 놓여 있잖아요? 제 경우에는 새로운 일을 시작하는 것을 즐겁게 여기고, 두려워하지 않는 것이 가장 큰 장점인 거 같아요. 그래서 어떤 일이든 즐겁게 할 수 있는 거죠. 제가 이렇게 여성계를 대표하고 사회자를 하면서 다른 여러 부류의 사람들을 만났는데, 그때마다 늘 즐겁고 새로운 마음으로 제 생각의 일부가 깨어져 나가는 그런 기분으로 만났던 것 같아요.

제가 처음 만났던, 저에게 충격을 주었던 분들 가운데 하나가 장애인분들이었어요. 7, 8년 전에 어떤 행사에 갔는데 큐시트 한 장을 주시더라구요. 거기에 '이동권 연대'라는 말이 쓰여 있었어요. 저는 모르는 건 당당히 물어봐요. 그래서 '이동권이라는 분이 연세대 학생이에요, 선생님이에요?' 이렇게 물었어요. 알고 봤더니 장애인들이 이동할 수 있는 권리, 그게 '이동권(移動勸)'이었어요. 그리고 그걸 함께 쟁취하기 위해 모인 사람들의 모임이 '이동권 연대'였어요. 그것도 모르고 '이동권 연대'가 연세대 학생이에요?'라고 물었으니 저를 얼마나 한심하게 봤겠어요. 저는 그때 이동권이 중요하다는 걸 처음 알았어요.

저와 같이 사회를 봤던 친구 한 사람이 중증 장애인이었어요. 그런데 그 친구의 첫마디가 '제 소원은 동해바다를 보는 것입니다. 제 친구들과 함께 정동진의 일출을, 동해바다를 한번 보고 싶습니다'였어요. 저는 그때까지 한 번도 우리 사회에 차를 탈 수 없어서, 기차를 탈 수 없어서 가고 싶은 곳에 가지 못하는 사람들이 있다는 것을 생각하지 못했어요. 저는 늘 일상적으로 버스나 지하철, 기차, 택시를 타면서 아무 불편을 못 느끼고 살았거든요. 그래서 저는 그때 처음으로 그 작은 문턱을 넘는다는 것, 지금 이 강당에 오면서도 저 계단을 오른다는 것, 그것이 누군가에게는 아주 힘든 일이라는 걸 알았어요.

안티미스코리아 페스티벌과 홍석천

또 저는 일을 하면서 성적 소수자들과도 아주 친하게 되었는데요. 제가 치렀던 행사 가운데 '안티미스코리아 페스티벌'이라는 것이 있었어요. 36-24-36 사이즈의 아가씨들이 수영복을 입고 무대를 한 바퀴 돌면서 '원장님께 감사드려요'라고 말하는 미스코리아 대회, 그렇게 여성의 몸을 상품화하는 것에 반대하는 미스코리아 대회를 공중파 방송에서 추방하자, 그러면서 안티미스코리아 페스티벌을 문화적인 대안운동으로 벌여나갔어요. 이런 얘기를 하면 나이 드시고 점잖은 분들이라고 해도 저를 꼭 아래위로 훑어봐요. '그래 꼭 저런 것들이 안티를 해요'라고 한마디씩 하셔요. 그렇죠, 저같이 이렇게 성격도 좋고, 품도 넓은 사람이 사회를 위해 좋은 일을 해야죠.

그런데 제가 안티미스코리아 페스티벌을 한 5, 6년 진행했는데, 그때 만난 친구 가운데 한 명이 홍석천이라는 친구예요. 지금도 저랑 굉장히 친하고, 이웃주민이기도 해요. 그 당시 홍석천 씨가 커밍아웃을 했어요. 한 10년 전쯤 일인 것 같네요. 우리 여성들은 품고, 돌보는 일에 익숙하잖아요? 그래서 이렇게 어려울 때 홍석천이란 사람과 함께 가자, 성적소수자들과 함께 가자, 했죠. 왜냐하면 그때 커밍아웃을 했다는 이유로 모든 일을 다 그만두어야 했거든요. 가장 좋아했던 〈뽀뽀뽀〉부터 방송 등 모든 일을 그만두었어요. 그래서 홍석천이란 친구를 만나면서 동성애에 대해 처음으로 관심을 가지게 되었고, 게이나 레즈비언이나 이런 분들에 대해서 좀더 잘 이해할 수 있는, 제 삶의 특별한 경험과 계기를 마련했던 것 같아요.

저는 다른 곳에 가서 강의할 때에도 이 얘기를 빼놓지 않고 하거든요? 이 일을 가지고 또 논쟁을 만들려는 것이 아니에요. 다원화되고,

다문화 사회로 접어들고 있는 21세기에 우리가 어떤 마음을 가지느냐가 중요한 문제이기 때문에 이런 얘기들을 나이 많은 분들에게도 하고 다녀요. 그때는 저도 잘 모를 때였고, 별로 관심이 없는 문제이기도 했는데, 그분들을 만나면서 '아, 이럴 수도 있구나'라는 생각을 했어요.

오늘의 강의 주제가 '긍정과 공감의 말하기'라고 했는데, 이 긍정과 공감의 말하기의 핵심은 소통이 잘 되는 거예요. 소통이 잘 되기 위해서는 '아, 그럴 수도 있겠구나'라고 상대방을 인정해 줘야 하거든요? 상대방을 인정할 때 서로가 존중받을 수 있는 거예요. 저는 이런 훈련이 잘 되어 있어요. 그래서 그 분들과 쉽게 친해졌어요.

소수자의 목소리에 귀기울일 때

제가 요즘 진행하는 라디오 프로그램 가운데 하나가 EBS의 〈사랑해요, 코리아〉라는 프로그램이에요. 그 프로그램에는 이주 여성들, 이주 노동자들이 많이 출현해요. 대부분 국제결혼을 했거나, 돈을 벌기 위해 우리나라에 오신 분들이죠. 그분들을 만나면서 우리가 모르는 사이에 그분들에게 다양한 방법으로 폭력을 행사하지는 않았나 반성이 들었어요. 이런 경우도 있었어요. 제가 어떤 출연자분에게 '어디서 오셨어요?'라고 물었더니, 그분이 대뜸 하시는 말씀이, '동대문에서 왔습니다'라고 하시는 거예요. 저는 어느 나라에서 왔느냐고 물었던 건데, 그만큼 우리나라가 그분에게는 훨씬 더 친근하고 가깝게 여겨지는 것 같았어요. 늘 그렇게 우리에게 이웃이 되고, 친구가 되어 달라고 손 내미는 분들에게 '우리는 과연 이웃이었나? 친구였나?' 되묻게 되더라구요. 국제결혼을 하고 우리나라에 와서, 우리나라 국민을 낳고 기르시는 분들이잖아요? 그런데 어떤 분들은 본인들은 외국 여행 갈 때 김치며, 김이며 우리나라 음식을 바리바리 가져가면서도, 우리나라에서 평생 살려고 오신 그분들에게는 그 나라 음식을 먹지도 못하게 하고, 아이들에게 그 나라 말도 못 가르치게 하세요. 사실 그분들이 자식들과 의사소통이 안 되는 경우가 많아요. 또 엄마가 한글을 모르니, 아이도 학교에 가서 적응하지 못하고 또 다른 악순환을 만들고 있거든요. 저는 그런 모습을 보면서 '우리 사회가 놓치고 있는 게 참 많구나'라는 생각이 들어요.

여러분이 살아가야 할 사회는 국적이 없는 사회, 국경이 없는 사회예요. 여러분들이 졸업을 해도 꼭 대한민국에서 직장을 구할 이유가 하나도 없어요. 노동은 끊임없이 이동하고 있거든요. 경계를 넘어서 국적을 넘어서, 국경을 넘어서 다 이동하고 있어요. 우리도 이젠 그런 사회를 살게 될 거예요. 그런데 우리는 정말 세계 시민다운 자세를 준비하고 있을까요?

그동안 우리는 강자 중심의 소통을 해왔거든요. 가진 사람들이 갖지 못한 사람들을, 배운 사람들이 배우지 못한 사람들을, 많이 가진 사람들이 적게 가진 사람들을, 남성이 여성을, 비장애인이 장애인을, 다수가 소수를 억압하는 그런 소통의 문화를 지니고 있었어요. 그런데 이제부터는 정말 소수자의 목소리에, 약자의 목소리에 귀를 기울여야 돼요. 그건 바로 저의 목소리이기도 하고, 여러분들의 목소리이기도 해요. 우리 사회의 들리지 않았고, 그리고 잘 들으려고 애쓰지 않았던 많은 사람들의 목소리에 귀 기울이고, 그 사람들에게 관심을 갖는 우리들이 돼야겠다는 생각이 들어요. 바로 21세기를 살아갈 여러분들이 지녀야 할 기본적인 자세라고 해야 할까요? 좀 원활하게, 매끄럽게, 보람 있게 살아가려면 좀더 열린 마음으로 받아들이는 태도로, 차별과 편견과 고정관념을 깨뜨리는 자세로 살아가야 하지 않을까요?

상계 어머니 학교에서 배운 말하는 법

여러분들이 대학을 다니면서 학과 공부도 많이 해야 하겠고, 취직 준비도 열심히 해야겠지만, 더 적극적으로 더 자발적으로 더 진취적으로, 내가 주인이 돼서 자기 삶을 운영해 봤으면 좋겠어요. 봉사활동이든, 누군가를 만나는 일이든 게을리 하지 않고, 그런 일들을 적극적으로 해봤으면 좋겠어요. 저는 사실 학교를 다니면서 가장 해보지 못했고, 그래서 20대로 돌아가면 가장 하고 싶은 일이 '공부'예요. 저는 '80년대에 대학을 다니면서 주로 강의실보다는 거리를 헤매고 다녔기에, 이 사회의 민주화를 위해 애써왔다지만 핑계인 것 같기도 하고, 그래서 못 다한 공부를 열심히 해야겠다는 생각도 듭니다. 그러나 그때 제가 연극도 했고, 정말 치열하게 거리에서 싸워도 봤고, 제 삶을 무언가에 다 던질 수 있었기에 이렇게 지금의 저를 만드는 계기가 됐다고 생각해요.

저는 학교 다닐 때부터 상계동 어머니 학교에서 일을 했어요. 그 어머니 학교에서 자원봉사를 시작했고, 졸업하고 나서는 사무국장이 되고, 교장을 하면서 제 인생의 가장 아름다운 20대와 30대를 거기에 다 바쳤어요. 물론 그것이 아주 의미 있고 보람 있는 일이었지만, 인간적으로는 도망가고 싶고 그만두고 싶을 때도 참 많았어요. 그런데 뒤돌아보면 그때 그 일이 거름이 돼서 지금의 저를 만들었더라구요.

여러분도 무언가를 선택해야 할 때, 도전해야 할 때, 최소한 한 10년쯤은 재밌게 할 수 있는 일, 내가 즐겁게 할 수 있는 일을 선택하고 도전해 봤으면 좋겠어요. 그러기 위해서는 다양한 경험들이 필요하거든요. 사람들이 미처 발견하지 못했던, 사람들이 미처 경험하지 못했던 이런 다양한 것들을 시도하고 도전해 봤으면 좋겠어요. 그러기에 꼭 알맞은 나이가 여러분들의 나이가 아닌가 싶어요. 지금 20대를 시작하는 나이부터 취직을 위해 책만 보고, 취직을 위해 무언가를 하기에는 참 아깝잖아요.

제가 여러분보다 쪼금 더 살았지만, 돌아보면 그때 그때 해야 할 일들이 있더라구요. 조금 더 인생을 길게 보면서 좀더 적극적으로 살았으면 좋겠어요. 저는 '상계 어머니 학교'에서 말하는 법을 배웠어요. 그분들에게 어떻게 하면 쉽게 말할 수 있을까 고민하면서 쉽게 말하는 법을 배웠고, 그 말하는 법이 많은 사람들에게 '최광기는 말을 시원시원하고 쉽고 재미있게 하는구나'라고 들리기 시작하면서 사회자가 되고, 방송인도 되고, 누군가에게 말을 가르치는 그런 사람도 되었어요.

제가 사회운동을 하면서 말하기에 재미를 붙이고, 좀더 적극적으로 하기 위해서 '거리의 사회자'로 나서게 되었어요. 거리의 사회자는 그야말로 그 자리에 모인 사람들의 그 어떤 답답한 부분들을 대변하고 해소시켜주는 그런 사람이에요. 각종 방송에 나오는 사회자와는 달리 그분들의 울분을, 그분들의 한(恨)을, 그분들의 눈물을 닦아주고, 그분들을 대신해서 마이크 노릇을 하는 일이었어요. 소수자와 약자를 대표하는 일이었어요. 그래서 제가 사회를 볼 때마다 '우리 장애인들이', '우리 여성들이', '우리 성적소수자들이'라는 표현을 많이 썼는데요. SBS〈시사전망대〉라는 시사프로그램을 진행하면서 저도 모르게 '우리 노무현 대통령은' 하고 불쑥 말이 튀어나오는 거예요. 그런데 시사프로그램 진행자의 가장 큰 덕목 중에 하나가 중립이거든요. '우리'라는 말이 입에 붙었던 거죠. 그럴 정도로 제가 거리에서 약자와 소수자를 대표했어요.

거기에 최광기의 전설이 너무나 많아요. 제가 12시간을 사회본 기록이 있어요. 밤 10시부터 아침 10시까지 사회를 본 거예요. 지금 생각해도 정말 어이가 없는데, 그냥 일이라고 생각했으면 아마 못 했을 것 같아요. 그 일을 즐겁게 받아들이고 그 일에 의미를 부여했고, 그 일이 참 보람 있으니까 12시간이 아니라 그 이후에도 더 할 수 있겠더라구요. '이제 됐어요, 이제 내려오세요' 하니까 피로가 몰려와서 쓰러질 지경이었지만, 새벽을 뚫고 동이 터 아침이 될 때까지 진행했던 12시간의 기록적인 사회는 제 인생에서 잊지 못할 장면 가운데 하나예요.

나를 긍정하는 힘

제가 이렇게 사회자가 되고, 방송 일을 하고, 정치 연설 트레이너가 되는 과정에서 나를 긍정하는 힘이 가장 크게 발휘됐어요. 여러분도 꼭 가져야 할 것이 바로 나를 긍정하는 힘이거든요? 스스로에 대해서 잘 알고 있는 사람, 스스로가 어떤 장점을 가지고 있는지를 잘 아는 사람이 자기 긍정성이 참 높아요. 저는 이 긍정의 힘을 믿고 오늘도 긍정에 대해 강의를 하려고 왔는데요. 이제부터는 여러분에게 긍정에 대해 설명해드리려고 해요.

제 인생에도 큰 시련과 좌절이 있었어요. 한 10여 년 전쯤에 우연히 안과에 가게 됐는데, 그곳에서 녹내장 말기 진단을 받았어요. 녹내장은 시신경이 말라 죽어가면서 서서히 시력을 잃게 되는 병이에요. 그래서 10년이 지난 지금, 저는 오른쪽 시력을 거의 잃었어요. 그리고 왼쪽도 진행중이에요. 그런데 그때 제가 처음으로 제 인생에서 가장 큰 위기의 순간에 긍정이라는 그 놀라운 힘을 발견한 거예요. 이 긍정이라는 힘은 아주 어려운 순간에 감사하는 마음을 이끌어 내더라고요. 병원 문을 나서면서 왜 착잡하지 않았겠어요. 그런데 병원을 딱 나오는데 이런 생각이 들더라구요. '그래, 어떤 사람들은 단 한 번도 자기를 낳아준 부모도, 자식도, 친구도 전혀 볼 수 없는 사람들이 있는데, 그에 견주면 아직도 이렇게 볼 수 있는 나는 얼마나 고맙고 다행인가' 위안이 되면서도, 한편으로는 '뭔가 생각을 달리해야겠다' 각오가 일더라구요. 그러면서 제가 지니고 있는 조건을 긍정하기 시작했어요. '시력이 나빠진 이 조건에서 내가 할 수 있는 일이 뭘까?' 그러고 나서 나를 긍정하는 힘을 하나둘씩 발견하기 시작했어요. 이렇게 시련과 좌절을 이겨내면서 자기를 긍정하는 방법을 몇 가지 정리하게 됐어요. 그래서 오늘은 여러분께 그 얘기를 꼭 해드리려고 해요.

　자기를 긍정하는 사람은 자신감이 넘치게 살아요. 자신감은 어디서 나오냐 하면 스스로를 존중하는 데서 나와요. 결과적으로 나를 잘 아는 사람은 자신감도 있고 긍정적으로 살아간다는 얘기죠. 그래서 오늘부터 자기를 긍정하기 위해서 자기를 찾는, 자기를 재발견하는 작업을 여러분이 하나둘씩 시작해야 해요. 왜 제가 말하기라든지 소통에 대해 얘기하면서 긍정을 먼저 얘기하느냐 하면, 자기를 긍정할 수 있는 사람들이야말로 여유가 있고, 그래서 옆을 돌아볼 수 있는 마음도 생기고, 그래야만 진정으로 공감할 수 있는 마음의 여유가 생기기 때문이에요. 오늘부터 자기를 긍정하는 방법을 하나둘씩 찾으셔야 하는데, 그 첫 번째 방법부터 알려드릴게요.

자기 긍정의 노하우 하나_글쓰기와 공책 세 권

　자기를 긍정하는 첫 번째 방법은 '글쓰기'예요. 제가 여러분에게 세 권의 공책을 마련할 것을 권합니다. 당장 오늘 마련하셔야 해요. 기록의 힘은 참 무서워서요, 기록을 하고 나면 보이기 시작해요. 자기에게 꼬였던 문제들, 자기의 장점 같은 것이 다 정리가 되거든요?

그래서 꼭 세 권의 공책을 마련하라는 거예요.

첫 번째 공책은 '**나는 누구인가**'를 적는 공책이에요. 그 공책에 '나'에 대해서 한번 쭉 써보세요. 길게 쓰라는 건 아니고, 짧게 짧게 써보라는 거예요. 제가 어디 가서 이렇게 '자기의 장점을 얘기해 보세요'라고 하면 다들 10초 이상 머뭇거려요. 심지어 자기 장점을 얘기하라는데 '남들이 그러는데요……' 이런 얘길 참 많이 해요. 그리고 여러분이 얘기한 것처럼 중고등학교 급훈을 말씀하셔요. 성실하죠, 정직하죠, 착하죠, 이런 말들을 참 많이 해요. 이것도 중요한 장점이지만 이런 대답은 자기를 잘 모르는 거예요. 구체적으로 쓰셔야 하는 거예요. 이제부터 '나는 누구인가'라는 공책에는 '나는 착하다', '나는 성실하다'가 아니에요, 구체적으로 '나'에 대해 쓰셔야 해요.

그래서 여기 있는 최광기는 어떻게 쓰여 있냐 하면요. 첫 번째, 나는 얼굴이 참 커서 좋다. 멀리서도 나를 정확하게 알아본다. 역시 나는 무대 체질이다. 이렇게 쓰여 있어요. 이 큰 얼굴이요, 정말 이제는 자랑스러운 내 얼굴이 되는 거예요. 몇 년 전까지만 해도 큰 얼굴 가리려고 머리를 앞으로 쓸어내리고 덮고 그랬는데요. 그러면 사람이 침침해 보이고, 음습해 보여요. 옷도 자꾸 가려보려고 검은색 옷만 입고, S라인 따라하려다가 기절하고. S라인 소용없어요. 누가 S라인을 퍼뜨린거야. 대한민국의 얼짱, 몸짱 이런 콤플렉스 다 버려야 해요. 우리는 무슨 라인이에요? '애쓴 라인'들이에요. 애쓴 라인. 저도 이 애쓴 라인 만드느라고 참 애썼어요. 애 둘 낳고, 걷고, 뛰고, 먹고, 굶기를 반복하면서 만든 라인이 애쓴 라인이에요. 여러분들께서도 스스로를 격려 하셔야 해요.

제가 다른 곳에서 강의할 때 명대답을 하셔서 기억에 남는 분이 있어요. 대구에서 올라오신 여러분의 어머니뻘, 할머니뻘 되시는 분이

셨어요. '어느 때 가장 즐거우세요?'라고 물었더니 그분이 하시는 말씀이 '선생님예, 지는예, 돈 세아릴 때가 젤로 좋습니더' 이러시는 거예요. 여러분도 돈 셀 때 즐겁지 않으세요? 그래서 제가 그분에게 10만 원짜리를 빳빳한 천 원짜리로 바꿔서 힘들 때마다 돈을 세라고 충고해 드렸어요. 묵주·염주가 따로 필요 없거든요(웃음). 그분은 구체적으로 자신을 즐겁게 하는 방법을 아시는 거죠.

여러분들께서도 구체적으로 자기에 대해서 한번 써보시라는 거예요. 제 공책에는 또 이렇게 써 있어요. '나는 밥을 참 잘 짓는다.' 밥을 잘 지으니까 다른 것을 못해도 '선생님, 제가 밥 할게요, 선생님이 찌개 끓이세요.' 이러면 속도 편해지고 당당해져요. 오늘 다 잊어버려도 좋은데요, 꼭 기억해야 할 단어는 '구체적'이란 말이에요. 구체적으로 말하고, 구체적으로 쓰고, 구체적으로 표현하라고 강조합니다. 구체적으로 쓰세요.

두 번째 공책은 '**해소장**'이에요. 이게 참 중요해요. 자기의 긍정적인 감정을 유지하는 것도 굉장히 중요하지만 화, 스트레스 이걸 잘 관리할 줄 알아야 해요. 현대 사회를 살아가고 있는 사람들의 가장 큰 특징이 부정적이라는 거예요. 자기의 긍정적인 생각들을 가로막는 부정적인 감정들을 어떻게 잘 통제하고 어떻게 잘 관리하느냐에 따라서 인생이 참 즐겁기도 하고 불행해지기도 하고, 행복해지기도 하고 긍정적으로 바뀌기도 해요. 이 해소장에는 나를 열받게 한 사람, 열받게 한 사건들을 낱낱이 기록해 두는 거예요. 오늘 만났던 누구는 어쩌고, 저쩌고, 그러고 나면요, 그걸 나중에 돌아보면 참 우습기도 하고, 또 돌아보면 '내가 이 사람을 왜 이렇게 생각했지?' 이런 감정의 정리가 돼요. 사람들은 이 감정의 정리가 잘 안 돼서 관계가 자꾸 틀어지는 경우가 많거든요? 자기를 객관적으로 잘 비춰보지 못하기 때문에 자꾸 어긋나게 되는 거예요. 그래서 오늘부터는 해소장을 쭉 쓰세요.

저는 해소장에 학교에 관한 건 별로 쓸게 없어요. 대신 주로 저와 같이 살고 있는 안 모라는 한 남자분이 계셔요. 해소장에는 안 모에 대해서 낱낱이 쓰여 있죠. 결혼한 지 10년이 넘었음에도, 매일 허물을 벗어요. 어떤 경로를 통해서 집에 들어왔는지가 빤히 보일 정도예요. 여기 양말, 저기 겉옷, 바지, 이러다 보면 결국 안방으로 들어가서 갈아입고, 또 안방에서 나올 때도 똑같아요. 여기 윗도리, 저기 파자마 바지. 저는 매일 이렇게 써놓죠. '사람이야, 뱀이야, 파충류야, 도대체 맨날 허물을 벗냐고. 냄새 나는 양말을 입에 콱 물려버릴까 보다'라고 쓰고 나면, 퇴근하고 돌아오는 멀쩡한 남편을 볼 때 조금 미안해지기도 해요. 그러니까 여러분들도 어떤 상황에서 생겨난 감정을 한번 써보세요. 잘 정리될 겁니다.

세 번째, 여러분에게 꼭 권하는 공책은 **'꿈에 관한 공책'**이에요. 꿈에 관한 공책을 꼭 써보세요. 나는 어떤 꿈을 가지고 있는지, 어떤 꿈을 이루고 싶은지, 어떤 꿈을 만들고 싶은지 잘 생각해 보세요. 요즘 스스로 하는 일종의 최면 같은 게 있잖아요? 저는 반드시 꿈은 이루어진다고 믿고 있어요. 제가 아주 어렸을 때 말(言語)에 대해서 관심을 가지고 말하기를 즐겨하면서부터 사회자가 되는 게 꿈이었는데요. 사회운동을 하면서 사회자라는 꿈을 접게 되었죠. 그러다가 우연한 기회에 사회자를 할 수 있게 되었거든요.

저는 어릴 때부터 사회자가 되는 게 제일 큰 꿈이었기 때문에 그걸 위해서 시시때때로 노력을 많이 해요. 지금도 방송이나 행사 같은 곳에 가면 사람들의 말하기를 주의해서 듣고, 잘 따라하려고 해요. 저는 말을 잘하는 방법 가운데 하나가 모방과 창조라고 생각하거든요.

사람들이 어떻게 말하는가를 따라하다 보면 내 것이 되고, 그것이 내 것이 되면 또 다른 창조가 이루어진다는 거예요. 즉, 나만의 말하기가 이루어진다는 것이죠.

오늘부터 내가 무엇을 꿈꾸었는지를 잘 생각해 보세요. 번듯한 직장에 취직하는 것, 좋은 이성 친구를 만나는 것, 결혼을 잘 하는 것. 이런 일반적이고 생활하기 위한 그리고 관습적으로 떠올리는 여러 가지 꿈도 있지만, 내가 정말 인생에서 뭘 하고 싶은 건지 한번 생각해 보세요. 제가 이 꿈에 관한 공책을 생각하게 된 계기가 있어요. 제가 2005년도에 《밥이 되는 말, 희망이 되는 말》이라는 책을 썼어요. 사실 저는 '20대에 책을 쓰고 싶다, 30대가 되면 내가 만난 여자들에 대해서 책을 써야지'라고 생각했어요. 그런데 그게 쉽지가 않더라구요. 그래서 훨씬 시간이 지나서야 이 책을 쓰게 됐어요. 그렇지만 꿈은 반드시 이루어져요.

저는 한 3, 4년 전부터 일 년에 한 번씩 꼭 혼자 떠나는 여행을 가요. 그 여행을 떠나기 위해서 참 여러 가지로 계획을 짜고 있거든요. 꿈을 이루기 위해서도 구체적으로, 단기적인 것, 중기적인 것, 장기적인 것을 잘 구분해서 체계적으로 이뤄가야 해요.

제가 아는 사회적인 자매 가운데 가장 친한 자매로 한비야 언니가 있어요. 이 언니는 누구를 만나든 항상 꿈이 뭐냐고 물어요. 꿈이라는 것은 아주 어린 사람들만 꾸는 게 아니거든요? 그 언니의 적극적인 자극에 힘입어서 그런지 몰라도, 제가 아는 선생님 가운데 한 분은 예순이 넘으셨는데 발레를 배우고 계세요. 사실 저도 선생님이 발레를 배우신다고 할 때, '선생님 무슨 발레예요'라고 했어요. 여기 있는 여러분들이 발레를 한다고 하면 아무 생각도 안 드는데, 예순이 넘은 분이 발레를 한다니 어울리지 않는다는 생각이 들었나봐요. 그런데 그분이 하시는 얘기가 '내가 아주 어렸을 때부터 발레리나가 꿈이었는데, 그게 안 되더라고. 기자하고 뭐하면서 다 집어치웠는데, 이젠 뭐 정년퇴임하고 시간도 있겠다, 못할게 뭐 있겠니? 그게 건강에도 그렇게 좋단다'라고 하시더라구요. 저는 예순이 넘어서 발레를 하시는 선생님을 보면서 '아, 꿈이란 인생에서 끊임없이 도전하기 위한 원동력이 되는 거구나'라는 걸 느꼈어요. 꿈은 삶을 늘 즐겁게, 새롭게 다시 태어나듯이 살게 하는 힘을 주는 거예요. 생명이에요. 꿈이 없는 사람은 그 생명력을 잃는 거죠. 여러분들은 꼭 내가 꿈꾸는 꿈, 이루고 싶은 일들을 잘 한번 정리해 보시기 바랍니다.

자기 긍정의 노하우 둘_긍정적인 말을 연습하라

자기를 긍정하는 두 번째 방법으로는 긍정적인 말을 연습하도록 하세요. 긍정적인 말하기를 훈련하셔야 해요. 우리는 부정적인 것에 익숙해져 있어요. 그래서 긍정적인 얘기를 하려고 하면 참 어려워요. 지금부터 친구들과 마주보고 친구의 장점을 세 가지 이상씩 얘기해 보세요. 쉽지 않아요. 그런데 서로 마주보면서 '친구가 바꾸었으면 하는 것 좀 말해 보세요'라고 하면 '옷이 그게 뭐냐, 어머 웃겨, 머리핀이 그게 뭐니' 이러면서 부정적인 말은 쉽게 하게 돼요. 우리는 어떤 사람의 장점, 긍정적인 면을 말해주는 것에 참 인색해요. 그래서 오늘부터는 긍정적인 말을 연습하셔야 하는데, 제가 아까 중요한 말이 '구체적'이라는 단어라고 했잖아요? 구체적으로 칭찬하고, 격려해 주셔야 해요. 아무리 칭찬과 격려가 고래도 춤추게 한다고 하지만 칭찬에도 방법이 있는 거예요. 구체적으로 하셔야 해요.

제가 아는 선생님 가운데 한 분은요, 따님이 하나 있는데, 코가 살짝 들렸어요. 너무나 예쁘게 생겼는데 코가 들려 있는 거예요. 이럴 때 사람들은 보통 어떻게 이야기해요? '아우, 그 코 때문에……' 이렇게 얘기하죠. 그런데 선생님은 따님이 아주 어렸을 때부터 '민경아, 너는 참 특별한 코를 가졌다. 세상 사람들을 한번 봐봐, 모두 코가 땅을 향해 주저앉았잖니, 그런데 너만 하나님을 향해 특별한 경배를 올리고 있어. 너는 정말 특별한 아이야. 너는 하나님이 축복하신 거야.' 이러니까 마치 자기 코가 특별한 것처럼 되는 거예요. 이렇게 아 다르고 어 다른 말이 운명을 바꾸는 거예요.

방문 판매를 하는 세일즈짱과 세일즈꽝이 있는데, 세일즈짱이 방문한 집에서 주부가 나왔어요. 세일즈짱은 '아가씨, 어머니 안 계세요?'라고 말했어요. 이 말을 들은 주부는 '일단 들어와 보세요' 하게 되는 거죠. 세일즈꽝이 찾아간 집에서는 할머니가 나왔어요. '무슨 일이슈?' 이랬더니, 세일즈꽝은 '어, 여기 사람 없어요?' 이렇게 얘기한다는 거예요. 할머니는 사람도 아니라는 말이잖아요. 어떻게 말을 하느냐에 따라서 이렇게 운명도 갈리는 거예요. 그래서 항상 긍정적인 말, 배려하는 말, 누군가에게 힘이 되는 말, 누군가에게 용기를 주는 말을 연습하셔야 해요.

저는 특별히 여러분에게 말에 대해서 연습하라는 것을 강조하고 싶은데요. 요즘 참 좋은 말들을 놔두고, 굉장히 말이 거칠어졌어요. 우리의 말 습관이 아주 나빠졌어요. 오늘부터라도 서로의 장점을 잘 말해주길 바래요. 그래서 저는 이렇게 친구들을 보고 칭찬할 때에도 '학생은 참 눈썹도 짙고, 눈동자도 까맣게 어쩜 이렇게 매력적으로 생겼어요?'라고 구체적으로 말을 해요. 그러면 여기 앉은 이 친구처럼 당황을 해요. 그런데 대부분은 이러고 나서 몰래 거울을 들여다봐요. 사람들이 보통 어떻게 칭찬해요? '예쁘네, 괜찮네.' 이렇게 얘기해요. 하지만 구체적으로 표현하고, 구체적으로 얘기하다 보면 서로가 그것을 자신의 것으로 만들어서, 자신의 힘이 되는 거거든요? 구체적인 확신이 되는 거예요. 그런데 우리는 너무나 말을 뭉뚱그려서 하는 버릇이 있어요. 대충하는 버릇들이 있어요. 그래서 항상 애정을 가지고 구체적으로 표현하도록 노력하셔야 해요.

자기 긍정의 노하우 셋_좋은 습관을 길러라

세 번째, 좋은 습관을 가지세요. 자기 긍정을 높이는 방법 가운데 가장 좋은 방법이 좋은 습관이에요. 그래서 명상을 한다거나, 독서를 한다거나, 여행을 한다거나 하는데, 습관이란 건 뭐예요? 지속적으로 해야 한다는 거예요. 그래서 자신의 감정을 늘 즐겁고, 유쾌하고, 그래서 긍정적인 방향을 만들 수 있도록 노력해야 하는 거예요.

제가 요즘 가장 많이 권하는 습관이 있는데, 바로 웃음이에요. 많이 웃으라는 거죠. 지금 강의를 하면서 평소에 선생님들이 여러분들을 보면 '무서울 수도 있겠다'라는 생각이 들어요. 저렇게 노려보는데, 선생님들은 참 무섭겠다. 여기도 많은 학생들이 있지만, 대체로 무표정하거나 표정이 어두운 분들이 많아요. 우리가 커뮤니케이션하는 데 가장 중요한 것 가운데 하나가 시각이라고 해요. 그래서 어떤 표정으로, 어떤 태도로 말을 하느냐에 따라서 이해되는 것도, 들리는 것도, 설득되는 것도 다 다르다고 하거든요. 여러분들의 그런 표정, 인상을 만드는 데서도, 그리고 누군가와 소통하는 데서 70점 이상의 좋은 점수를 얻으려면 웃음만큼 좋은 것이 없어요.

오늘부터 여러분들은 활짝 웃는 표정을 만드셔야 해요. 웃는 얼굴 치고 안 예쁜 얼굴이 없잖아요? 거울을 보고 어떻게 연습하셔야 하냐 하면, 전원주 아줌마처럼 웃으셔야 해요. 미친 듯이 웃으셔야 해요. 그러고 나면 나오는 웃음이 있어요. 너무나 어이가 없어서 '내가 미쳤지, 이런 걸 따라하고.' 그때 그 웃음이 여러분들의 백만불짜리 웃음이 되는 거예요. 실제로 연예인들을 웃는 얼굴을 만들 때 2,000번 이상씩 웃는다고 해요. 정말 경련이 일어날 정도로 웃는 거예요. 그러면서 자기 표정을 만드는 거죠.

저는 이 웃기 연습을 하면서 굉장히 좋아졌어요. 인터넷을 찾아보시면 알겠지만 제 사진에 여러 번 변화들이 일어났어요. 그래서 누구는 저보고 '성형을 했냐'라는 말도 했어요. '이렇게 성형하면 문제 있지 않아요?'라고 대꾸했지만, 많이 웃고 표정을 바꾸니까 사진을 찍을 때 제 얼굴이 살아나는 거예요. 아마 여러분도 취업을 하려면 면접을 보셔야 할 텐데, 그때가 돼서 준비하는 것보다 지금부터라도 조금씩 자기 얼굴을 바꿔 나가셔야 해요. 이렇게 한번 연습해보세요. 아침에 일어나서 하루를 시작하기 전에 거울을 보면서 자기 최면을 끊임없이 거는 거예요. 그리고 나서 전원주 아줌마처럼 웃는 거예요. 자, 이제 여러분과 제가 같이 웃는 거예요. 제가 먼저 시범을 보일게요. 왜냐하면 제가 무너지지 않으면 여러분도 하지 않아요. 거울을 보고, 자기 최면을 건 뒤에 '하하하하⋯⋯' 이렇게 웃으시면 돼요. 이렇게 웃고 나면 너무 어이가 없어서 나오는 웃음이 있어요.

제가 강의했던 곳 가운데 가장 좋았던 곳이 영등포 구청이에요. 영등포 구청의 5급 이상 공무원들을 대상으로 강의를 하면서 웃기 연습을 시켰는데 정신없이 웃는 거예요. 그런데 그 전에 갔을 때도 그곳에 계신 분들의 표정이 참 밝았거든요? 알고 보니까 매일 아침 구청장님이 직원조회를 하면서 그렇게 웃는다는 거예요. 그러다 보니 다들 표정도 좋아지고, 하루 일과가 괜히 신난다는 거죠.

여러분들도 오늘부터 거울을 보면서 미친 듯이 웃어보세요. 자, 두 사람씩 짝을 지어보세요. 두 사람씩 마주보세요. 옆 사람이 내 거울이려니 하고. 꼭 마주보셔야 해요. 마주보고 웃기 전에 먼저 두 사람이 손을 잡아보세요. 잠깐만요. 지금 이게 참 중요한 건데요, 유한대학이 인간관계가 참 끈끈한 것 같아요. 보통 손을 잡아보라고 하면 '쎄쎄쎄'를 해요. 제가 손을 잡아보라고 했지 쎄쎄쎄 하라고 한 적은 없거든요?

만남의 자세가 깊이를 결정한다

그런데 소통의 방법은 참 다양해요. 소통을 할 때는 보통 말로 한다고 생각하는데, 그보다 더 중요한 게 눈빛, 태도, 표정, 그리고 적당한 스킨십 이런 것 등을 통해서 그 사람에 대해서 새롭게 이해하게 되고, 서로 소통의 느낌을 갖게 되는 거예요. 그래서 여러분들도 느끼시겠지만 '야, 내가 너 정말 잘 이해하거든? 내가 너 정말 좋아해'라는 말보다는 한 번 꼭 안아줬을 때 훨씬 더 힘이 될 때가 있어요.
제가 기억나는 단체가 있는데요. 안산에 자활센터라는 곳에 가서 강의를 한 적이 있어요. 간병인이나 도우미를 하시는 분들인데, 이게 돈만으로 할 수 있는 일이 아니고, 자기의 마음을 내놓지 않으면 쉽게 할 수 없는 일이거든요. 그 간병인 100분이 모였는데, 제가 '손을 잡아보세요'라고 했더니 모두가 손을 덥석덥석 잡았어요. 보통 분들은 쎄쎄쎄를 하거든요. 그러니 자기의 마음이 얼마나 열려 있느냐에 따라서 상대방에 대한 태도도 참 달라진다는 거예요. 자, 그러면 옆 사람과 악수를 한번 해보세요. 이렇게 악수할 때의 마음을 담아서 손을 한번 꼭 잡아보세요. 느낌이 어떠세요? 느낌이 달라요. 이런 것처럼 사람은 말로 느끼는 게 아니라 그 사람의 태도로, 표정으로, 눈빛으로 다 읽을 수 있다는 거예요. 그래서 감정을 표현하고, 소통을 적극적으로 하기 위해서는 다양한 방법을 연습하셔야 해요.
저는 강의도 다니고, 방송도 하면서 사람들을 만나니깐 한 달에도 수백 장씩 명함을 받아요. 그런데 나중에 '이 사람이 누구지?'라고 할 때가 참 많아요. 나는 누군가에게 어떻게 기억될 것인가. 악수를 할 때도 그냥 악수를 할 때와 손이라도 꼭 잡아 줄 때는 다르다는 거예요. 어떤 표정으로 사람들을 만나느냐에 따라서 만남의 깊이가 다른 거예요.

오늘은 정말 많은 학생들이 따라해 준 거예요. 제가 가끔 대학에서 강의를 하다 보면 절대 안 따라해요. 왜 그런가 하면 관계 맺는 것이 어색해서 그래요. 여러분들은 굉장히 독립적으로 자라는 데 익숙해져 있어요. 혼자 있는 공간이 편안하게 느껴지는 사람들이 참 많아요. 누군가의 체온을 느껴보거나, 누군가를 만져보거나 함으로써 그 사람을 좀 더 적극적으로 알려고 하는 것이 참 어려운 세대거든요. 여러분들은 오늘부터라도 사람들과 관계 맺기에 적극적으로 나서줬으면 해요.

사람이 행복해지는 방법 가운데 하나가 적당한 스킨십이라고 해요. 자기를 긍정하고 행복하게 살기 위해서는 늘 적당한 스킨십을 즐겨야 하거든요? 그래서 실제로 사랑을 하면 왜 예뻐지느냐 하면, 스킨십이 잦아지기 때문에 그래요. 또 한편으로는, 나이가 들어서 치매를 예방하기 위해서도 스킨십이 필요하다고 해요. 유아교육에서도 똑똑하고 영리한 아이들일수록 사랑을 더 많이 받았다고 하는데, 그 이유가 피부와 뇌는 만들어질 때 외부엽에서 나왔기 때문에, 피부를 자극하면 뇌를 자극하는 효과가 있기 때문이라고 해요. 그래서 여러분들도 오늘부터라도 좀더 적극적으로 사람을 만나고, 적극적으로 표현하고, 적극적으로 안아주길 바랍니다. 자, 그런 의미에서 친구를 다시 한번 꼭 안아주면서 서로를 격려해 보세요. 자, 우리 모두 힘이 되자. 이렇게 안고 나면 행복해지지, 안고 나서 '괜히 했어'라는 사람은 없거든요. 그러니 누구나 행복해지는 방법에 하나는 적당한 스킨십이에요.

자기 긍정의 노하우 넷_좋은 사람을 사귀어라

자기를 긍정하는 네 번째 방법은 좋은 사람을 주변에 많이 두는 거예요. 좋은 사람이 어떤 사람인가 하면, 긍정적이고 적극적이고 자기를 잘 알아주는 사람이에요. 이런 사람을 곁에 많이 두는 사람이야말로 자기 긍정성을 많이 계발하게 되거든요. 사람은 자기 안에 참 많은 우물이 있고, 참 많은 것을 끌어낼 수 있음에도, 스스로는 그걸 잘 모를 때가 있어요. 저 역시 제가 가지고 있는 장점, 재능…… 이러한 것들을 때로 폄하할 때도 있고, 스스로를 부정할 때도 참 많았는데, 언니들을 만나면서 많이 새로워졌어요. 그 언니들은 사회적인 자매들이에요. 생물학적 자매도 있지만 사회적인 자매들, 여성들이 함께 연대하면서 저는 굉장히 많이 성숙하게 되고, 다시 태어나는 느낌을 많이 받았어요. 이 언니들은 저에게 끊임없이 무한한 가능성을 일깨워주고 제 장점과 재능을 발견하게 해주었어요. 제 인생에서 잊지 못할 몇 사람이 있는데요. 언니들에 앞서 제가 말하기에 재주가 있다는 것을 깨우쳐준 초등학교 친구가 있어요.

저는 학교 다닐 때 반 친구들이 제가 있는지 없는지도 모르는 굉장히 소심한 아이였어요. 그리고 굉장히 부끄럼이 많은 아이였어요. 그런데 저희 반에 아주 성격 좋고, 발랄한 친구를 만나면서 제 성격이 조금씩 바뀌기 시작했어요. 성격이 바뀌면 정말로 운명이 바뀌더라구요. 저는 그 친구를 통해서 제 안에 있는 '광기'를 처음 발견한 거예요. 제가 그 친구와 놀러 다니면서 어느 날 친구에게 '야, 우리 선생님 말이야 수업시간에 맨날 코딱지 파고 웃기지 않냐?' 그랬더니 진짜 맞다는 거예요. 너무 웃기다고. 그러더니 어느 날 수업시간에 갑자기 선생님한테 '선생님 광기가 선생님 흉내 정말 잘 내요.' 이렇게 말했어요. 그래서 선생님이 '최광기 앞으로 나와'라고 해서 나갔죠. 앞에 나가서는 선생님 흉내를 냈어요. 그런데 정말 교실이 일순간 조용해지더니, 폭포수처럼 웃음소리가 터져 나오는 거예요. 저는 그때 처음으로 말하기에 대한 재미를 느꼈어요. 그리고 학교 생활이 정말 달라졌어요. 전에는 누구도 저에 대해 관심을 갖고 주목한 적이 없었는데, 그때 이후로는 제가 지나가면 '쟤가 최광기래, 쟤가 진짜 웃기대'라고 수군댔어요. 그리고 교무실, 교장실을 거의 내 집 드나들듯이 하면서 순회공연을 하고 다녔어요. 그래서 제 인생을 바꾼 친구는 국민학교 때 그 친구였어요.

두 번째로 제 인생에서 참 중요한 사람, 좋은 사람은 바로 선생님이었어요. 그 선생님은 저를 끊임없이 격려하셨어요. 제가 어릴 때 저희 집이 몇 번 망했는데, 제가 중학교 때는 정말 예민한 시기였고 저에게는 참 괴롭고 우울한 시간이었어요. 선생님은 저한테 격려를 아끼지 않으셨어요. 너는 뭐든지 할 수 있다, 잘 할 수 있다, 그러셨죠. 그때 당시 저희 학교에 사물함 바람이 불기 시작했어요. 요즘에는 학교에 다 있잖아요? 저희 때는 막 들어오기 시작했는데, 반장 엄마, 부반장 엄마가 그냥 가져다 놓는 거예요. 저는 그때 집이 어려워서 아이들을 설득하기 시작했어요. 저는 또 그때 말의 힘을 느꼈죠. 아이들에게 '내가 할 수도 있다'라고 거짓말을 했죠. 사실은 못할 처지였지만, '내가 할 수도 있지만, 너희들이 십시일반 모아서 같이 하자. 거기에 각자의 이름을 새겨 넣도록 하자. 그래서 후배들에게 우리의 마음을 전하자'라고 설득을 해서 십시일반 돈을 모아서 학급 사물함을 비치했어요. 선생님이 저를 부르시더니 제가 얼마나 마음고생을 했는지 아시니까 격려를 하시면서 '넌 앞으로 어떤 어려움이 있어도, 잘 헤쳐 나갈 거다. 훌륭한 사람이 될 거다.' 이런 얘기들을 하시더라구요. 지금도 가끔 그 선생님 얼굴이 떠올라요. 칭찬과 격려를 아끼지 않았던 그 선생님. 그 선생님이 있었기 때문에 저는 오늘도 '내가 잘 해야 하지 않을까? 성실한 사람이 돼야 하지 않을까? 훌륭하진 않더라도 최선을 다하는 사람이 돼야 하지 않을까?' 라는 물음을 끊임없이 하면서 살게 되거든요.

여러분도 내 주변에 어떤 사람들이 있는지, 어떤 좋은 사람들이 있는지 한번 생각해보세요. 또 반대로 얘기하면 그런 좋은 사람들이 될 수 있도록 노력하세요. 여러분의 한마디 말로 그 학생의, 그 친구의 진로가, 운명이, 인생이 바뀔 수 있다는 것을 꼭 기억하셔야 해요. 그래서 한마디의 말이 참 중요한 거예요. 한마디, 한마디 할 때마다 힘이 되는 말, 용기를 주는 말, 격려하는 말, 이런 말들을 하셔야 하는 거예요.

말이라는 건 굉장히 큰 힘을 지니고 있어요. 말이 뭐가 된다고 해요? 말이 씨가 된다고 했어요. 나에게 끊임없이 긍정적인 말의 씨앗을 심으셔야 해요. 누군가에게 끊임없이 희망이 되는 말을 해주셔야 해요. 여러분 스스로가 노력하셔야 해요. 말이라는 게 참 중요하기 때문이에요.

오늘 긍정을 하기 위한 몇 가지 방법을 알려드렸어요. '첫 번째는 쓰자, 두 번째는 말하자, 세 번째는 좋은 습관을 갖자, 네 번째는 좋은 관계를 맺자'예요. 그 가운데 한 가지라도 실천을 해서 내 것으로 만드셔야 해요. 오늘 강의에서 무엇을 내 것으로 만들 것인가를 고민해 보시기 바래요. 저는 이렇게 여러 사람을 만나면서 그 사람들을 통해서 끊임없이 따라하고, 배우고, 익히고 하거든요. 한 가지도 놓치지 않으려고 노력하는데, 여러분도 다른 사람의 좋은 면을 자기 것으로 만들려는 노력을 게을리 하지 않았으면 좋겠습니다.

차동엽
곽재선
김진수
백기완
맹광호

대학생
을 위한
도움말

대학생
을 위한
도움말

무지개 원리

차 동 엽
인천교구 미래사목연구소 소장

 안녕하세요? 여러분들 반갑습니다. 오늘 이 자리에 오면서 굉장히 설레는 마음으로 왔어요. 제 모교에 30년 전에 한 번 오고 이제 두 번째 왔습니다. '무지개 원리가 뭐냐?' 이렇게 질문을 던지면, 사실은 '유일한 정신'의 일종의 체계화다, 이렇게 이야기해도 지나친 말이 아닙니다. 제가 이 유한공고를 들어올 때만 해도, 가난해서 고등학교를 갈 수 없는 아이들 가운데 전국의 우수한 인재들이 이곳에 몰려들었습니다. 여기서 장학금을 줬기 때문인데, 여러분들은 아마 그때의 사정을 잘 모를 거예요. 저는 여기서 꿈을 키웠고 그 꿈이 제가 교육하는 '무지개 원리'가 되어서 사람들에게 퍼지고 있습니다.
 정말 확신 있게 여러분들께 소개를 해주셨는데 사실입니다. 이 무지개 원리는 어떤 이들이 매료되냐 하면 인생의 산전수전을 다 겪어

보고 나서 본인의 인생에서 중요한 행복과 성공의 인자를 추려보는 안목을 지니신 분들이 특히 무지개 원리를 알아보십니다. 그래서 오늘 여러분들이 이 무지개 원리를 들으시면, 시간을 버는 거예요. 인생의 모든 지혜를 한꺼번에 배우게 된다, 이렇게 생각하시고 경청해 주시면 좋은 일이 있을 겁니다.

무지개 원리는 꿈을 이루는 법칙

사람들이 곧잘 무지개 원리가 뭡니까, 하고 묻습니다. 무지개는 우리가 생각하는 미래에 대한 모든 좋은 것을 상징합니다. 비온 뒤에 무지개가 뜨는 법이니까요. 여러분들이 꿈꾸는 모든 것은 무지개로 연결시킬 수 있습니다. 그렇담 원리는 뭐냐? 여기가 지금 자연과학대학입니다. 자연과학은 법칙성을 배우는 학문이죠? 그런데 법칙은 자연과학에만 있는 것이 아니고, 인생에도 법칙이 있어요. 가수 비 군이 떴잖아요? 우리는 비가 참 운이 좋았다는 식으로 쉽게 생각을 하는데, 틀림없이 비가 뜬 데에는 운으로는 설명할 수 없는 법칙성이 있을 거예요. 몇 가지 성공의 법칙을 충족시켰기 때문에 뜬 거예요. 그 법칙이 뭐냐? 이걸 지금부터 여러분들께 소개하겠습니다.

제가 가톨릭 교회의 신부거든요. 왜 가톨릭 신부가 이 무지개 원리를 만들었나? 그걸 설명하는 말이 '가톨릭'입니다. 가톨릭이란 단어는 보편적이란 의미예요. 모든 시대, 모든 장소, 모든 사람들에게 유효한 진리를, 가치를 추구합니다. 가톨릭은 이 세상의 고민을 같이 고민합니다. 글로벌 경제 위기가 오면 뜬구름잡지 않고 같이 고민해요. 또 젊은이들이 취직을 못해 힘들어 하면 같이 아파하고, 같이 고민을 합니다. 이렇게 고민하다 보니 무지개 원리를 궁리하게 되었습니다.

우선 이 원리가 만들어지는 공정에 대해 설명을 드리겠습니다. 행복과 성공에 틀림없이 법칙이 있다는 가정 아래 일단 유인화법을 썼습니다. 수많은 사례들을 범주화해서 점점 줄여나가 중요한 인자를 가려내는 식입니다. 한 30년 걸린 것 같아요. 제가 30년 걸려서 읽은 수많은 책들 가운데 역사를 개척한 위인들, 역경을 이긴 장한 사람들 이야기가 많습니다. 거기서 행복과 성공의 인자를 찾아냈어요. 한 10가지가 추려졌습니다. 추려놓고 보니까 제가 혼돈에 빠졌습니다. 뭐가 우선순위인지, 뭐가 나중인지, 이들의 상호관계가 뭔지 헷갈리더군요. 그때 떠오른 민족이 유대인입니다.

세계에서 가장 위대한 업적을 남긴 유대인

유대인은 집단지성을 가지고 있다 가정을 하고 이들에 대해서 정보를 다시 수집해 봤습니다. 세계 유수 기관에서 지난 세기 동안 인류에 가장 지대한 영향력을 행사한 사람 21명을 선정했습니다. 21명을 선정했을 때 거기서 15명이 유대인으로 드러났습니다. 지난 20세기 세계를 움직인 거인들은 거의 다 유대인들인 겁니다. 그 다음에 역대 노벨상 수상자 30퍼센트가 유대인들 가운데서 나왔다는 반올림한 통계가 있습니다. 노벨 과학상에 27퍼센트가 유대인이었고 과학상, 평화상, 문학상 다 통틀어서 유태인 수상자가 23퍼센트가량 차지했습니다. 그뿐만이 아닙니다. 미국의 최고 부자들 40명 가운데 20명이 유대인입니다. 대단하다고 인정하지 않을 수가 없을 거예요. 비범한 예술가도 유대인들 가운데 많이 나왔습니다.

우리 민족은 어떻습니까? 요즘에 수험생들 때문에 난리를 치는데, 아무리 그 난리를 쳐도 글로벌 인재를 아직 길러내지 못하고 있습니다. 그나마 위안으로 삼고 있는 것은 반기문 총장이 세계적인 인물로 주목받은 겁니다. 분명 저력을 갖춘 우리 민족이 세계적인 민족이 됐으면 좋겠다 하는 생각을 가져봅니다.

유대인에게서 배우는 지혜

그럼 유대인들의 돋보이는 활약을 설명할 수 있는 비밀이 뭐냐? 그것은 바로 유대인들의 교육제도에 숨겨져 있다 이렇게 봤어요. 그들의 교육 매뉴얼이 뭡니까? 여러분이 익히 아시는 《탈무드》입니다. 《탈무드》는 정말 방대합니다. 그러나 이 방대한 것의 전체를 꿰뚫는 가장 핵심적인 사상이 있습니다. 〈신명기〉 6장 5~7절의 '셰마 이스라엘'로 시작하는 구절입니다. 유대인들은 아침에 한 번, 저녁에 한 번 기도문으로 이 구절을 외웁니다. 그런데 재미있는 건 굉장히 고지식하고 원리에 충실한 유대인들은 여기에 꾀를 부리지 않았고, 2,500년 동안 하루도 거르지 않고 이걸 외웠다는 사실입니다. 외우다 보니까 골수에 새겨진 거예요. "마음을 다하고, 목숨을 다하고, 힘을 다하여 너의 하느님을 사랑하고 이를 거듭거듭 자손들에게 들려주어라."

도대체 어떻게 이 기도문이 유대인들의 정체성을 형성했을까요? 첫 번째 단어인 마음은 히브리어로 '레브'라고 되어 있습니다. 이는 가슴, 심장이라는 뜻도 됩니다. 다른 말로 표현하면 감성으로 표현됩니다. 목숨은 '네페쉬'입니다. 이는 목구멍이라는 말로도 번역되고 영혼이라는 말로도 번역됩니다. 영혼이 뭐죠? 영혼은 주체성이에요. 말하는 주체가 거기 들어가 있는 거죠. 주체성을 다른 말로 표현하면 의지입니다. 그 다음에 힘! 힘이라는 단어는 '메호데'로 이는 이성,

지성이라는 뜻이 있습니다. 유대인들은 벌써 2,500년 전에 정보시대의 인식을 미리 지니고 있었구나! 정보가 힘이라는 공식을 일찍 가지고 있었던 것입니다. 유대인들이 아무것도 모르고 외웠던 게 인간의 기본구조를 건드리고 충족시키는 말이었습니다.

인간은 지성, 감성, 의지로 생겨 먹었습니다. 사람은 살면서 지성과 감성과 의지가 한덩어리가 되어서 표현해냅니다. 여기 계신 여러분이 가지고 있는 능력을 극대화하는 방법이 무엇이냐, 어떻게 하면 자신의 능력을 극대화해서 자아를 실현할까 생각했을 때 답은 간단합니다. 바로 여러분의 지성과 감성과 의지에서 발휘되는 시너지를 극대화할 때 여러분의 자아가 가장 많이 구현이 되는 것이라고 할 수 있습니다.

아직 기도문에서 빠진 대목이 있죠? '거듭거듭' 자손들에게 물려주고 들려주어라 하는 이야기가 있는데, 이 '거듭거듭'이 인생에서 가장 중요한 대목입니다. 죽어라 하고 거듭거듭 연습해야 한 분야에서 1인자가 되는데, 평균 10년이 걸린다는 통계치가 나왔습니다. 그래서 이걸 '10년 법칙'이라고 이야기하는데, 그것도 거듭거듭의 비밀이 만들어낸 현실입니다. 결국 유대인들이 이 비밀을 실천하는 인생을 살았구나. 유대인 가정에서 교육받는 아이들은 감성과 의지와 지성이 가장 극대화가 되도록 개발이 되는구나. 그래서 유대인이 세계에서 훌륭한 인물들을 길러냈구나 생각해냈습니다.

7가지 무지개 원리

바로 이것을 시스템으로 만들어낸 것이 무지개 원리입니다. 지성(힘), 감성(마음), 의지(목숨), 거듭거듭의 비밀을 바탕에 깔고, 먼저

무지개 원리 풀이그림

　추려낸 10가지 인생의 중요한 변수들을 서로 연결시켜 봤습니다. '긍정적으로 생각하라', '지혜의 씨앗을 뿌려라' 이 두 가지가 지성에 연결이 됐구요. '꿈을 품어라', '성취를 믿어라' 이것이 감성에 연결이 됐구요. '말을 다스려라', '습관을 길들여라' 이것이 의지에 연결이 됐구요. 그 다음에 '절대로 포기하지 말라' 이것이 거듭거듭에 연결이 됐습니다. 이 7가지가 무지개 원리로 만들어졌습니다.

　여러분들이 앞으로 인생을 살아가면서, 과연 내가 어떻게 하면 취직을 잘하고 회사에서 인정을 받을까, 내 인생에서 가장 결정적인 변수가 뭘까 궁리들을 하실 텐데요. 저는 이 7가지를 추천합니다. 우선 여러분들이 미래에 대해서 늘 긍정적인 발상을 훈련을 해놓으면 인생이 풍요로워집니다. 그리고 여러분들이 자꾸 독서량을 많이 늘려서 인생정복 지혜를 수집해두면 여러분 삶에 도움이 될 겁니다. 무엇보다도 꿈의 사람이 되어서 계속 꿈을 품고 살면 여러분들 삶에 좋은 일이 생길 겁니다. 신념이 있는 사람에게 결국 이 기회가 옵니다. 말도 잘해야 해요. 번지르르한 말이 아니라, 진솔한 말이지만 긍정적으로 사람을 설득할 수 있는 말을 해야 합니다. 그 다음에 습관! 평소에 내가 어떤 습관으로 사느냐가 결국 내 인생의 변수입니다. 마지막으로 거듭거듭 포기하지 않으면 여러분 인생에 좋은 일이 생깁니다. 그럼 이제부터 7가지 원리를 하나하나 살펴보도록 하겠습니다.

무지개 원리 1_긍정적으로 생각하라

김태연이라는 여사를 소개하려고 합니다. 김태연 여사는 23살 때 미국으로 이민간 분인데 지금은 맹렬여성이 되어서 정말 잘나가는 사람입니다. 이분이 처음 미국으로 가기 전에는 얌전한 교육을 받았어요. 여자는 다소곳해야 한다. 얌전해야 한다. 이런 교육을 받으며 크다가 미국으로 갔는데, 미국에서 막상 얌전하게 살다가 보니까 바보 취급을 당하고 인정을 받지 못하는 거예요. '안 되겠다! 내가 이제 성격을 바꿔야지!' 그러다가 자기암시의 주문을 만들었습니다.

He can do it, She can do it, Why not me?

여러분, 이게 무슨 뜻이에요? '저 남자도 하고 저 여자도 하는데 왜 나라고 안 되겠냐?' 한마디로 나도 된다는 말이죠? 그래서 이 말을 외웠어요. 이걸 외우다 보니까 성격이 활달해졌어요. 그리고 이왕이면 남자들 하는 거 하자 해서 태권도를 배웠어요. 결국 태권도 사범이 되었고 관장이 됐습니다. 그러고 나서 이분이 이왕이면 미국에서 최고의 태권도 관장이 되자고 마음을 먹습니다. 그런데 '어떻게 하면 우리 도장이 미국에서 제일 잘나가는 도장이 될 수 있을까' 궁리하다가 떠오른 것이 좌우명입니다. 옳지, 강습생들에게 내 좌우명을 외우게 하자! 그래서 모두가 태권도 배우러 와서 'He can do it, She can do it, Why not me?'를 외우게 됩니다.

미국에서 태권도를 가르칠 때 제일 어려운 게 뭐냐 하면은 다리를 벌리는 일이에요. 한국 사람들은 좌식문화예요. 책상다리를 하기 때문에 골반이 발달되어 있습니다. 그런데 미국 사람들은 입식문화예요. 책상다리를 잘 못해요. 그러니까 발차기가 안 되는 거예요. 그런데 'He can do it, She can do it, Why not me?'를 일단 외우게 하고 나서 앞차기를 시켰더니 자세가 잘 펴지더랍니다. 사람이 자기에게 긍정적인 메시지를 주면 신체가 이완이 되고 부드러워집니다. 이런 식으로 도장이 알려져 유명 인사들이 많이 와서 태권도를 배웠습니다. 이들 가운데 실리콘벨리 쪽에서 창업한 사람도 있었는데 김태연 여사를 회장으로 초빙하게 됩니다. 우리가 실력도 있고, 아이템도 있고, 콘텐츠도 있고 다 있는데 경영할 사람이 필요하다. 그렇다면 '캔두(Can do) 정신'을 가르쳐준 김태연 여사를 모시자 했던 거죠. 김 여사가 이 회사 경영을 맡은 뒤로 5년 전 실적으로 연매출 1,500억 원을 올렸습니다. 그러니까 이 회사에 정신은 캔두 정신입니다. 이분이 미국에서 방송인으로도 활동을 하는데 아주 방송이 열기가 있어 인기가 좋습니다. 심지어 이분은 방송에서도 초대손님들에게 이걸 읊게 해요. 오늘 이 강의 들으신 여러분들 다른 건 몰라도 이 짧은 말 하나 외워두세요. He can do it, She can do it, Why not me?

여러분들은 아직 살아보지 않아 잘 모릅니다만, 저도 역시 잘 모르는데, 참 이 배우자가 성격이 안 맞을 때 보통 곤욕스러운게 아니겠죠? 소크라테스가 악처하고 살았다고 그러죠? 그런데 정작 소크라테스는 악처하고 사는데 전혀 불행하지 않았다고 그래요. 어떻게 살았기에 불행하지 않았을까요? 오히려 불행했던 사람은 누구냐 하면 옆집 아저씨였어요.

어느 날 이 옆집 아저씨가 소크라테스를 찾아왔습니다. "소크라테스! 당신 부인 말이야…… 여간 고약한 여자가 아니던데. 지난번에 내가 당신 부인한테 된통 당했거든. 그리고 생각했지. 자네 참 안됐다. 이런 여자하고 평생을 살다니." 이 이야기를 들은 소크라테스가 뭐라고 했냐 하면 "아, 이 사람아! 원래 말 달리는 기수는 난폭한 말만 골라 타면서 연습하는 법이네. 그러니 나는 지금 인생 수업중이지."

소크라테스 부인이 어느 날 말도 안 되는 이야기로 남편에게 아침부터 퍼부었습니다. 소크라테스가 저녁 때까지 당했어요. 그런데 당연히 파김치가 돼 있어야 할 그는 끄떡없었어요. 대신 옆집 아저씨가 나자빠졌습니다. 옆집 아저씨가 소크라테스한테 왔어요. "소크라테스! 당신 부인 오늘 무슨 일 있어? 왜 그렇게 소리를 버럭버럭 지르는지 그 소리가 담 너머 우리 집까지 날아드는데……. 내가 하루 종일 신경이 쓰여서 아무 일도 못했네! 내가 왜 왔는 줄 아나? 그 소리를 직접 들은 당신은 얼마나 힘든지 내가 위로해주러 왔어." 그랬더니 소크라테스가 하는 말이 "아, 이 사람아! 물레방아 소리도 자꾸 들어봐, 들을 만해!" 그랬더니 부인이 옆에서 설거지를 하다가 구정물을 소크라테스한테 퍼부었습니다. "영감탱이 물벼락이나 맞아라!" 소크라테스가 물을 뒤집어썼어요. 그때 소크라테스가 뭐라고 했느냐. "아무렴…… 천둥이 치고 나면 비가 오는 법이지."

여러분, 왜 소크라테스는 이런 상황에서도 평생을 부인과 살았을까요? 소트라테스는 부인하고 결혼해서 일주일 살아보고는 일찍 결론을 내렸습니다. '특단의 조취를 취하지 않으면 내가 제명에 못 산다. 그러니까 부인이 나한테 무슨 말로 공격을 해 와도 긍정적인 생각으로 중무장해서 막아내리라.' 소크라테스는 결국 긍정적인 발상으로 어떤 어려움도 견뎌냈습니다.

여러분, 여기 영어 단어가 있습니다. 액션(Action)과 리액션(Reaction).

액션은 주체적인 행동을 말하고, 리액션은 반응하는 행동을 말합니다. 그런데 우리가 살다 보면 부족한 사람일수록 반응하는 행동을 합니다. '네가 나한테 고따위로 했냐? 나는 요따위로 할 수밖에 없다.' 이것이 리액션이에요. 이와 달리 액션은 네가 나한테 어떻게 하든 간에 '나는 인격을 살고 나는 나의 소신을 살고 나는 나의 가치관을 산다.' 이것이 액션입니다. 네가 나한테 욕해도 난 욕 안 하고, 마음 씀씀이가 밴댕이 소갈딱지 같아도 나는 바다같이 너를 대할 수 있고, 이것이 결국 액션입니다. 소크라테스가 보여준 삶이 바로 액션의 삶입니다. 앞으로 지도자도 액션의 삶을 사는 사람이 지도자가 됩니다. 주변 사람들이 하는 행동에 반응해서 매번 휘둘린다면 지도자가 되기 어렵습니다.

무지개 원리 2_지혜의 씨앗을 뿌려라

우리는 살면서 접하는 이 수많은 정보 가운데 지혜를 가려내야 합니다. 정보와 지혜는 무슨 차이가 있나요? 지식과 지혜는 무슨 차이가 있죠? 지식은 소화되지 않는 정보입니다. 여러분 책을 아무리 많이 읽어도 소화가 안 되고 내 머리에 기억으로만 저장되어 있으면, 이건 지식이고 정보일 따름입니다. 그런데 이것이 완전히 소화가 되어서 내 것으로 될 때, 그땐 지혜가 됩니다. '이럴 때 내가 어떻게 해야 되지?' 이렇게 스스로 질문하게 되죠. 바로 요즘 글로벌 경제 위기를 살아가는 데 필요한 게 지혜예요. 인생에는 지혜가 필요합니다.

비관론자는 매번 기회가 찾아와도 고난을 본다.
낙관론자는 매번 고난이 찾아와도 기회를 본다.

윈스턴 처칠이 한 말입니다. 윈스턴 처칠은 이 말을 듣기 좋으라고 한 게 아녜요. 자기 인생의 밑바닥에 깔려 있는 거죠. 윈스턴 처칠은 고난이 찾아와도 기회를 본 사람이에요. 윈스턴 처칠 이야기를 여러분에게 들려드립니다.

윈스턴 처칠이 수상직을 두 번하고 옥스퍼드 졸업식 연사로 초빙을 받았습니다. 그런데 길이 막혀서 강연에 늦었어요. 졸업생들에 학부모들까지 쥐 죽은 듯이 기다리는 가운데 처칠이 등장합니다. 그리고 연단에 딱 서서 졸업식 연설을 합니다. 뭐라고 했느냐? "Never give up!" 무슨 뜻이에요? 포기하지 말라는 뜻입니다. "Never! Never! Never!……" 7번 Never를 잇달아 말하고 나서 "Give up!" 그러고 연설이 끝났어요. 더 이상 말하지 않았습니다. 잠시 침묵이 흐르다가 옥스퍼드 대학생들 전부가 일어나서 우레와 같이 박수를 쳤어요. 이 연설에 감동을 받았어요. 감동을 받은 이유가 뭐였을까요? 우선 짧아서였겠죠. 짧으니까 우선 박수를 쳤어요. 그런데 그게 다가 아니었어요. 이 영국 사람들은 처칠이 지금 연설한 짧은 문장이 처칠의 인생임을 알고 있었어요. 그리고 그 문장이 영국을 구했다는 것을 알고 있었어요.

그러면 처칠은 어떤 인생을 살았는가? 처칠은 팔삭둥이였어요. 그리고 처칠은 초등학교 학적부에 "희망이 없는 아이" 이렇게 기록돼 있어요. 게다가 처칠은 말더듬이었어요. 대학을 가야 하는데 대학을 두 번 낙방을 하고 세 번째에야 사관학교를 들어갔습니다. 그리고 전역을 하고 처칠이 정계에 입문하려는데 낙선의 쓴잔을 마십니다. 그럼에도 결국 국회위원이 되고 수상직에까지 오릅니다. 첫 번째 수상을 지내고 두 번째 또 낙선했다가 세 번째 수상에 오르고 다해서 두 번 수상을 하게 됩니다.

그런데 처칠의 진가가 언제 나오냐? 제 2차 세계대전 때 나옵니다. 처칠이 수상으로 있을 때 제 2차 세계대전이 일어났습니다. 영국의 정치인들은 전부 다 처칠한테 항복하자고 압력을 넣었습니다. 일단 항복하고 문화재라도 보호하고 젊은이들이라도 전쟁터에 나가서 죽지 않게 하자. 이것이 영국의 여론이었어요. 처칠이 이 여론을 이길 수가 없었습니다. 어떻게 했을까요? 방송국으로 갑니다. 방송국으로 가서 직접 국민들에게 연설을 합니다. '국민 여러분. 지금 우리나라가 굉장한 위기에 처해 있습니다. 국민 여러분, 중대발표를 하겠습니다. 나는 항복하지 않습니다. 나는 항복할 줄 모릅니다. 나는 조국을 위해서 피와 땀과 흙과 눈물을 바칠 것입니다. 국민여러분도 조국을 위해서 피와 땀과 흙과 눈물을 바친다면 우리는 반드시 이 나라를 지켜낼 수 있습니다.' 이런 내용의 연설을 했는데 이 방송을 들은 모든 국민들의 마음이 움직였습니다. '우리가 해보지도 않고 어떻게 이 나라를 넘겨주냐! 버티자! 독일하고 전쟁을 하자!' 결국에 영국은 버텼어요. 버티고 있는 동안에 미국이, 그 다음에 소련이 상황이 좋아지니까 연합군을 만들어 노르망디 상륙작전이 일어나서 결국 영국이 독일을 물리치고 연합군이 제 2차 대전에서 승리하게 된 겁니다.

영국 사람들은 기억합니다. '처칠의 Never give up! 정신이 나라를 살렸다. 만약 그때 처칠이 다 항복했다면 우리 다 넘어가는 건데.' 이것이 지혜입니다. 그래서 낙관론자는 매번 고난이 와도 기회를 본다. 처칠의 저 말은 그의 인생이자 영국을 살린 말입니다. 영국에서 200년 넘게 가장 존경하는 사람 1위는 셰익스피어였어요. 그런데 제 2차 대전 이후에 순위가 뒤집혀서 지금은 처칠이 존경하는 사람 1위입니다. 그럼 처칠을 생각하면 영국 사람들은 뭘 떠올리느냐? 'Never give up!'을 기억하는 거예요. 그것이 인생의 지혜예요. 요새 정말로 글로벌 경제 위기가 왔어요. 그래서 이미 경제사회에서 살아가는 사람들도 어렵지만 여러분도 앞으로 참 길이 막막합니다. 하여간 여러분들에게 좋은 기회가 오길 바랍니다만, 시절이 좀 어려운 것만큼은 틀림없어요. 이럴 때 우리가 이러한 지혜를 가지고 살아갈 필요가 있겠습니다.

무지개 원리 3_꿈을 품어라

하버드 대학교에서 설문조사를 했습니다. 조건이 비슷한 사람들을 데려다 놓고 사람들에게 '당신 꿈이 뭐냐'고 물었습니다. 응답자 가운데 27퍼센트가 '꿈이 없다'고 했습니다. 60퍼센트는 '꿈은 있는데 실현 여부는 상관없다'고 답했습니다. 10퍼센트는 '꿈이 있고 반드시 실현시키겠다', 나머지 3퍼센트는 '꿈이 여럿 있고, 순차적으로 실현시키겠다'고 대답했습니다. 그리고 25년 뒤에 이들을 찾아갔는데 어떻게 됐느냐. 꿈이 없는 27퍼센트는 25년 뒤에 도태됐어요. 조건과 출발선이 다 똑같았는데 25년 뒤에 다 날아갔어요. 꿈을 적당히 가지고 있었던 60퍼센트 어떻게 됐느냐? 적당히 살고 있었어요. 놀라운 사실은 미국을 이끌어 가는 오피니언 리더(opinion leader)들, 미국의 상류층을 형성하고 있는 전문가 계층들은 꿈을 반드시 이루겠다던 10퍼센트에서 나왔어요. 꿈을 확고하게 붙들고 그 꿈을 향해서 인생을 경주한 사람들이 결국에 이를 달성했어요. 그러면 나머지 3퍼센트는 어디서 무얼 하고 있느냐? 각 분야의 지도자가 되어 있었습니다. 이들은 계획적으로, 꿈을 꾼 사람들입니다. 하나만 꾼 게 아니고 먼저 이것, 그 다음에 저것…… 이렇게 인생을 설계한 사람이 꿈을 다 이루었습니다. 여러분들 인생의 아주 중요한 변수가 꿈입니다. 꿈을 확고하게 붙들고 가는 사람이 마침내 꿈을 이룹니다.

자, 그런데 꿈을 품을 때 어떻게 품는 게 좋으냐? 이왕이면 역할 모델을 하나씩 가지는 게 좋습니다. 역할모델은 뭐냐? 내 인생의 아이돌, '내 인생의 존경하는 인물'이 역할모델입니다. 시카고 대학과 하버드 대학 가운데 여러분이 들은 정보로는 어느 학교가 더 좋아요? 하버드가 훨씬 좋죠? 저도 확인해보지는 않았지만 아마 하버드에 내신등급 1등급이 간다면, 시카고는 2등급 정도가 가지 않나 싶은데……. 그런데 역대 노벨상 수상자는 시카고 대학교가 70명이나 배출했습니다. 70명이 시카고 대학교에서 나왔어요. 그러니까 우수생은 하버드 대학교를 다 갔는데 거기에 포함되지 않은 사람들 가운데 노벨 수상자가 나왔어요. 이유가 뭐냐? 시카고 대학교에서 1학년 교양과정 커리큘럼에 고전 100권 읽기가 들어 있었는데, 이 100권의 책은 위대한 사람들의 이야기가 소개된 책들이에요. 그러니까 자기 전공 분야에서 한 명씩 자기 전공의 우상을 하나씩 만난 거예요. 누가 됐든지 이 사람을 바라보고 살다 보니까 인생이라는 마라톤을 완주한 것이죠. 대학을 졸업해서도 역할모델을 가지고, 우상을 가지고, 자기가 존경하는 인물을 가지고 뛴 사람들 가운데서 노벨상 타는 사람들이 많이 나오더라. 그것이 없이 단지 우수하기만 하고 단지 똑똑하기만 했던 하버드 대학생들은 그만큼 안 나오더라는 결론입니다.

오늘 중요한 이야기가 뭐예요? 여러분 디자인하면 디자인, 미술이면 미술, 자기 분야에서 최고의, 바라보는 사람 한 사람씩은 있어야 돼요. 과학도로서 나는 이 사람을 존경한다! 나는 이 사람과 같은 삶을 살겠다! 그러면 틀림없이 그런 사람들이 됩니다.

자, 여러분 꿈에 대한 이야기를 하나 더 하겠습니다. 제 체험인데요. 제가 하여간 여기 유한 공고에서 공부할 때 서울 대학교에 진학하겠다고 마음먹었습니다. 쉬운 건 아닌데 그때 제가 아까도 좀 말씀을 드렸습니다마는 대학교 가겠다고 환경이 안 되는데서 죽어라 하고 공부를 했어요. 죽어라 하고 공부를 했는데 하루는 실습시간에 영어단어를 외우는데 어떤 선생님 한 분에게 걸려서 **뺨**을 맞았어요. 저는 원한을 품지 않았어요. 그 선생님이 저한테 제 꿈을 자극시켜줬어요. 왜냐하면 그 선생님이 뭐라 했냐 하면은 "야, 임마! 두 마리 토끼 잡으려고 하다가 한 마리도 못 잡아! 용접이나 열심히 해. 용접이나"라고 했어요. 그 말에 자극을 받은 거죠. 두 마리 토끼 잡겠다고 결심을 했습니다. 원한을 품기 전부터도 저는 두 마리 토끼 잡으려고 굉장히 노력을 해서 기술도 잘 배웠고 그 꿈도 이루었습니다.

그 다음에 여기 지금 돈이 없어서 유학을 못 간다는 분, 이런 분에게 제가 용기를 줄 하나의 꿈 같은 제 경험을 이야기해드리겠습니다. 제가 대학교를 마치고 해군 장교로 군복무를 했습니다. 그 다음에 다른 사람들보다 8살 많은 나이에 신학교를 갔습니다. 나이 계산을 해 보니까 서른다섯에 제가 신부가 됩니다. 그런데 제가 공부 욕심이 많았어요. 유학을 가고 싶은 거예요. '아무래도 신부되고 나면 나는 못 가는데…… 지금 팔팔할 때 내가 지금 유학을 가고 싶다.' 이런 생각을 포기하지 않고 품었어요. 이룬다는 확신은 없었어요. 사실 '누가 날 유학 안 보내주나……' 이 생각만 계속 품고 있었어요.

그런데 기적이 일어났어요! 어떤 교수신부님이 수업시간에 수업을 하다가 나중에 이 신부님이 나한테 이야기 해준 거예요. '어떻게 말이야, 수업시간에 들어가서 네 얼굴만 딱 쳐다보면 유학 그러고 자꾸 떠오르냐고, 저 놈을 유학 보내줘야 되는데 어떻게 하지?' 교수신부님이 고민을 하다가 신학교에는 당시에 돈이 없었어요. 그분이 그래도 능력이 있는 분이에요. 내가 저 놈 유학을 보내려면 돈이 좀 필요하다고 생각하시고 밖에 나가서 그 옛날 돈으로 5억 원을 어디서 구해오셨어요. 이분이 독지가를 찾은 거예요. 그렇게 제가 뽑혀서 유학을 갔다 오게 된 거예요. 무지개 원리가 그냥 탄생한 것이 아니고, 이런 것들이 이루어지다가 보니까 무지개 원리가 탄생한 거예요.

꿈을 품으면 된다! 공부해서 꿈을 품고 공부하니까 갔잖아요? 그 다음에 신학교에서 꿈을 품고 하여간 하니까 갔다 왔잖아요? 계속 이루어지는 거예요. 그래서 여러분 꿈은 무지무지 중요합니다. 아까 여기 학장님이 '이 무지개 원리가 한국에서 제일 잘 팔리는 책입니다'

《무지개 원리》 표지

라고 말씀하셨습니다. 거저 잘 팔린 게 아녜요. 제가 책 써놓고 가만히 있었으면 잘 팔리지 않았을 거예요. 이것은 대한민국 국민행복 교과서가 돼야 된다는 강력한 에너지를 가지고 나는 지금 호소하고 다니는 거예요.

또 하나 정말 자랑스러운 일이 있어요. 뭐냐? 이 무지개 원리가 이제 한류를 타고 중국에 번역이 돼 올 연말에 출간이 되는데 중국 13억 인구가 이 무지개 원리를 읽고 이제 희망을 얻게 되었습니다. 수출한 거예요. 이런 것들이 지금 여러분들이 봤을 때 무모하잖아요? 그런데 이루어진 거예요. 여러분들이 소망을 가지는 분들이 되기를 바랍니다.

무지개 원리 4_성취를 믿어라

성취를 믿는 신념이죠. 신앙이 있는 분들은 이것을 믿음으로 해석하면 되고, 신앙이 없는 분은 그냥 신념 그러면 되는데, 신념은 뭐냐? 내 안에 잠자고 있는 에너지를 끄집어내는 능력이 신념입니다. 우리가 신념이 없는 사람은 그냥 평범한 삶을 살 따름입니다. 신념이 있는 사람은 내 안에 잠자고 있는 거인을 일깨웁니다. 이게 신념입니다. 축구선수 박지성을 국가대표선수로 히딩크가 발탁했는데 처음에 잘 안 됐어요. 그래서 박지성이 굉장히 힘들어 했어요. 그런데 박지성이 하는 이야기가 히딩크가 자신을 부르더랍니다. "지성! 지성! 너는 내 말 잘 들어! 너는 다른 사람이 없는 아주 특별한 걸 가지고 있어. 그래서 내가 널 뽑은 거야! 뭔 줄 알아? 정신력이야!" 박지성의 정신력을 보고 뽑았다는 거예요. "축구는 테크닉으로 하는 게 아니야! 정신력으로 하는 거야!" 결국 박지성이 세계적인 스타가 되었습니다. 이 힘이 뭔 줄 알아요? 신념이에요, 신념! 박지성 축구는 신념축구예요. 마지막에 안 되는 상황에서 골을 넣을 수 있는 사람이 박지성이잖아요. 그래서 하여간 신념을 가지면 자기 능력을 발휘하게 됩니다.

무지개 원리 5_말을 다스려라

여러분! 여러분의 인생을 바꿀 말 하나를 알려드릴게요. 오늘 강의 다른 건 다 몰라도 이 말 하나는 적어두었다가 하루에 100번만 외면 10년 안에 여러분 삶에 기적이 일어나요. 기적이 일어나는 말이에요. 제가 말에 대해서 연구를 많이 했는데, 자기암시를 위해서 좋은 말들, 심리학자들이 추천하고 자기계발하는 사람들이 추천하고 실험해 보고 한 말들의 목록을 가지고 있습니다. 그 가운데 으뜸으로 한 말이에요. 그 말이 뭔지 아세요?

나는 내가 좋다!

이 말은 나를 무한히 성장시켜주는 말입니다. 이 말이 왜 중요하냐? 우리가 살아가는 동안 자기 안의 긍정적인 에너지와 부정적인 에너지가 서로 싸웁니다. 내가 뭐 좀 하려고 하면 내 안에 있는 긍정적인 에너지는 무언가 하고 싶어 하는데, 부정적인 에너지가 발목을 잡아요. 내 안에 있는 지성, 감성, 의지의 능력이 덩어리를 이뤄가지고 두 에너지를 만들어요. 그런데 우리의 발목을 탁 잡아채는 부정적인 에너지의 중심에 뭐가 있느냐! 콤플렉스가 있어요. 콤플렉스가 스스로를 발휘 못 하게 만들어요. 뭐 좀 하려고 들면 콤플렉스가 '네가 뭘 한다고? 넌 안 돼! 넌 힘들어! 여러 가지 이유를 댑니다.' 그런데 '나는 내가 좋다!'라는 말을 반복하면 어떤 일이 일어나느냐? 나는 내가 좋다는 말이 콤플렉스를 가서 어루만져 줍니다. '괜찮아, 괜찮아, 괜찮아, 괜찮아, 괜찮아, 괜찮아, 괜찮다니까!'

TV 출연 당시 강연 모습

어제 제가 가수 조영남 씨하고 대화를 나눴는데 조영남 씨 코가 잘생겼어요, 못생겼어요? 코가 좀 못생겼죠? 다른 사람 같으면 요새 세상에 다 뜯어고쳤겠죠? 그런데 조영남 씨는 어제 뭐라고 했느냐! 아주 재미있는 분이에요. "나는 이 코가 마음에 들어." 그러니까 자기가 자기 콤플렉스를 콤플렉스로 생각하면 아주 괴로운데 자기가 좋아해 버리니까 콤플렉스가 안 되는 거예요! 그건 인생을 정말 자신 있게 사는 거예요. 다른 사람 같으면 그 코 때문에 어디 가서 연예인 못 한다고, 나는 코도 못생기고 그래서 연예인 못한다고 했을 거예요. 그런데 조영남 씨한테는 무기가 되지 않았습니까? 이런 것이 인생에서 아주 중요합니다. '나는 내가 좋다!'라는 말을 수없이 되풀이하면 여러분 인생에 기적이 일어나요. 컴플렉스가 전혀 문제가 안 됩니다. 자신 있는 사람이 되고 매력을 발산하는 사람이 됩니다. 이것을 꼭 기억하시기 바랍니다.

무지개 원리 6_습관을 길들여라

머슴이 있었습니다. 머슴이 하는 일이 뭐냐? 요강 닦는 일이었습니다. 그런데 이 머슴이 요강을 닦는 모습이 주인 눈에 들었습니다. "요강을 닦는데 그렇게 정성껏 닦을 수가 없구나! 내가 감동했다. 내가 너 학교 보내줄게!" 그래서 학교를 보내줬어요. "머슴으로 있기엔 아까워! 너 같은 사람은 공부해서 좋은 일 해야 해!" 그러고는 주인이 머슴에게 돈을 줘서 공부를 시켰습니다. 이 머슴이 나중에 선생님이 되었고 더 나중에 지도자가 되었는데, 이분이 조만식 선생님이라는 분이에요. 뒷날 지도자가 된 조만식에게 어느 날은 젊은이들이 찾아와 덕담을 청했어요. "선생님! 저희에게 좋은 말씀 한마디 주십시오!" 그랬더니 선생님께서는 "요강을 잘 닦아라!"라고 그랬습니다. "난 요강 닦다가 스카우트되었다!"

제가 이 이야기를 듣고 무척 감동을 받았어요. 앞으로 어떤 궂은상황에서도 일을 잘하는 사람이 되자고 나 자신에게 다짐했어요. 그것이 하찮은 일이라고 소홀이 여겨서는 안 되겠다. 무슨 일에도 최선을 다하자! 여러분들도 마찬가지예요. 여러분들이 만약에 직장에 들어가요. 아마 말단이 되거나 원하지 않는 일을 하게 될 거예요. '이 일은 내가 원하지 않는 일이야. 사람들이 아직 내 능력을 몰라서 그러는 거야. 이 따위 일을 내게 시키다니!' 그리고 여러분들이 그 일을 소홀히 하면 그 자리를 벗어나지 못합니다. 어떤 일이 주어지든 요강을 닦는 심정으로 최선을 다하면 그걸 지켜보고 있는 사람이 꼭 있어요. 눈여겨보고 있는 사람이 있어요. 그 사람이 여러분을 스카우트할 겁니다. 그렇게 해서 훌륭한 삶을 살기를 바랍니다.

무지개 원리 7_절대로 포기하지 마라

궁극적으로 지금 이 시대에 우리에게 필요한 것은 인내심이에요. 끝까지 포기하지 않는 거죠. 아까 처칠의 'Never give up!'을 이야기했기 때문에 여기서는 말을 줄이겠습니다. 미국 캘리포니아 지방에 사는 어느 인디언 부족은 기우제만 지내면 비가 온다고 알려졌어요. 어떻게 기우제를 지냈기에 비가 올까 궁금해하던 사람들이 가서 사정을 알아봤더니, 그 인디언들은 비가 올 때까지 기우제를 지낸답니다(웃음). 우리가 이 인디언들한테 인생을 배웁시다.

오늘 제가 여기 모교에 와서 강의하게 된 걸 아주 기쁘게 생각하고 끝까지 경청해주신 여러분들께 감사합니다. 오늘 알려드린 무지개 원리를 꼭 붙들어 정말 밝은 무지개 뜨는 미래를 맞이하시기를 바랍니다.

셀프 리더십

곽 재 선
KG케미칼(주) 회장

반갑습니다. 저는 KG케미칼(주) 회사를 운영하고 있는 곽재선입니다. 여러분들은 KG케미칼이라는 회사를 잘 모르실텐데, 저희 회사 이름에서 KG는 'Korea Green'의 줄임말입니다. 제가 '그 안에 녹색 혁명을 만든다', '친환경 기업이다' 이런 뜻으로 KG라고 지었습니다. 저희 직원들과는 이러한 강의를 많이 해봤는데, 여러분들에게 강의를 하려니까 무슨 말로 시작을 해야 될지 모르겠어요.

우선 저를 간략하게 소개를 드리고 말씀을 시작하겠습니다. 전 고등학교를 야간 상업고등학교를 다녔습니다. 2학년 때부터 야간 상업고등학교를 다니고 야간 대학을 다녔습니다. 그리고 대학원도 야간 대학원을 다녔습니다. 종합하면 8년 정도를 저는 밤중에 학교를 다녀서 밤에는 유난히 강한데 낮에 약합니다. 저는 충청도 대전에서 태어나서 서울에 올라온 지 올해로 한 30년 정도 되었습니다. 저도 여러분들 나이 또래에 고등학교를 졸업하고 서울에 올라왔는데, 30년 만에 이렇게 거꾸로 여러분들 앞에 서서 제 옛날 얘기를 하게 되니 감회가 새롭습니다.

제가 오늘 '셀프 리더십'이라는 주제로 여러분과 의견을 나눌까 하는데요. 셀프 리더십이라는 말에 대해서 어떻게 생각하십니까? 제가 생각할 때는 셀프 리더십은 '자기 생각을 가지고 자기가 리더라고 생각하는 것이다. 리더는 누가 만드는 게 아니고 내가 만드는 것이다'라고 생각합니다. 혹시 여기서 '난 리더가 되고 싶지 않다, 난 졸병만 하고 싶다' 하는 사람 있습니까? 누구나 사람들은 리더가 되고 싶어 합니다.

어제 저녁에 새로운 리더가 한 명 탄생했죠. 제가 그 분 책을 다 본 것은 아니지만, 며칠 전에 신문을 보는데 기사가 하나 떴더라구요. 버락 오바마는 하와이에서 외할머니와 외할아버지 밑에서 자랐다고 합니다. 외할머니, 외할아버지가 해변가에서 오바마와 다른 사람들이 수영하는 걸 지켜보고 있었습니다. 오바마의 외할머니 외할아버지는 백인인 거 알고 계시죠? 지나가던 행인이 오바마가 원주민인 줄 알고 '여기 하와이 원주민들은 전부 다 수영을 잘하는가 보죠?' 하고 지켜보고 있던 오바마의 외할아버지한테 물었답니다. 오바마의 할아버지가 '글쎄 하와이 원주민들이 수영을 잘하는지는 모르겠지만, 불행하게도 저 녀석은 내 외손자랍니다'라고 말했데요. 그 주위 사람들이 다 놀랬겠죠? 백인이 갑자기 원주민 같은 사람을 자기 손자라고 하니까요.

제가 아까 학장님과 인사를 했는데, 학장님께서도 '미국이라는 나라가 대단한 나라다' 그렇게 말씀을 하시더라구요. 미국을 우습게 봤는데 결국은 흑인 대통령을 선출할 수 있는 나라가 정말 훌륭한 나라 아니겠느냐, 이렇게 말씀을 하셔서, 제가 조금 있으면 미국에서 우리 황인종의 대통령도 나올 것 같다라고 말씀드렸습니다.

저희 회사의 신입사원들이 입사를 하면 제가 특강을 하는데, 보통 이 말로 시작합니다. 회사가 대한민국에서 제일 크고 제일 좋은 회사는 아닙니다. 보통 보면 삼성전자나 대한민국에서 보통의 대학생들이 졸업하고 가고 싶어 하는 회사들이 있습니다. 그런데 우리 회사에 합격한 사람들 마음속에는 비록 이곳에 왔지만 더 좋은 회사로 가고 싶은 꿈이 한켠에 있을 거라는 생각이 듭니다. 그래서 제가 얘기를 할 때 '과연 그대가 이 회사를 지원해서 왔는데 과연 얼마나 만족스러운가?'를 묻습니다. 그러면 대부분이 만족스럽다고 합니다. 하지만 그 사람 마음속에 100퍼센트 만족이라는 생각은 안 들어요.

혹시 여러분들도 지금 유한대학에 다니고 있지만 서울대를 갔으면 더 좋았을 거라고 생각하시는 분이 있나요? 이렇게 물으면 교수님한테 혼날지도 모르겠지만, 다음 학기에 서울대 1학년으로 다시 간다고 하면 안 가겠다는 사람 한번 손들어보세요?

자기 자신을 사랑하라

제가 왜 이런 얘기를 하냐면요. 항상 사람은 자기를 사랑해야 돼요. 지금 내가 갖고 있는 환경은 내 것입니다. 사람들은 누구나 주어진 환경을, 자기 자신을 사랑해야 한다고 생각합니다. 여러분들의 부모님이 좋은 분이든 나쁜 분이든, 가난하든 부자이든, 사회에서 지위가 높든 낮든, 여러분들이 선택할 수 있는 권한이 없죠. 그렇지만 우리 부모님이 사회적으로 지위가 낮다고 해서 내 부모를 사랑하지 않는다. 그림 말이 되겠습니까?

이렇게 물을 수도 있을 거예요. 왜 우리 부모님은 이건희 씨처럼 돈이 많지 못하고 이렇게 가난할까, 라고 생각할 수도 있겠죠. 또 좀

더 멋있고 능력 있는 친구가 없을까. 또 왜 나는 좋은 학교를 가지 못했을까? 그렇지만 여러분들은 여러분들에게 주어진 환경을 사랑해야 합니다. 여러분들이 사랑해야만 여러분들한테 또 다른 기회가 옵니다.

일례를 들겠습니다. 내가 어떤 여자 친구를 사귀고 있는데 내 여자 친구가 다른 여자보다 훨씬 못났다. 별로 다른 사람이 볼 때 호감 가는 외모가 아닌데도 내 여자 친구다. 그래서 여자 친구의 외모에 불만을 가지고 사귀고 있다면 과연 다른 사람들이 볼 때 어떻게 생각하겠습니까. 아마 그러면 틀림없이 그 여자 친구보다 훨씬 멋있는 사람도 그 남자친구를 별로 좋아하지 않을 겁니다. 왜? 그 여자친구에 대해서 별로 다정하게도 안 할 것이고 친절하게도 안 할 것이고 매너 있는 행동도 안 하고, 그렇게 되면 그 사람의 느낌은 여자친구 때문이 아니고 인격이 형편없는 사람으로 비춰질 겁니다.

반대로 참 그 친구 여자친구는 누가 봐도 진상이다. 그런데도 정말 친절하고 다정하고 매너 있게 대한다면 모든 괜찮은 여자들이 '아, 저 남자 참 괜찮은 남자'라고 생각할 수 있다는 거죠. 그래서 거꾸로 보면 또 다른 찬스가 생긴다. 이런 경우는 양다리가 아닌 상황입니다.

우리가 회사에서 보면 이런 경우가 참 많습니다. 여러분들은 아직 잘 모르겠지만 항상 자기가 있는 부서에 불만이 있는 사람이 많아요. 이 부서에 있으면 저 부서를 원하고, 저 부서에 있으면 이 부서를 원하고. 뭐, 그런 경우들이 늘 생기고 또 늘 자기 삶이 불만인 사람은 자기 자신을 사랑할 줄 모르는 사람이에요. 그래서 항상 자기를 깎아 먹죠. 그런 사람들은 항상 자기 가치를 스스로 낮춘다고 생각합니다. 싫든 좋든 자기가 있는 위치, 지금 자기가 가지고 있는 건 내 것이라는 거죠. 여러분이 스스로를 사랑하지 않으면 누가 여러분을 사랑하겠습니까. 그래서 자기가 발전하려면 자기 자신을 먼저 사랑하라, 이렇게 말씀드리고 싶습니다.

자기 색깔을 지녀라

그 다음에 두 번째 여러분들에게 들려드리고 싶은 말은 자기 색깔을 가지라는 것입니다.

여러분들, 이게 뭔지 압니까? 우리 직원들을 시켜서 사오라고 준비한 샌드위치입니다. 이건 상품입니다. 이 샌드위치의 주재료는 뭡니까. 이 속에 지금 달걀이 들어 있습니다. 이게 무슨 샌드위치입니까? 여러분들이 지금 대답했듯이 이 샌드위치의 주재료가 빵이거든요. 그런데 웃기는 게 항상 샌드위치를 부를 때는 이 안에 있는 주재료가 아닌 뭘 얘기합니다. 샌드위치를 부를 때는 항상 샌드위치의 빵을 얘기하는 게 아니고 항상 그 안에 있는 부재료가 주인공입니다. 야채를 넣으면 야채 샌드위치가 되고 햄을 넣으면 햄 샌드위치가 되고 계란을 넣으면 에그 샌드위치가 됩니다. 주객이 전도 됐죠.

세상 살기가 그렇습니다. 수많은 사람이 있고 수많은 역경이 있고 나는 사람과 사람 속 관계에 살구요. 또 수많은 학교가 있고 수많은 친구가 있고 인생 살아가는 데는 모든 사람이 빵을 고집하는데 그 가운데 내가 어떤 색깔을 내느냐에 따라서 그 세상은 내 것이 됩니다. 그래서 나는 여러분들이 빵이 되지 말고 햄이나 야채나 달걀이 됐으면 좋겠습니다. 우리의 삶에서 스스로가 어떻게 살아가야 되는가 하는 것이 자기 색깔입니다. 자기가 분명히 자신을 내세울 수 있는 그런 사람이 되어야 합니다.

생각해보면 혹시 여러분들은 여러분들이 남들보다 좀 모자란다고 생각하고 혹은 더 뛰어나다고 생각하는 사람 있나요? 영어공부는 아마 서울대 입학한 학생보다 좀 못할 수도 있잖아요. 아니면 또 더 못하는 사람이 없을까요? 시골서 초등학교밖에 안 나온 사람이 더 못하겠죠? 영어는 잘하는 사람도 있고 못하는 사람도 있습니다. 또 수학도 잘하는 사람도 있고 못하는 사람도 있습니다.

남들보다 잘하려고 들지 마라

저는 여러분들한테 얘기하고 싶은 게 하나 더 있습니다. 남들보다 뛰어나게 뭘 더 잘하려고 생각하지 마세요. 피곤해요. 공부하는 데 안 힘들어요? 공부하기 싫으면 안 하면 됩니다. 저도 그렇게 좋은 대학교 못 나왔구요. 제 밑에 좋은 대학교 나온 친구들 많습니다. 여러분들이 옐로우캡 택배회사가 KG의 자회사인 것은 잘 모르시겠지만, 거기에 일하고 있는 분이 2,000명이 넘습니다. 모회사도 1년에 한 5,000억 정도 매출을 올립니다. 많은 사람들이 밥을 먹고 살고 있죠. 중요한 건 제 밑에 저보다 좋은 학교 나온 사람들이 수도 없이 많다는 거죠. 그러니까 별로 공부 못하는 건 걱정이 아니다.

내 아들은 작년에 대학을 졸업해서 취직을 했습니다. 지금은 자동차 회사에 다니고 있습니다. 그런데 이 녀석 고등학교 때, 저도 아버지니까 '공부를 열심히 해서 좋은 대학교를 가라' 그랬더니 하는 말이 '아버지도 좋은 학교 안 나와도 회장하고 있는데 뭘 나보고 좋은 대학교를 가라고 들들 볶느냐'고 하더라구요. 갑자기 할말이 없어졌어요. 그래서 간단하게 말했습니다. 그래 좋은 대학교 나와서 그 사람이 성공하고 그러란 법은 없지만 대한민국 사회에서 성공할 확률이 조금 더 높아진다. 그런데 그 확률이라는 게 우스워서, 99퍼센트의 성공 확률에서 1퍼센트의 실패확률이라도 재수 없이 나에게 달라붙을 수가 있는, 또 99퍼센트의 실패 가운데 1퍼센트의 성공이 내 것일 수 있다는, 확률은 재미난 게임입니다.

자, 그러면 뭘 어떻게 해야 될까요? 제 생각으론 지금 세상엔 정보와 지식들이 너무 많은 데다 모든 사람들이 남들보다 뛰어날 수 없습니다. 애니메이션에서 세계 최고다, 자신할 수 있는 사람이 있습니까? 세계 최고는 아무도 없습니다. 지금 이 순간도 어디서든 세계 최고가 나올 수 있으니까요. 정보처리에서 세계 최고다 자신할 수 없습니다. 아마 오늘도 전 세계 이 지구 근방에서 컴퓨터를 가지고 오늘도 밤새도록 공부하는 사람이 있을 테니까요.

성공의 기준은 자기 스스로 세우는 것

그렇다면 차라리 남과 다르게 하는 것이 좋은 방법이 아닐까요. 왜 내가 저 사람을 따라해야 하는가? 어차피 출발선이 다릅니다. 여러분들이 지금 여기 똑같은 학교에 다니고 있다지만 여러분들이 가지고 있는 능력도 다 다릅니다. 여러분들이 앞으로 노력해야 할 시간도 다릅니다. 또 그 사람이 가지고 있는 재능도 다 다릅니다. 그렇기 때문에 다른 사람들과 똑같이 가면 저절로 서열이 정해지는 사회는 별로 바람직한 사회도 아니고 올바른 일도 아니라고 생각해요. 그렇게 따라간다고 해서 반드시 성공한다는 사람도 없어요.

여기 경영학과 있습니까? 여기 대한민국에 공부를 제일 잘한다는 대학교가 서울대학교인데 서울대학교에 경영학과가 있겠죠. 그러면 서울대학교 경영학과 교수님이 대한민국에서 돈을 제일 잘 벌어야 할 텐데, 아마 그렇지 못할 겁니다. 그렇듯이 여러분들이 가지고 있는 남들보다 더 잘하는 것이 여러분들의 성공의 기준이 될 수 없다고 생각합니다.

제가 아까 말씀드린 셀프 리더십이라는 것은, 사람은 누구나 성공하길 원하지만 남들의 가치 기준으로 돈을 많이 벌었다 지위를 높였다는 것이 아니라, 내가 무엇을 이루었다, 결국은 내가 무언가를 해냈다는 만족감이 그 사람의 성공이라는 거죠. 그리고 그 인생이 무엇인가 리더십이라는 거죠. 자기가 스스로를 리드할 수가 있어야 남들도 리드할 수 있다는 거죠. 그러기 위해서는 여러분들이 남들보다 더 뛰어나게 하려고 하지 말고 남들보다 무엇을 다르게 할 건지 더 생각하고 고민해 봐야 됩니다. 그럴 때야 여러분들 인생이 풍요롭게 되고 행복해지는 겁니다.

자, 그러면. 여러분들이 지금까지 살아오면서 열심히 노력해도 잘 안 되는 것도 있을 것입니다. 거기 앉은 학생은 세상에서 제일 어려운 것이 무엇이고 지금 자기가 인생에서 하고 싶은 비전이 있어요? 혹시 여러분들 비전이 있습니까? 정한 사람이 있고 못 정한 사람이 있고 막연한 사람도 있을 거예요. 답을 알려드릴게요. 우선 내 인생의 목표를 정하려면 한 16가지를 써보세요. 그리고 난 다음에 꼭 필요하지 않은 8가지를 지우세요. 그럼 8가지 남죠. 그리고 다시 또 꼭 필요하지 않은 4가지를 지우세요. 그리고 그 4가지 남은 것 가운데 남은 2가지가 아마 여러분들의 비전이 될 거예요. 처음에 막연하게 잡으면 해결이 안 되구요. 우선은 하고 싶은 거 다 적어놓고 지워나가는, 그러면 여러분들의 비전이 나올 거예요. 그런데 여러분들이 지금까지 살면서 제일 어려웠던 것이 무엇이냐. 아마 여러분들이 혹시 미리 '난 이렇게밖에 안 돼' 이런 것도 있을 수 있습니다. 세상을 살아가는 데 재미난 방법이 하나 있습니다.

두려움을 갖지 마라

〈최진사댁 셋째딸〉이라는 노래가 오래된 노래라서 잘 모르는 사람이 대부분이겠지만, 한 번은 들어봤죠?

여러분 가사를 잘 한번 살펴보세요. 다시 기억을 해보시면 알겠지만, 이 노래에 먹쇠하고 밤쇠하고 칠복이 세 사람이 나옵니다. 근데 중요한 건 최진사댁 셋째딸이 굉장히 이쁘고 한데도 칠복이는 얼굴 한번 못 봤다는 거죠. 아무도 가서 요즘말로 들이대질 못했다는 거죠. 시도를 못 했다는 겁니다. 그런데 여기 나오는 칠복이가 과감하게 대문을 활짝 열고 '사위가 왔다' 하고 소리를 지른 거죠. 칠복이가 잘난 것도 아니에요. 칠복이의 긍정적 도전정신을 말하는 거죠. 제가 이 노래를 듣고 그런 생각을 해봤어요. 먹쇠나 밤쇠나 칠복이나 다 똑같은데 칠복이는 용기를 내서 시도를 해서 아무것도 아닌 걸로 천하 최진사의 사위가 된다는 겁니다. 여러분들도 인생을 살면서 무엇이든지 미루어 짐작하면 아무것도 성공할 수 없어요. 반드시 난 할 수 있다는 자신감을 가지고 무엇이든 도전하면 성공은 예상 밖으로 여러분들에게 쉽게 다가올 것입니다.

저는 꽤 어려운 가정에서 자랐습니다. 전 원래 서울에서 태어난 게 아니고 충청남도 대전에서 태어나서 고등학교 졸업하고 서울에 올라올 때 그야말로 무일푼 상경을 했습니다. 전 그 당시 돈으로 7만 6,000원을 가지고 서울에 혼자 올라왔습니다. 지금 돈의 가치로 따지면 한 100여 만원 정도일 거예요. 그 돈을 가지고 제가 7개 회사에 연매출 5,000억 원을 올리는 기업군을 일구었어요. 그리고 장가도 가고 자식도 얻고, 제 아들은 대학을 졸업하고 취식을 하고 딸은 시집을 갔어요. 어쨌든 중요한 건 어떤 사안이 아닙니다. 저는 지금까지 살아오면서 단 한 번도 그것에 대해서 두려움을 갖고 안 된다고 생각해 본 적이 없습니다. 그래서 제가 장난스럽게 이 노래를 틀어 준 것은 여러분들에게 칠복이가 되어보란 겁니다.

  마지막으로 여러분들한테 인생의 비밀을 알려드리겠습니다. 사람이 살아가는 데는 7가지 '쌍기역(ㄲ)'이 있어야 된다는 겁니다. '꾼'이 되어야 합니다. 꾼은 전문성을 뜻합니다. '꼴'도 있어야 합니다. 꼴은 모양새와 인품입니다. '꿈'도 있어야 합니다. 다음으로 '꾀'가 있어야 하겠죠. 지혜가 있어야 됩니다. 아까 얘기한 대로 '깡'도 있어야 됩니다. 반드시 해내겠다는 오기를 가지고 있어야 합니다. 또 하나는 '끼'죠. 그 끼를 숨기지 말고 충분히 발산할 수 있어야 합니다. 그 다음엔 '끈'이 있어야 합니다. 요즘말로는 네트워크입니다. 요새 세계 최고의 석학은 누굴까요? 네이버죠. 네이버를 당할 사람은 세계 누구도 없습니다. 그렇듯이 누구든지 너무 많은 정보들을 다 가질 수 없어요. 그럴 바에는 이 정보 가진 친구 저 정보 가진 친구 다 엮어놓는 게 네트워크라는 거죠. 인맥도 마찬가지예요. 내 친구 가운데 의사가 있었으면 좋겠고, 법률가가 있었으면 좋겠고, 교수도 한 명 있으면 좋고, 만화가도 한 명 있으면 좋고······. 이렇게 여러분들의 끈을 넓히는 게 중요한 겁니다. 마지막 하나는 뭘까요? 바로 '끝'입니다. 끝은 뭘까요? 여러분들 친구하고든 어떤 관계든, 헤어질 때 그 관계가 아름답게 멋있게 헤어지는 게 끝입니다.

  여러분들, 얘기를 종합해서 마무리 하면 여러분의 인생에 주어진 환경을 긍정적으로 받아들이고 사랑해야만 조금 더 나은 나의 위치가 생기는 겁니다. 두 번째는 남들보다 더 잘하려고 부지런히 노력하기보단 남들과 다르게 하는 것이 훨씬 더 아름답고 지금의 세상에서 필요한 것입니다. 세 번째는 도전성이죠. 칠복이처럼 반드시 될 수 있다는 자신감을 가지고 도전하면 여러분들은 꿈을 이룰 수 있습니다.

제가 늘 이야기 합니다. 사람은 결과에 대해 책임지지 않습니다. 사람이 아무리 최선을 다한다 하더라도 사람의 힘으로 다 이룰 순 없잖아요. 농부가 씨앗을 심구요. 비료를 주고 아무리 열심히 가꾸어도, 결국 햇빛이 없으면 광합성 작용이 안 돼서 아무것도 안 됩니다. 그저 최선을 다하는 그 순간만이 우리가 할 수 있는 최선입니다. 그것에 실패했더라도 결과는 내 잘못이 아닙니다. 여러분들이 최선을 다했다면 실패에 대한 책임을 질 필요는 없습니다. 그런 인생을 만들기 위해서는 그 7가지 '쌍기역'을 잘 기억하시기 바랍니다.

제가 늘 가장 존경하는 분이 유일한 박사입니다. 제가 회장이 되어서 거짓말을 할 수는 없고 우리 직원들한테 늘 이렇게 얘기합니다. '저는 이 회사가 삼성이나 엘지 같은 큰 회사가 되는 것도 좋지만, 꼭 있어야 될 회사, 꼭 필요한 회사로 이끌고 싶습니다.' 그러므로 아마 이 학교를 설립한 유일한 박사님의 경영이념이자 교육이념이 평소 제 생각과 같다고 생각을 하고, 여러분들이 그런 교육 이념 아래 학교를 다니시니 전부 다 훌륭한 학생들이 될 거라고 생각을 합니다. 오늘 제 말이 여러분들에게 얼마나 도움이 되었을지 모르겠지만 꼭 필요한 말은 가슴에 새겨두시기 바랍니다. 제 개인이 한 말이 아니고 여러분들의 인생에 도움이 될 수 있는 선배로서 드리는 말이니까요. 오늘 여기서 훌륭한 유한대학 학생들을 만난 것을 반갑게 생각하고, 여러분들의 장래를 기원하겠습니다. 감사합니다.

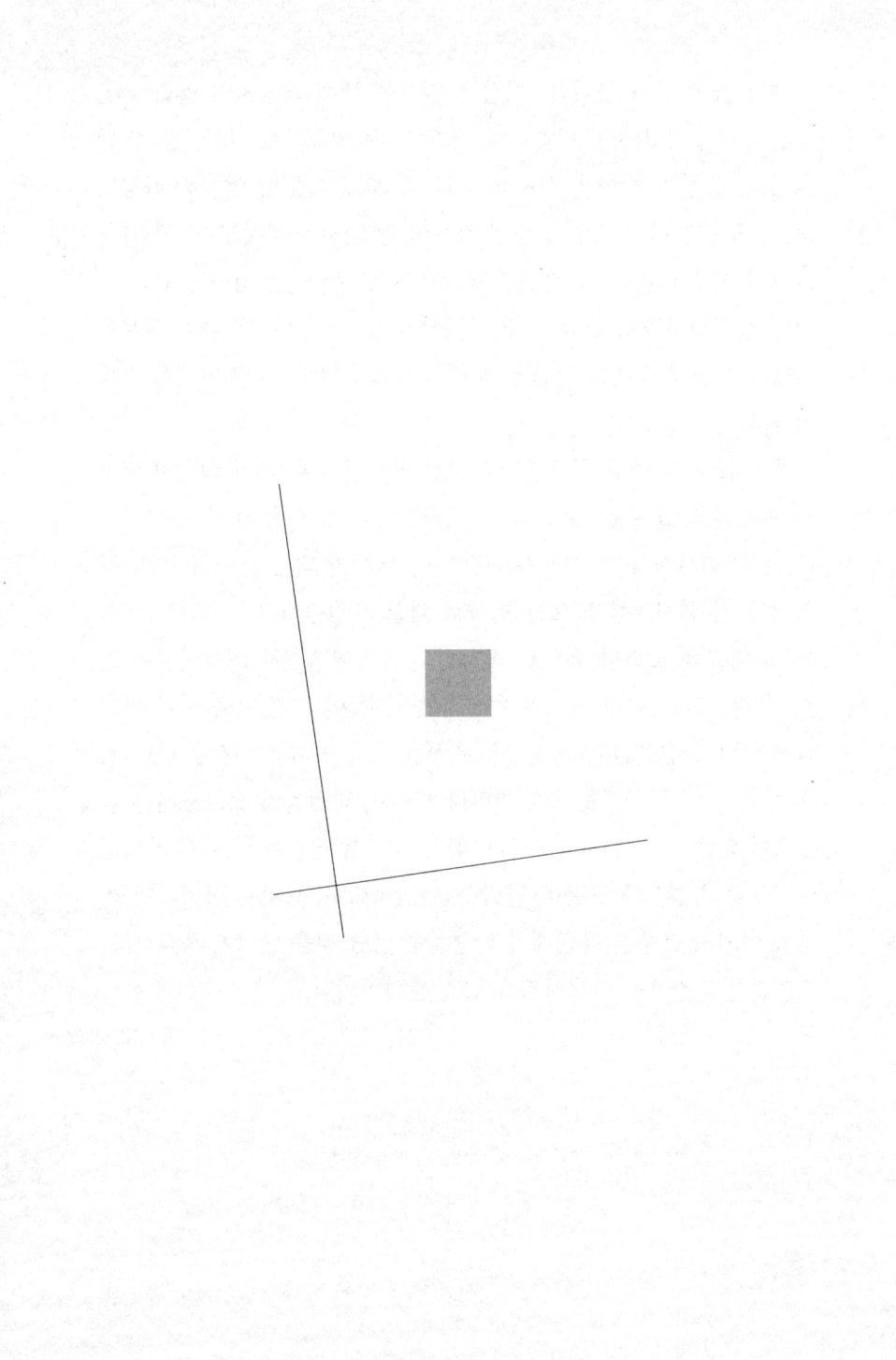

창업정신

김 진 수
ISI(Image Solution, Inc.) 사장

　시작하기 전에 퀴즈 하나 내죠. 모세 아시죠? 모세와 저에 공통점이 있습니다. 말을 잘 할 줄 모른다는 공통점이 있습니다. 이민간 지 20년이 좀 넘었는데 영어로 말하는 건 부담이 없어요. 어차피 사람들 기대치가 낮아 내용만 이해되면 괜찮아서 별 부담이 없는데, 한국말로 할 경우는 말을 잘 해야 한다고 생각하니 부담감이 생겨 말이 잘 안 나오는 겁니다.
　제가 여기서 이야기하고자 하는 것은 행복이 무엇이냐, 또는 더 나은 삶이 어떤 것이냐 하는 것을 이야기하고자 하는 게 아닙니다. 저는 오늘 성공을 어떻게 하는 것이고, 더 쉽게 말해서 돈을 어떻게 벌 것이냐를 이야기할 것입니다. 그리고 창업에 대해서 이야기하겠습니다.

직원 450명을 거느린 사장이 되기까지

먼저 제 개인사를 말씀드리겠습니다.

저는 강원도 삼척군 노곡면, 버스도 다니지 않는 산골에서 농사를 짓는 아버지의 막내아들로 태어났습니다. 그 당시에 거의 대부분의 학생들이 중학교도 진학을 못했습니다. 저희 동네에선 10퍼센트 정도만 진학했는데, 저는 운 좋게 그 10퍼센트 안에 들었습니다. 중학교를 마치고 아버지께서 말씀하시길 '이제 너는 대학까지 갈 정도의 형편이 안 되니 대학은 포기하고 직장을 다닐 수 있는 학교를 가거라' 하시더군요. 그래서 저는 5년제 과정인 삼척공업고등전문학교를 갔습니다. 저는 졸업 후 한국전력에 들어갈 계획으로 전기과를 선택했습니다. 그리고 3학년이 되어서야 '아, 나도 공부를 좀더 해야겠다. 가정형편은 허락하지 않지만, 하나님이 도와주시면 나라고 못할 것이 없다'라는 생각이 들어 대학에 편입하겠다는 마음을 먹고 4학년 때부터 편입 공부를 시작했습니다. 물론, 가정 형편이 허락하지 않았기 때문에 저는 한국전력에 입사를 하여 낮에는 직장을 다니고, 밤에는 야간 대학으로 인하대를 졸업했습니다. 그러고 나니 교수가 되고 싶었습니다. 그래서 공부를 열심히 해서 카이스트에 시험을 한 번 보았다가 떨어지고, 서울대 대학원 시험을 세 번 보았지만 모두 떨어졌어요. 그래서 약간 실망을 하고 있던 차에 제가 다니던 한국전력에서 컴퓨터 요원을 구한다는 소식을 듣고 제가 응시하게 되었습니다. 운 좋게 컴퓨터 요원으로 발탁이 되었고, 그런데 그때부터 내 삶에 변화가 일어났습니다.

그 당시 저는 전기를 싫어하는 게 아니었어요. 내 나름대로 좋아했지만 컴퓨터를 하고 나서 컴퓨터가 너무 좋아진 겁니다. 하루 종일 책상에 앉아서 프로그램을 하더라도 지루하지 않았습니다. 그렇게 좋아하고 열심히 하다 보니 한국전력에서 저를 미국에 있는 해리스라는 컴퓨터 회사로 기술 연수를 보내주었습니다. 저는 미국에 가서 기술 연수를 하면서 '다음에 와서 공부를 더 해야겠다'라는 목표를 세웠습니다. 그리고 한국에 들어와서 한국전력에서 2년간 일을 하고, 1986년 서른 살이 넘은 나이에 미국으로 유학을 갔습니다.

유학을 갈 때만 해도 영어가 모자랐습니다. 그래서 열심히 공부했지만 토플 점수가 530점으로 550점을 넘지 못했습니다. 그래서 들어간 학교가 스티븐스 공과 대학이었습니다. 들어가서 열심히 공부했습니다. 3학기 만에 석사를 마치고 교수가 되고자 했더니, 제 부인이 제동을 걸었습니다. '만약, 계속 공부하겠다면 나 이혼할 테니 알아서 하세요.' 거기서 제동이 딱 걸려서 직장을 구하기 시작했어요. 지금 후회는 안 합니다. LRS란 회사로 들어가서 4년 반 일하고 나서, 36살 나이에 1992년에 집에서 혼자 회사를 시작을 했습니다.

그 당시 제가 비지니스에 대해 알고 있었던 것도 아니었습니다. 사실은 알면 두려운데 모르면 용감해집니다. 오히려 비지니스에 대해 잘 모르니깐 쉽게 시작할 수 있었던 겁니다. 그렇게 시작한 회사가 한 사람이 두 사람이 되고 두 사람이 세 사람이 되고, 마침내 '98, '99년에는 해마다 200퍼센트씩 성장해서 '99년 말에는 100명이 일하는 회사가 되었습니다. 그리고 현재는 450명의 직원을 거느리고 있습니다. 엔지니어 출신이었기에 비지니스를 배워야 했습니다. 그래서 저도 2000년에 MBA를 시작해서 2002년에 마쳤습니다. 제 개인사는 이렇게 간단히 소개하겠습니다.

자기가 좋아하는 일을 해라

저는 이제 4가지 성공 조건에 대해 말씀드리겠습니다. 첫 번째, 'Love what you do.' 자기가 하는 일을 좋아해야 합니다. 좋아하지 않으면 절대 성공할 수 없습니다. 마크 앨비언(Mark Albion)이라고 하는 사람이 쓴 책에는 매우 흥미로운 연구결과를 소개하고 있습니다.

이 연구결과는 1960~80년 사이 비지니스 스쿨을 졸업한 1,500명을 상대로 조사한 내용입니다. 조사대상 가운데 첫 번째 자기가 좋아하는 것보다는 돈 때문에 직업을 선택한 사람이 83퍼센트였습니다. 그리고 17퍼센트만이 자기가 좋아하는 일을 직업으로 택했습니다. 그리고 20년이 지나서 보니깐 101명이 백만장자가 되었는데, 그 가운데 1명만 돈을 쫓아 직업을 선택한 사람이고 나머지 100명은 자기가 좋아서 일을 선택한 사람이었다는 겁니다. 이 사실에서 보듯이, 분명한 것은 성공하기 위해서는 자기가 하는 일을 좋아해야 합니다.

제 경우를 들자면 전 컴퓨터 프로그램을 너무 좋아했습니다. 한국전력에 있으면서 컴퓨터 프로그램이 너무 좋았고, 그리고 석사 과정을 밟을 때에도 다른 학생들이 보면 이상하게 여길 정도로 프로젝트가 나오면 신이 나는 겁니다. 그러다 보니 석사 과정을 하는 동안에 딱 한 번 20점 만점에 19점을 받고, 나머지 프로젝트는 모두 20점 만점을 받았습니다. 그만큼 컴퓨터 프로그램을 좋아했습니다. 그리고 회사에 들어가서는 하루 15시간씩 일을 했습니다. 매니저가 항상 '일 좀 그만해라. 그러다간 지친다'였습니다. 중요한 것은 자신이 하는 일을 좋아해야 한다는 것입니다. 그리고 여러분, 20대 후반에 들어서기 전에 꼭 해야 될 것이 하나 있습니다. 자기가 좋아하는 일을 찾아야 하는 것입니다. 돈만 따라 갈 것이 아니라 좋아하는 일을 해야 하는 겁니다.

받는 것보다 더 일해라

그리고 두 번째, '8-40 is not enough.' 하루에 8시간 일하고 일주일에 40시간 일하는 것이 충분하지 않다는 것입니다. 저는 2년 동안 최소한 매일 15시간씩 일했습니다. 그리고 처음에 입사를 할 때 제가 영주권이 없었습니다. 그래서 직장을 잡기가 쉽지 않았습니다. 이력서만 50군데 넘게 넣었어도 면접을 하자고 하는 곳이 별로 없었습니다.

그러다가 어느 회사 면접에서 연봉은 얼마를 원하냐고 묻더군요. 전 3만 달러를 원한다고 하니깐 매니저가 2만 5,000달러로 하자고 해서 그 제안을 받아들였습니다. 일단 직업을 잡아야 뭘 보여줄 수 있지 않겠습니까? 못 잡으면 아무것도 보여주지 못하니깐요. 그 대신 결과를 보아서 6개월 뒤에 다시 연봉을 조정하기로 하였습니다. 그러고 나서 열심히 일했습니다. 6개월이 지나고 매니저가 사장한테 가서 내 연봉을 내가 처음 요구한 3만 달러를 주자고 제안했는데 사장이 2만 8,000달러를 주겠다는 답을 듣고 돌아왔습니다. 그 당시 회사는 전 직원이 10명 정도 되는 작은 회사였습니다. 매니저는 날 보고 너는 충분히 3만 달러를 받을 능력이 되니 직접 사장을 만나서 봉급 이야기를 하라고 하더군요.

그렇게 해서 직접 사장을 만나서 저는 3만 달러를 원한다고 하니, 사장님은 여전히 2만 8,000달러를 주겠다고 말하시더군요. 그래서 제가 '사장님 제가 왜 그동안 15시간씩 일한 줄 압니까?'라고 물으니, 사장님이 '몰랐네. 왜 그렇게 15시간씩 일했는가? 돈을 더 주지도 않았는데'라고 답하시더군요. '저는 이 회사에 프로그래머로서 고용되었습니다. 그래서 저는 의무를 다하기 위해서 열심히 했습니다. 그리고 지금 내 친구들이 얼마를 받는지 다 압니다. 지금 내 실력을 가지고 3만 달러 이하를 받을 수 없습니다'라고 대답하였지요. 그러자 사장님이 한참 동안 가만히 있으시더니 3만 1,000달러를 주겠다고 말하였습니다. 내가 요구한 것보다 더 많이 주신 것이지요. 저는 그때 사장님한테 왜 돈을 더 받아야 하는지 분명한 이유를 제공했던 것입니다. 그리고 해마다 연봉이 20~30퍼센트씩 올라서 4년 뒤에는 8만 달러를 받았습니다.

저는 제가 그런 경험을 했기 때문에 직원이 처음에 들어오면 꼭 봉급을 많이 받는 방법을 이야기해줍니다. '네가 받는 봉급보다 일을 더 많이 해라.' 어떻게 보면 무서운 이야기이죠. 사장이 그렇게 이야기를 하니깐요. 그런데 분명한 것 하나 있습니다. 연말이 되고 나면 새로 급여를 책정합니다. 그래서 만약에 봉급받은 만큼만 일한 사람, 그 사람에게는 봉급을 많이 올려 줄 이유가 없습니다. 왜냐하면 받은 만큼만 일을 했으니까요. 그러니까 봉급이 4, 5퍼센트밖에 절대 못 올라갑니다. 그런데 어떤 사람은 20, 30, 40퍼센트까지 올라갑니다. 그러면 제가 매니저에게 묻습니다. 왜 이 친구들한테는 회사에서 5퍼센트 올려주라고 했는데 30퍼센트를 올려주느냐? 그러면 매니저는 저에게 '이 친구는 회사에서 일해야 하는 것보다 일을 더 많이 하는데, 만약 올려주지 않으면 이 친구가 나갈지도 모르기 때문에 올려줘야 된다'라고 이야기를 합니다.

결론적으로 말해서, 항상 자기가 받는 것보다 일을 더 많이 하면 차이가 생깁니다. 실제로 일하는 것하고 받는 것하고 차이가 있다면 그건 줄어들 수밖에 없습니다. 그게 6개월이 걸릴지 1년이 걸릴지 모르지만 그건 줄어들 수밖에 없습니다. 그러니까 자기 자신에게 돈을 더 받을 이유를 물어 그에 대한 명쾌한 답이 없으면, 돈을 더 받을 생각을 안 하면 됩니다. 그냥 4, 5퍼센트 올라가는 것으로 만족하면 됩니다.

주인의식을 지녀라

세 번째, 주인의식입니다. 주인의식이 무엇이냐? 주인이 아닌 사람이, 주인의 처지에서 생각하고 주인같이 행동하는 것을 주인의식이라고 합니다. 제가 취직하고 6개월 뒤에 프로젝트 하나를 맡았습니다. 그건 제가 맡아 하는 일이 아니었고, 컨설팅 회사에 가서 같이 일하는 것이었습니다. 왜냐하면 우리가 해본 경험이 하나도 없었기 때문에 가서 배우라는 겁니다. 그래서 저는 그 회사에 가서 배우는 일을 시작했습니다. 한 2주 지나니 내가 할 수 있을 것 같다는 생각이 들었습니다. 그래서 제가 돌아와서 우리 매니저한테 물었습니다. '매니저님, 우리 회사가 컨설팅 회사한테 돈을 어떻게 줍니까? 시간 단위로 주는 겁니까 고정금액으로 주는 겁니까?' 그랬더니, 이유를 묻더군요. 그래서 '고정금액이면 그냥 같이 일하고, 시간으로 지불하면 저한테 주십시오. 열심히 하겠습니다'라고 대답했습니다. 그리고 제게 일을 맡겼는데 그 일을 잘 해냈습니다.

저는 그 당시에 그게 주인의식이라는 것을 전혀 몰랐습니다. 그러나 내가 지금 주인이 돼서야 '아, 그게 주인의식이었구나'라고 느꼈습니다. 사람들은 이야기합니다. 그렇게 주인의식을 가지고 열심히 일했는데 주인이 알아주지 않으면 어떻게 합니까? 제가 분명히 말하지만 70~80퍼센트는 분명히 알아줄 겁니다. 그러나 20~30퍼센트는 알아주지 않을 수도 있습니다. 그리면 손해 아닌가요? 천만에 말씀입니다. 오히려 행운인 거죠. 그러면 당신이 주인이 될 것이기 때문입니다. 제가 바로 그 경우입니다. 주인의식을 가지면 손해보는 일이 없습니다.

명확한 목표가 행복을 만든다

다음으로 명확한 목표를 세워야 됩니다. 저는 여러분 나이에 내가 지금 하고 있는 비지니스를 할 것이라는 목표를 세우지 못했습니다. 그러나 나는 한 가지 세운 것이 있었습니다. 한 2년 정도 눈에 보이고 느낄 수 있는 목표를 세웠습니다. 목표를 세우면 그것을 향해서 앞만 보고 갔습니다. 그리고 그 목표에 도달하게 되면 다음 목표가 보이는 겁니다. 산을 올라가게 되면 올라갈수록 다른 세상이 보입니다. 한 지점에 도달하면 더 넓은 세상이 보이고, 거기서 다음 목표를 세우면 됩니다. 여러분, 물론 10년, 20년 목표를 세우는 것이 틀린 거 아무것도 없습니다. 그러나 그게 안 보인다면 최소한 여러분이 해야 될 것은 느낄 수 있는 만큼 6개월, 1년, 2년의 목표를 세워야 되는 것입니다. 그것이 없이는 절대로 안 됩니다.

왜 명확한 목표를 세워야 하는가 하면 그것이 여러분을 행복하게 만들기 때문입니다. 목표가 없으면 행복해질 수 없습니다. 제가 골프를 배운 경험을 이야기하죠. 전 골프를 6년 전에 시작했습니다. MBA를 마치고 골프를 배워야겠다는 생각이 들었습니다. 그래서 같이 근무하는 사람에게 물었습니다. '골프 목표를 세우고 싶은데 어떻게 했으면 좋겠냐?' 그는 '보통 100타를 돌파하는 데 30대는 3년, 40대는 4년, 50대는 5년이 걸린다'고 하더군요. 그래서 나는 1년 안에 100타를 돌파하겠다고 목표를 세웠죠. 그래서 매일 200개씩 공을 쳤습니다. 다행히 우리집 뒤뜰은 숲입니다. 숲에다 매일 공을 쳤습니다. 주워오고, 치고, 또 주워오고. 그래서 11월 말이 되었는데 110타를 쳤습니다. 6개월 만에 110타를 친 것은 잘한 겁니다. 그런데 제가 고려하지 않은 게 하나 있었습니다. 겨울이라는 것을 고려하지 않았던 겁니다.

그해 12월부터 우리집 주위의 모든 골프코스가 4개월 동안 문을 닫는데, 그러면 물리적으로는 5개월 반이 남았지만 골프장이 문닫는 4개월을 빼면 1개월 반이 남은 거였습니다. 겨울이라고 아무일도 하지 않으면 나의 목표를 성취할 수 없게 되었지요. 내 목표를 이루기 위해서는 겨울에도 계속 연습하는 수밖에 없었습니다. 겨울 아침에도 매일 일어나서 공을 치는 겁니다. 심지어 영하 15도인 날에도 계속 공을 쳤습니다. 눈이 오면 아침에 제일 먼저 숲으로 난 길부터 눈을 치워서 공을 치고 나서야 다른 곳의 눈을 치웠습니다. 그리고 토요일마다 왕복 6시간씩 운전하여 기온이 좀 높은 해변에 가까운 골프장에 가서 연습을 했습니다. 그렇게 해서 다음해 1월 중순에 피닉스라는 곳에 출장가서 98타를 쳤습니다. 3개월 단축하여 목표를 달성한 것입니다.

그러나 2년 전에는 겨울이 별로 춥지 않았습니다. 밖의 온도가 영하 5도일 때도 공을 친 적이 한 번도 없습니다. 왜인 줄 아세요? 너무 추워서였습니다. 그리고 6시간씩 운전하면서 해변에서 가까운 골프장에 간 적도 없었습니다. 왜냐하면 운전하는 것이 너무 지루해서였습니다. 그러면 6년 전에는 그렇게 지루했느냐? 아니요. 6시간 운전하는 게 재미있었습니다. 왜냐하면 오늘은 뭐 할까 생각했습니다. 영하 15도는 추웠습니까? 아니요. 전혀 느끼지 못했습니다. 그럼 무슨 차이인가? 6년 전에는 100타를 돌파하겠다는 목표가 있었고 2년 전에는 아무 목표가 없었습니다. 결국 목표 자체가 어려운 환경에서도 나를 행복하게 만들었던 것입니다.

저는 한 2년 정도의 목표를 세우고 그걸 노력해서 이루어냅니다. 그리고 목표가 세워지면 그 목표를 주위에 이야기합니다. 혼자만 알고 있지 말고 친구나 부모나 누구에게나 이야기를 해야 합니다. 그렇게 하는 것은 자기 자신을 위한 겁니다. 그것이 여러분의 목표를 더 확실하게 해주기 때문입니다. 그렇게 함으로써 주위에서 오는 어려움을 극복할 수 있습니다.

　이렇게 네 가지 성공조건을 말씀드렸는데, 이 네 가지는 밀접한 관계가 있습니다. 자기가 좋아하게 되면 열심히 일하게 되고, 열심히 일하게 되면 주인의식이 생기게 되고, 목표가 명확하면 좋아할 수 있게 되는, 이게 다 연결되어 있습니다. 이 네 가지는 제가 생각하기에 매우 중요합니다.

창업은 성공하고자 하는 마음이 최우선

　창업에 대해 조금 이야기를 하겠습니다. 사업을 시작하는 데 뭐가 필요하느냐? 보통은 자본, 지도력, 인맥, 경영지식이 필요하다고들 합니다. 그러나 제 경우를 말씀드리겠습니다. 저는 비지니스할 때 돈이 없었습니다. 단돈 2만 달러, 그때 돈으로 2,000만 원. 큰돈이 아닙니다, 이 돈을 장모님에게 꾸어서 시작했어요. 경영에 대한 지식이 없었습니다. 심지어 컨설팅을 하면서 내가 얼마를 받아야 하는지도 몰랐습니다. 그럼 인맥은 있었느냐? 저는 강원도 삼척에서 자랐습니다. 인맥이 없었습니다. 만약 인맥이 있었다 하더라도 미국 가서 비지니스를 했기 때문에 아무런 효과가 없었습니다. 지도력? 제 중학교 때 별명이 바보를 거꾸로 한 '보바대학 총장'이었습니다. 제가 하도 소심하고 잘 울고 하니까 그런 별명을 얻게 되었습니다. 그리고 저는 반장을 한 번도 못했습니다. 그러니깐 제 스스로는 지도력이 없다고 생각했던 사람입니다. 저는 이 네 가지는 가지고 있지 않았습니다.

　그러면 정말로 필요한 것은 무엇인가? 바로 성공하고자 하는 마음입니다. 그 마음이 없으면 아무것도 되지 않습니다. 열정(passion)이 있어야 합니다. 여러분 열정이라는 것은 두 가지의 복합체라고 생각합니다. 사랑(love)과 화냄(anger)의 복합체입니다. 자기가 좋아하는 것만으로는 충분하지 않습니다. 목표를 세웠는데 이루지 못하면 화가 나야 합니다. 화가 없으면 열정이 없는 것입니다. 그리고 열정이 있으면 모든 것을 자동적으로 희생할 수 있습니다.

두 번째, 사업을 하기 위해선 자신감이 있어야 합니다. 어느 분야에서 나는 일인자라는 자신감이 있어야 합니다. 저도 회사를 시작하게 된 가장 큰 요인 가운데 하나가 그 동안에 열심히 일했고, 그 분야에 내가 일인자라고 생각했고, 만약에 사업에 실패한다 하더라도 다른 직장을 구할 수 있다는 자심감이 있었습니다. 그래서 쉽게 결정을 할 수 있었습니다.

그 다음에 필요한 것은 도전정신입니다. 포기할 것은 포기하고 하나에 집중을 해야 합니다. 여러분 요즘에 연예인들이 사업을 하다 자주 실패합니다. 왜 실패하는 줄 아십니까? 두 가지 다 하려고 하기 때문입니다. 사람은 그렇게 할 수 없습니다. 저도 그 전 회사에서 '회사 일 끝나면, 너 하고 싶은 사업 일 해도 된다'는 제안을 받았어요. 회사를 떠나지 않아도 됐습니다. 그런데 마음이 집중이 안 되니까 이것도 못하고 저것도 못해서, 회사는 그만두고 사업을 시작한 겁니다. 처음 일을 시도하려고 하면 두려움이 옵니다. 두려운 건 당연한 겁니다. 저도 두려움이 많았습니다. 그런데 두려움을 극복하는 방법은 부딪히는 겁니다. 자꾸 생각하면 두려움은 커지고, 부딪히면 두려움은 안개와 같이 사라지기 시작합니다.

비지니스 성공전략

이제 비지니스에 대해서 이야기하겠습니다. 비지니스 성공의 세

가지 방법을 말하겠습니다. 첫 번째는 한 가지 일에 집중해야 합니다. 여러분 10개의 재주가 있는 사람은 빌어먹는다는 이야기가 있습니다. 너무 재주가 많으면 집중을 못 한다는 이야기입니다. 자기의 장점을 부각시키고 단점은 최소한으로 관리만 하는 겁니다. 너무 단점을 보완하는 데 시간을 쏟고 있습니다. 그것에 시간을 들이기보다는 장점에 집중하십시오.

그리고 집중하기 위해선 자기 자신을 알아야 합니다. 자기 자신을 모르면 절대 집중을 할 수 없습니다. 그리고 자기의 장점뿐 아니고 단점도 알아야 합니다. 그렇지만 그게 참 어려운 일입니다. 상대방의 장점과 나의 단점을 알아야 하는 가장 큰 이유는, 내가 잘 할 수 있는 일을 찾아 그 일에 집중하기 위해서입니다. 〈태조 왕건〉이란 드라마가 있는데, 거기서 태조 왕건은 '싸움에 이기기 위해서는 자신을 알고 적을 알고 지형을 알아야 된다'고 말합니다. 상대방을 아는 지식이 매우 긴요하다는 겁니다. 상대방을 모른다면 나를 모른단 이야기입니다. 그리고 처음 사업을 하게 되면 틈새 시장을 공략해야 됩니다. 우리 같은 경우에는 제약회사를 선택했습니다.

그 다음에 비지니스를 계속하여 성공하려면 축복을 믿어야 합니다. 전 축복을 안 믿었습니다. 왜냐하면 하루 15시간씩 일했는데 축복으로 성공했다고 생각할 수 없었지요. 그런데 회사가 어려워지면서 느낀 게 있습니다. 성공은 나 혼자서 이룬 것이 아니고 축복이었음을 깨닫게 되었습니다. 그러면 왜 축복을 믿어야 될까요? 믿지 않았을 경우에는 교만해집니다.

우리 회사가 10명이던 직원이 30명이 되고 다음에는 90명이 되었습니다. 그때 나를 제일 잘 아는 내 아내가 '당신 목에 힘이 들어갔어요'라고 말하더군요. 왜 그럴까요? 답은 간단했습니다. 회사 성장을 내 자신이 해냈다고 생각해서입니다. 내가 열심히 노력해서 해냈다고 생각하니 목에 힘이 안 들어갈 수 없죠. 나의 노력으로 성공했으니 당연히 내가 존경을 받아야 한다고 생각하니 교만해지는 것은 당연한 일이지요. 그런데 성경을 보고 나서 생각이 달라졌습니다. 내가 이루었다고 생각한 그 성공이 내가 혼자 한 것이 아니고, 하나님의 축복과 많은 사람들의 도움이 있었다는 것을 깨닫게 되었습니다. 여러분, 사람은 겸손해야 합니다. 겸손해야지 크게 성공할 수 있습니다. 그리고 겸손해지려면 축복이 존재한다고 믿어야 하는 겁니다.

마지막으로 리더십에 대해서 말씀드리겠습니다. 조금 전에도 말씀드렸지만 제 자신은 리더십이 없다고 생각하는 사람입니다. 그런데 회사를 이끌어 가면서 리더십도 여러 스타일이 있다는 걸 알게 되었습니다. 예를 들면, 시저와 히틀러 같은 사람이 있는가 하면, 그렇지 않은 경우도 있다는 겁니다. 그러나 강한 리더보다도 부드러운 리더, 그럼에도 강인한 목적을 가지고 있는 사람. 우리말로 외유내강 형의 사람이 진정한 리더가 될 수 있다는 겁니다.

리더는 쉽게 '네가 맞고 내가 틀렸다'라는 말을 할 수 있어야 됩니다. 자신이 없으면 없을수록 이 말을 하기 쉽지가 않습니다. 그리고 자기보다 나은 사람을 고용할 줄 알아야 됩니다. 일류 매니저는 일류 직원을 고용하고, 2류 매니저는 자기보다 못한 3류 직원을 고용합니다. 절대로 자기가 유능해서 리더가 되었다고 생각해서는 안 됩니다. 리더가 되는 것도 운이 좋아서 되는 겁니다. 그리고 리더는 어려움이 왔을 때 현실을 냉철하게 볼 수 있어야 하고, 그럼에도 미래의 비전을 볼 수 있어야 합니다. 그리고 리더가 되려면 상대방의 처지에서 생각하는 것이 필요합니다. 그리고 우리는 나하고 다르면 틀리다고 생각하는데, 그것이 아니고 그저 다를 뿐임을 알아야 합니다. 고맙습니다.

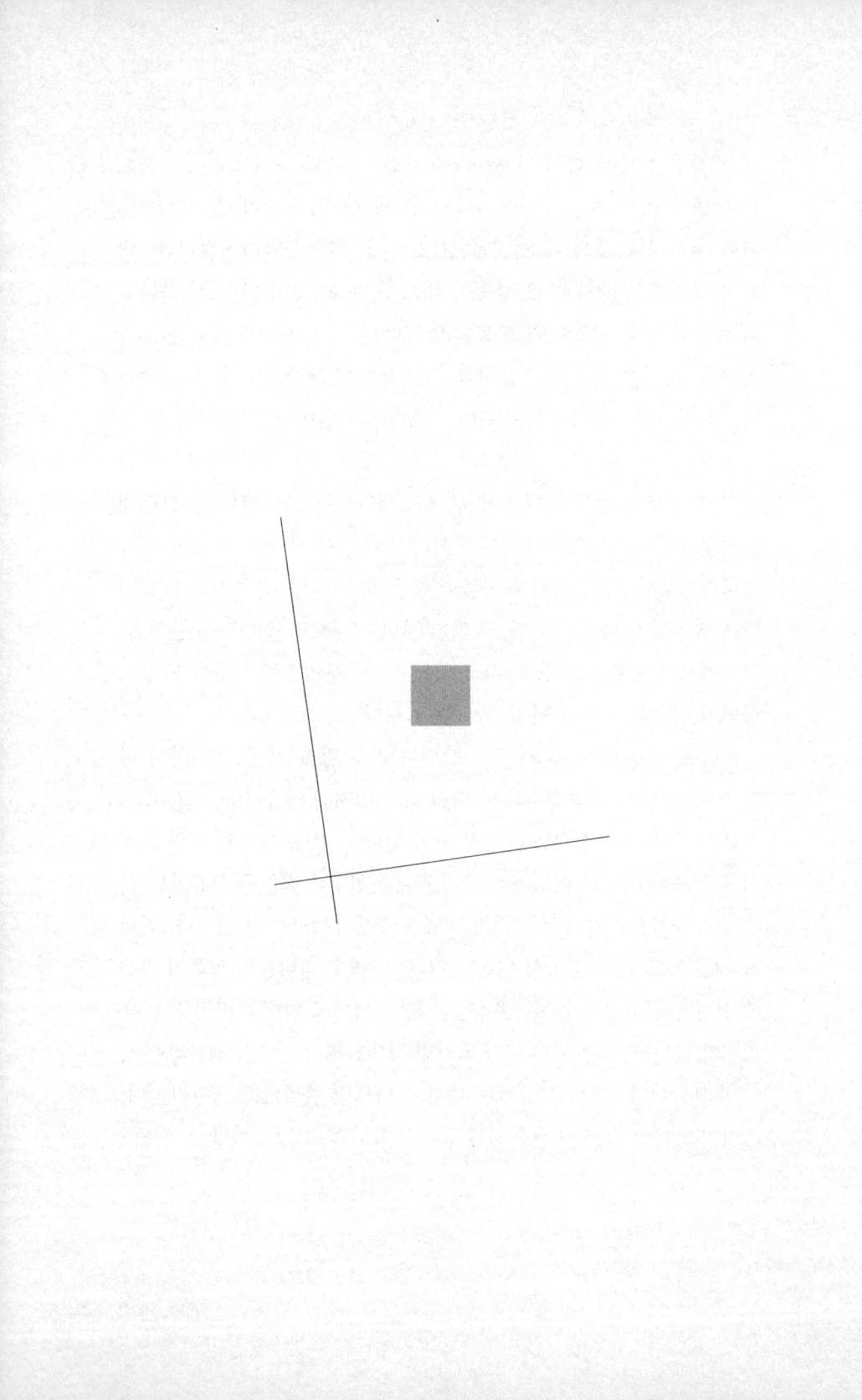

유한대학 새내기에게 주는 말

백 기 완
통일문제연구소 소장

허무주의적 새내기 때를 벗겨내자

새내기 여러분!

여러분들의 입학을 참맘으로 팔럭(축하)합니다. 새내기란 무슨 말인지 아시지요? 새내기란 말 그대로 꽁꽁 얼어붙은 땅을 뚫고 나온 새싹을 이르는 말입니다.

또 어리석고 모자라는 삶을 살다가 어떤 때박(계기)에 퍼뜩 깨우친 이를 일러 새내기라고도 하지요. 하지만 어느 만치 사람이 되었다고 해서 그 자리에 내리 주저앉아 있을 것이면 그런 사람은 새내기라고 하진 않습니다. 왜냐. 아무리 얼붙은 땅, 거친 땅을 뚫고 어영차 일어났다고 하더라도 그 자리에 마냥 주저앉을 것이면 엉덩이가 썩습니다. 엉덩이만 썩는 것이 아닙니다. 몸도 썩고 마음도 썩으니 그것이 어찌 새내기이겠어요.

그러면 누가 참짜(진짜) 새내기일까요. 어느 만치 깨우쳤다고 해서 그 자리에만 눌러앉아 있질 않고 날마다 깨우쳐, 날마다 새로워지는 사람을 일러 새내기 그러는 것이니, 새내기란 말 참으로 뜻이 깊지요. 아니 얼마나 멋집니까. 그렇습니다. 새내기란 곧 어먹하다(위대하다) 또는 우러르고 싶다는 말과 다름이 없으니 오죽 멋이 있습니까.

우리네 갈마(역사)를 보면 우리에게도 멋진 뚝쇠(영웅)들이 많았습니다. 하지만 우리들은 한 때, 한 갈마를 주름잡던 뚝쇠보다도 날마다 새롭게 태어나 날마다 새롭게 나아가는 이, 그런 새내기를 뚝쇠보다도 더 쳐왔으니 여기서 우리 맑티(문화)의 어먹함(위대함)을 읽어야 할 것입니다.

더구나 이 땅별(지구) 온 데를 다 뒤져도 이렇게 든올(개념)이 깊고 아름다운 말은 없습니다. 우리들이 많이 쓰고 있는 한문에도 없고 영어에도 없고 히브리말에도 없습니다.

딱하니 이 땅에만 있는 말입니다. 나는 이 '새내기'란 말을 써온 지가 어느덧 쉰 해가 지났습니다. 요즈음은 여러 사람들이 쓰고 있습니다만 쉰 해 앞서만 하더라도 내가 신입생을 새내기라고 하자, 신입사원도 새내기, 모뽀리썰(합창단)에 새로 들어온 애도 신입단원 그러질 말고 새내기라고 하자고 했다가 손가락질도 많이 받고 또 어떤 때는 군밤도 많이 받은 슬픈 지난날도 없질 않았습니다. 그뿐인 줄 아세요. 어떤 때는 "새내기라니, 너 이 새끼, 그건 빨갱이나 쓰는 말이라"고 하며 잡혀가 매를 맞기도 했습니다. 그런데 요즈음은 이 유한대학 새내기 여러분들 앞에서도 쓰게 되었으니 언뜻 눈시울이 뜨거워집니다.

하지만 새내기 여러분!

여러분들은 이 유한대학이라는 높은 터거리는 넘었으므로 새내기란 팔럭(축하)을 받을 수는 있어도 어떻게 보면 말입니다. 여러분들은 또다시 수렁에 빠진 거나 다름없습니다.

무슨 말이냐. 중학교를 거쳐 고등학교 삼 년, 그 여섯 해를 알로(사실로) 말을 하면 어떤 때였을까요. 사람의 한살매(일생)로 치면 그 낌발(감수성)이 가장 부끌(왕성)하던 시절입니다. 그렇게 낌발이 부끌하던 때에 여러분들은 참말로 배워야 할 것을 못 배운 것이 있습니다. 그 때문에 두 발을 가졌으되 곧장 서질 못하고 한쪽으로 삐끄득 기울게 되었습니다. 무슨 말일까요. 이참 우리가 살고 있는 이 바투(현실)도 함께 배우고 깨우쳐야만 했었는데 그것만은 숨기고 됫싸게(심지어)는 거꾸로 가르쳤습니다.

여러분, 우리가 살고 있는 이 바투는 무엇일까요. 그것은 첫째, 이참 우리 땅은 우리들이 살고 있으되 허리가 뚝 잘려있다는 것입니다. 이 땅의 갈마(역사) 오천년을 통틀어 더듬어보아도 이 땅이 턱없이 뚝 잘린 적은 한술(한번)도 없었습니다. 이참이 처음입니다. 그런데 누가 이 땅을 뚝하고 뿐질렀느냐 이겁니다. 우리 겨레가 했을까요. 아닙니다. 누구일까요. 미국입니다. 그들이 우리 삶터를 뚝하고 잘랐습니다. 그것은 무엇이었느냐 이 말입니다. 그것은 두말할 나위도 없이 우리나라를 짓밟은 것입니다. 어려운 말로 하면 침략을 한 것이지요.

그런데 새내기 여러분! 여러분들이 중, 고등학교 6년 과정에서 "우리나라를 뚝하고 뿐지른 것은 우리나라에 마주한(대한) 침략이다"라고 배운 적이 있습니까. 없지요. 그렇습니다. 여러분들은 그 어려운 중, 고등학교 교과과정을 거쳐 왔지만 알로는(사실은) 헤어나기 힘든 수렁으로 내몰려져 왔음을 뜻하는 것입니다. 때문에 이제는 그것을 바로 깨우쳐야 한다 그 말입니다. 그것을 올바로 깨우쳤을 때 그때 비로소 여러분들은 참짜 새내기라는 소리를 들을 수가 있다는 것을 알아야 합니다.

둘째, 이참 여러분들이 살고 있는 이 땅이 뚝하고 잘려있다. 그것은 두말할 나위도 없이 침략 받은 것이 틀림없다고 할 것이면 중, 고등학교 교과정에서 그러면 이렇게 뚝하고 잘려있는 땅덩이를 어떻게 하나로 할 것이냐. 다시 말해 통일이란 무엇인가라는 것을 가르쳤어야만 했습니다. 그러나 그 누구도 우리의 통일은 이거다 하고 목숨을 걸고 가르쳐 오질 않았습니다. 다만 우리의 소원은 통일, 어쩌고 하는 그 슬픈 노래만 가르쳐왔지 통일의 알짜(실체)는 아니 가르쳐왔습니다. 우리의 소원인 그 통일, 그 통일의 알짜(실체)는 이거다 하고 가르친 바가 없다고 하는 것은 무엇일까요. 여러분들을 헤어 나오기 힘든 깊은 수렁으로 몰아넣어 여러분들의 정신적 성장을 가로막은 것이나 다름없습니다. 제 허리, 제 삶터가 두 쪽이 나 죽게 되었는데도 우리겨레가 사는 길은 이런 통일이다라고 아무도 가르치질 아니했습니다. 통일이 무서웠던 것입니다. 참짜 통일은 왜 무서웠느냐 하는 것도 가르쳤어야만 했고, 그 통일은 또 누가 어떻게 이룩해야 하는가를 여러분들 스스로가 더듬었어야만 했습니다. 그러나 못해왔습니다.

여러분! 우리 한술(한번) 생각해봅시다. 참말로 통일이란 무엇일까요. 손출(간단)합니다. 우리네 허리를 뚝 자른 놈들을 몰아내는 것입니다. 아울러 이 땅을 둘로 갈라놓은 남북을 하나로 하는 것만이 아닙니다. 이 남쪽에서도 있는 이와 없는 이, 착한 이와 못된 이, 정의와 부패가 갈라져있습니다. 그리하여 그 골이 곧 죽음이요, 아픔인데도 그 골을 없애자고는 아니 하고 도리어 그 골을 한 짠틀(체제)로 다져놓고 있습니다. 그것이 바로 부정이요, 부패요, 사람 죽이기, 댄통일(반통일)입니다. 그런데 그 댄통일을 거머쥐고 있는 것들이 있습니다. 누구일까요. 댄통일(반통일)적 막심(폭력)입니다. 그 막심을 말끔(청산)하여 부러진 아픔 속에서 허우적대는 사람들이 나라의 알기(중심)가 되는 벗나래(세상)를 만드는 것, 그것이 통일이다라는 깨우침을 얻었어야 합니다. 하지만 안타깝게도 우리들 어른들은 여러분들한테 그것을 못 가르쳤으니 여러분들을 수

렁에 몰아넣은 거나 다름없습니다. 무슨 수렁이냐. '갈마텅빔빼꼴' 어려운 말로 '역사허무주의'라는 수렁으로 처넣은 것입니다.

셋째로 통일이란 이 땅을 갈라놓은 침략자와 그 앞잡이들만 몰아낼 것이면 그것이 통일일까요. 아닙니다. 일제가 우리나라를 짓밟고 있을 때 우리 갈마(역사)의 알기(주체)는 무엇이었다고 생각하세요. 두말할 것도 없습니다. 일본제국주의 침략에 맞서 가장 전투적으로 싸워 온 우리네 독립군들의 항쟁의 갈마(역사)가 우리네의 알기입니다. 그 싸움에 함께 했던 사람들의 바람은 또 무엇이었을까요. 둘입니다.

하나는 내가 싸워 일제를 꺼꾸러뜨릴 것이면 이 나라는 바로 일제를 꺼꾸러뜨린 우리들의 것이지 일제에 빌붙었던 일제 앞잡이들의 나라가 아니다.

또 하나는 일제를 꺼꾸러뜨리고 우리나라 우리 땅을 다시 찾을 것이면 그때 이 땅은 일제와 맞서 싸운 곧맴(양심)이 고루 실현되는 나라, 그 두 가지였습니다.

그런데 목숨을 걸고 싸워 일제를 꺼꾸러뜨려 날래(해방)를 거머쥔 8·15 뒤, 그때 이 땅은 어떻게 되었을까요. 거꾸로 뒤집히고 말았습니다. 무슨 말이냐. 일제에 빌붙었던 친일파 민족반역자들이 나라를 거머쥐게 되었습니다. 어떻게 돼서 그렇게 되었을까요. 겨레의 이름으로 말끔(청산)되었어야 할 그들이 어떻게 날래(해방)된 땅을 다시 거머쥐게 되었느냐 이 말입니다. 뻔합니다. 미국이 내세운 것입니다. 미국이 친일파 민족반역자들을 앞장세워 갈마를 거꾸로 돌림으로써 이 땅을 두억마니(송장귀신) 같은 끔찍한 것들이 다시 거머쥐는 과정을 밟게 한 것입니다.

이런 끔찍한 바투(현실)를 겪은 우리로 볼 때 새내기 여러분!

참짜 통일이란 어떤 것일까요. 미국의 앞잡이 짓이나 하고, 그리하여 떼돈을 거머쥐고, 엄청난 지위나 얻어, 큰소리 빵빵 치는 것들이 또다시 떵떵거리는 나라일까요. 열나(만약)에 그렇게 된다고 하면 이 땅 이 나라는 통일이라는 이름 밑에 또다시 썩어문드러진 놈들의 더부살(식민지)이지 참다운 날래 벗나래(해방 세상)는 아닙니다.

여러분이 대학에 들어오기 앞서 오늘의 교과과정보다는 바로 그것을 깨우쳐야 했습니다. 나아가 우리 어른들은 그것을 깨우쳐줄 멘속(의무)이 있었던 것입니다. 하지만 여러분들은 그런 가르침은 못 받고 그냥 새내기가 된 것이니 어찌 보면 여러분들은 한켠 구석이 텅 빈 새내기, 역사허무주의적 멘속(의식)을 강제로 주입받은 거나 다름없습니다.

그래도 이제 여러분들은 어엿한 유한대학의 씩씩한 새내기가 되었습니다. 이제는 지난날에 받은 잘못된 가르침에 따라 한 쪽이 기운 젊은이 모습을 찢어발기고 참으로 빛나는 새내기가 되어야 합니다.

소시민적 허무주의 늪을 뿌리치자

이러한 뉘우침으로 볼 때 여러분들이 들어온 이 대학은 무엇일까요. 나는 여기도 한 늪이라고 봅니다. 무슨 늪이냐. 여러분들을 한 소시민으로 만드는 늪이다 그 말입니다.

여러분!

우리들이 살고 있는 오늘을 뭐라고 하고들 있습니까. '자본주의 맑걸(문명)의 오늘' 그러질 않습니까. 그런데 그 자본주의 맑걸을 틀어쥐고 제 마음대로 오늘의 갈마(역사)를 이끄는 것은 누구일 것 같습니까. 어떤 새내기는 그야 아무려나(물론) 사람이지요 그럴지도 모릅니다. 하지만 그건 틀렸습니다. 틀려도 아주 틀린 대답입니다. 우리들이 살고 있는 이 자본주의 맑걸은 사람 그리고 사람이 살고 있는 이 벗나래(세상)를 쥐었다 폈다 제 마음대로 끌고 가고 있는 것은 사람이 아닙니다. 그러면 누구냐.

놀라지 마세요. 돈입니다. 돈이 주인입니다. 이 때문에 너도나도 "돈만 있으면 나도 무엇이든 할 수가 있는데……" 그럽니다. 하지만 그렇게 말하는 것도 틀린 말입니다. 돈만 있으면 나도 무엇이든 할 수가 있다고 생각하는 것은 그야말로 그릇(잘못)이라니까요. 돈이 이 갈마, 이 벗나래(세상)의 주인인데도 그 돈만 가졌다고 해도 이 벗나래, 이 갈마(역사)의 주인은 아닙니다. 왜 그럴까요. 돈은 내 것이라고 해서 내 마음대로 할 수가 없는 겁니다. 왜냐. 돈은 저절로 굴러서 마치 눈사람처럼 자꾸만 커가야 합니다. 그것도 다른 돈과 목숨을 걸고 다투어서 말입니다. 그렇질 아니하고 멈춰있기만 하면 햇살에 곧바로 녹아내립니다. 그러니까 돈이란 돈이 제 마음대로 하는 것이지 사람이 어쩌고 하는 것은 아닙니다. 이를 두고 "돈이 사람을 발길로 뻥 찼다, 그리고는 마구잡이로 끌고 다닌다" 그럽니다. 어려운 말로 하면 '소외' 그럽니다.

돈이 사람을 발길로 차고 그리하여 마구 끌고 다니는 것이 바로 자본주의 맑걸(문명)인데 그러면 그 맑걸이 바라는 사람됨(인간상)은 어떤 것일까요. 다시 말하면 맑걸이 빚어내고자 하는 사람은 어떤 모습, 어떤 틀일까요.

넋살(정신) 바싹 차려 들으세요. 사람은 사람이되 제 넋살(정신)이 빠진 사람, 이를 테면 돈에 매인 사람, 다시 말해 매인네(소시민)적 사람입니다. 그렇습니다. 자본주의라는 엄청난 틀거리(조직, 체제)는 거기에 빌붙는 매인네(소시민)를 매급(요구)하는데 이때 던져주는 미끼는 무엇일까요.

"돈은 네가 벌어야 한다. 그런데 그렇게 벌고자 하는 것도 네 대로(자유)다. 또 아니 벌고자 하는 것도 모두 대로(자유)다" 그럽니다. 돈의 대로, 돈 벌기의 대로는 하나다는 겁니다. 그 대로(자유)에 따라 남들과 겨루어야 하는데 그것도 대로인 까닭에 반드시 이겨야 한다. 남을 짓밟아버리고 일어서든, 사람을 속이고 죽이고 앞서가든, 어찌 되었든 이기고 지는 것도 대로(자유)다 그 말입니다. 그리하여 이긴 다음에는 돈을 거머쥐는 것은 아무려나(물론) 대로다. 사회적 지위를 차지하고 이름을 날리는 것도 대로다. 그러나 그 엄청난 대로(자유), 그것은 오늘의 자본주의 맑걸(문명) 안에서만 누릴 수 있는 대로(자유)이지, 그 맑걸을 차버린다든가 아니면 허물어버리자고 하는 것은 엉뚱하게도 사갈짓(범죄)일 뿐더러 대로(자유)도 아니다 그럽니다.

이리하여 연탄을 찍듯 찍어내는 사람의 됨새는 어떤 것일까요. 바로 매인네, 다시 말해 소시민입니다. 그러니까 소시민이란 무엇일까요. 한 소박한 시민이란 말일까요. 아닙니다. 돈의 머슴, 돈에 매여진 더부살(식민지)을 뜻합니다. 오늘날 여러분들을 내몰고 있는 맑걸(문명), 그것을 끌고 가고 있는 가치는 여러분들로 하여금 바로 그 소시민이 되라는 겁니다. 이 때문에 나는 이참 새내기 여러분들이 새내기란 떳떳한 이름으로 들어온 여기 이 대학이라는 데가 바로 여러분들을 소시민으로 다시 찍어내려는 늪이라고 보는 것입니다.

"대학엘 들어왔으니 글파(공부)를 달뜨게(열심히) 해라, 그리하여 남을 뛰어넘고 남을 이겨서라도 좋은 일자리도 얻고, 지위도 얻고, 잘 살아라"는 소시민적 값어치(가치관)를 울커대는(강요) 곳이 딴 데가 아니라 바로 이 대학일지도 모르는 것이니 새내기 여러분! 말이 여기까지 이르다 보니 눈앞이 어릿어릿합니다. 그래서 하는 말입니다.

갈마의 새내기가 되시라

새내기 여러분, 반가우면서도 부르기만 하면 눈물부터 나는 새내기 여러분!

입때껏 한 이야기 다 잊더라도 내 이야기 딱 하나만은 가슴을 활짝 열고 들어주실래요. 참말로요? 좋습니다. 이 땅에서 오랫동안 살아온 우리들에겐 꿈이 하나 있어옵니다.

아파트 평수나 늘리겠다는 쩨쩨한 꿈이 아닙니다. 이 부러진 땅에서도 갖은 못된 짓으로 떼돈을 거머쥐고 출세도 하고 지위와 이름도 날리면서 덤덩이(산덩이)를 마구잡이로 허물어 만든 골프장에서 골프나 치다가 뻑하면 놀러나 다니자는 조잘머리의 꿈이 아닙니다. 그러면 무엇이드냐. 저 끝없이 뻗은 널마(대륙)의 꿈이 하나 있다는 것을 아시는지요. 모르지요. 그건 딴 게 아닙니다.

'저치 가는 꿈'입니다. 저치라니요. 저치란 사랑하는 젊은 가시나와 사내가 나름으로 알뜰히 차린 집에서 달디 단 삶을 차름(시작)하자는 얄궂은 꿈이 아니라니까요. 서로 사랑을 하기에 그 사랑을 아주마루(영원히)로 이어가고저 떠나가는 겁니다. 어디로 떠나가느냐. 저 한없이 열린 널마(대륙)로 떠나 이 땅별, 지구를 손바닥에 올려놓을 때까지 가고 또 가는 것을 '저치 간다' 그럽니다. 그렇게 가고 또 가서는 무얼 하자는 것일까요. 어느 못된 빼대기(침략자, 강도)처럼 제 깃발이나 꽂고 그리하여 거기에 빼발(국경)이나 친 다음 이건 내 땅 내 나라다 하고 우겨대는 뚱속(욕심)꾸러기가 되자는 것일까요.

아닙니다. 한손엔 진달래 나무를 들고, 또 한손엔 밤나무를 들고, 그리고 등때기엔 은행나무를 지고 가면서 여기저기 빈 데와 메마른 곳마다 그것들을 심으면서 가는 겁니다.

진달래는 왜 심을까요. 그건 불꽃, 다시 말해 사랑을 뜻하는 까닭에 그 사랑을 심자는 겁니다.

그럼 밤나무는 또 왜 심자는 것일까요. 아시다시피 밤나무, 거기에 맺힌 열매는 혼자 먹는 할(법)이 없습니다. 사람들이 서로 나누어 먹을 뿐만 아니라 다람쥐, 때까치 따위 짐승들까지 나누어 먹는 그야말로 노나메기 먹거리라, 그것을 심어 서로 다투질 말고 함께 어울려 먹자는 뜻입니다.

그러면 은행나무는 또 무엇일까요. 은행나무는 한술 뿌리를 내렸다 하게 되면 천해를 넘게 사는 나무입니다. 천해란 무엇일까요. 우리 사람들에게 천해란 백이 열이라는 투의 셈이 아닙니다. 아주마루 다시 말해 영원이란 뜻입니다. 서로 사랑하고 서로 어울려 나누어먹는 뜻을 아주마루로 이어가자고 은행나무를 심으면서 가고 또 가는 '저치'.

그래서 우리네는 예부터 시집간다, 또는 장가간다는 말을 안 썼습니다. 시집간다는 말은 가시나가 사내새끼네 집으로 살러간다는 뜻 아닙니까. 왜 가시나가 사내네 집으로 살러가야 합니까. 차라리 사내새끼가 가시나네 집으로 살러와야지.

또 사내 녀석도 장가간다는 말을 안 좋아 했습니다. 장가란 무엇입니까. 사내새끼가 가시나의 품으로 안기러 간다는 뜻 아닙니까. 왜 사내가 가시나 품으로 안기로 가는 겁니까. 가시나가 사내 품으로 안겨야지.

이래저래 우리네 젊은 배짱들은 시집 장가란 말은 전혀 안 쓰고 저치를 간다 그랬습니다. 저치를 가되 이 땅별, 지구를 손바닥에 올려놓을 때까지 가고 또 가는 것이 우리네의 꿈이었으니…….

여러분, 새내기 여러분!

이제 여러분들이야말로 돈이 사람을 머슴으로 부리는 이 잘못된 사회에 어거지로 두 발을 내딛어 소시민이나 되는, 그리하여 젊음을 잃고, 사람을 잃고, 사람의 꿈마저 잃는 멍청이, 어적이가 되질 마시고 젊은 새내기들이여! 이 잘못된 돈의 갈마(역사)를 뒤집어엎고 참짜 사람의 벗나래(세상)를 일구는 갈마(역사)의 새내기가 되시라고 울부짖습니다.

'차름' 다시 말해 시작이란 내일이 없습니다. 새내기가 된 바로 이참부터 참짜 새내기, 갈마(역사)를 일구는 새내기가 되시라 이 말입니다.

내 몸을 알아야
내가 산다

맹 광 호
가톨릭대학교 의과대학 명예교수

　유한대학 김진순 교수님과 꽤 여러 해 동안 대한적십자사 보건사업자문위원회 활동을 해 온 것이 인연이 되어, 김 교수님 부탁으로 오늘 이렇게 여러분을 만나게 되었습니다. 평소에도 가끔 여러 대학 교양강좌에 가서 강의를 하는 편입니다만 이번에 제가 이 〈유일한 강좌〉에 초대받은 것을 굉장히 큰 영광으로 생각합니다. 그동안 여기 초대받아 와서 강의하신 분들 성함을 보니 이 〈유일한 강좌〉의 품격을 어느 정도 미뤄 짐작할 수 있을 것 같군요. 그래서 더욱 큰 영광으로 생각을 합니다. 무엇보다 우선 하루 종일 수업 받느라 피곤할 것이고 저녁에는 친구들과 만날 약속도 있을 텐데, 이렇게 많은 학생들이 자리를 함께 해줘서 무척 고마워요. 그러나 여러분에 대한 내 애정과 내가 하려고 하는 얘기의 진정성만 가지고도 오늘 여러분들이 여기서 한 시간 동안 저와 같이 지내는 일이 결코 시간낭비가 아니라는 걸 확인시켜 주고 싶어요. 좋은 시간 갖도록 합시다.

학풍과 교풍

대학마다 학풍(學風)과 교풍(校風)이란 걸 가지고 있지요. 보통은 이 두 가지를 비슷하게 쓰긴 해요. 그러나 엄격히 따지면 학풍이란 그 대학의 학문적 전통을 이야기해요. 예를 들자면 가령 어느 대학은 인문학 전통이 강하다든지, 어느 대학은 법학 전통이 강하다든지 뭐 이렇게 학문적인 전통 개념을 학풍이라고 해요. 이에 견주어 교풍은 말 그대로 그 대학의 정신을 이야기해요. 그런데 이 두 가지 가운데 어떤 게 중요할까요? 학풍도 중요하긴 하지만 요즘처럼 대학이 많은 상황에서는 저는 교풍이 더 중요할 수 있다고 생각해요. 그러니까 그 대학의 특별한 정신이 담긴 훌륭한 교육과정을 운영하는 대학. 그런 대학이 사회적으로 더 인정을 받고, 그래서 그 대학을 졸업한 사람들이 사회적으로 인정을 받게 되기 때문이지요. 학풍을 이른바 'Number One'의 개념이라고 하면 교풍은 'Only One'의 개념이라고 할 수 있어요.

오늘 강의를 오기 전에 유한대학의 홈페이지를 들어가 봤어요. 이 대학이 어떤 대학인지, 대학에서 무엇을 강조해서 가르치는지를 알아보기 위해서지요. 거기서 학장님 인사말을 읽어 보았는데, 아주 중요한 이야기가 있더군요. 즉, 유한대학은 "큰 것을 추구하기보다는 작은 것을 추구하고, 갖는 것보다는 베푸는 걸 더 소중하게 생각하며, 같은 것보다 다른 것을 더 아름답다고 생각하는 이 땅의 유일한 (Only One) 대학"이라는 말씀을 하고 계시더군요. 그러니까 유한대학은 이미 Only One의 개념을 추구하는 교풍을 가지고 있다는 것을 알 수 있었지요. 그런 측면에서 보면 저는 유한대학을 일단 경쟁력 있는 대학이라고 봐요.

우리 사회에는 아직 유한대학을 모르는 사람들이 있기는 하겠지만, 이 대학을 세우신 유일한 선생님을 모르는 사람은 적다고 봐요. 우리나라 기업가나 지식인들 치고 유일한 박사님을 모르는 사람은 없어요. 저도 꽤 오래전에 어느 일간지 한 면 전체에 유일한 박사님에 관한 특집을 본 적이 있어요. 그때 한동안 이 신문에 난 유일한 박사님 얘기를 스크랩해 두고 몇 번인가 읽어 보았던 기억이 나요. 유일한 박사님의 정신을 한마디로 얘기하면 근면, 성실 그리고 나라사랑이라고 할 수 있죠. 물론 해방 이후 우리나라에는 어떻게든지 이 나라를 잘 만들어 보겠다는 사람들이 적지 않았지만 대부분 생각만 하고 실천하는 사람이 적었는데, 그분은 그런 삶을 실천하신 분이지요. 말하자면 유일한 선생님은 우리나라 대부분 기업인이나 지식인들에게 역할모델이신 셈이지요.

건강해야 나라도 찾는다

그런데 이번에 저는 유일한 선생님의 어록(語錄) 가운데서 누구나 나라를 사랑하고 지키기 위해서는 우선 국민이 모두 건강해야 한다는 말씀이 있는 것을 보고 깜짝 놀랐어요. 의과대학에서 평생 보건학을 전공한 저에게는 눈이 번쩍 뜨이는 말이었지요. 유일한 선생님께서는 "건강한 국민, 병이 없는 국민이 아니고는 주권을 찾을 수 없다!"라는 말씀을 하시면서 "국민이 모두 건강해야 극일(克日), 즉 일본을 이길 수 있다"고 강조하셨어요. 그리고 보면 유일한 선생님께서 유한양행을 설립하신 일이나 그분의 여동생이신 유순한 선생님께서 간호사였다는 사실이 결코 우연한 일이 아니라는 생각도 들어요. 말하자면 건강한 국민을 만들기 위한 생각 때문이셨을 것이라고 봐요.

여러분들이 알고 있는지 몰라도 유일한 선생님의 동생 유순한 선생님은 평생 독신으로 사시면서 우리나라 초창기 간호교육에 몸을 바치신 분이에요. 건강한 국민을 그토록 강조하신 유일한 선생님이나 직접 간호학을 배우고 가르치신 유순한 선생님을 생각하면 저는 유한대학이 근면 성실하고 나라를 사랑하는 마음을 지닌 학생을 키우는 교육 말고도 건강한 국민을 만들기 위한 보건 관련 교육도 열심히 해야 하지 않을까 하는 생각도 해 봤어요.

그런데 무슨 연유인지는 몰라도 지금 유한대학에 이런 분야 학과가 없더군요. 개인적으로 제 생각에는 유일한 선생님의 정신을 구현하자면 유한대학에 적어도 두 개 과는 더 있어야겠다는 엉뚱한 생각도 해 봤어요. 하나는 간호학과이고, 다른 하나는 가령 보건교육학과 같은 것이 그것이지요.

오늘 내가 여기 와서 건강에 관한 얘기를 하게 된 것도 무슨 인연이 아닐까 생각이 들어요. 건강에 관한 학과가 없는 유한대학에 와서 건강의 중요성을 강조함으로써 조금은 유일한 선생님의 국민과 나라사랑 정신을 되살리는 일이 될지도 모른다는 생각을 한 것이지요.

인구 고령화와 건강가치의 증대

여러분, 이런 이야기 들어 봤어요? '돈을 잃으면 조금 잃는 것이고 명예를 잃으면 많이 잃는 것이지만 건강을 잃으면 모두 잃는 것이다'라는 말이요. 달리 부연 설명이 필요 없는 말이지요. 건강을 잃으면 돈이 무슨 소용 있고 명예가 무슨 소용 있어요. 그렇지 않아요? 그런데 현실은 그렇지 않아요. 우리가 쓰는 말 가운데 '죽어라 하고 돈 벌고, 죽어라 하고 공부한다.'는 말이 있지요? 물론 사람들이 중요하게 생각하는 가치는 연령대별로 다르긴 해요. 지금 10대 아이들에게는 뭐가 제일 중요한 가치겠어요? 공부 잘하는 게 가장 중요한 가치겠지요. 여러분들 때쯤 되면 졸업 후 취직이 가장 중요한 가치가 되겠지요. 그러나 곰곰이 생각해 보면 어느 연령에서나 건강은 다른 무엇과도 바꿀 수 없는 소중한 가치라는 걸 알 수 있어요.

실제로 몇 해 전, 통계청에서 사람들이 중요하게 생각하는 가치들을 나열해 놓고 그 중에서 무엇을 가장 소중하게 생각하는지를 묻는 조사를 한 적이 있어요. 그 조사결과, 건강이 가장 중요한 가치라고 대답한 경우가 나머지 응답을 합친 것보다 더 많았어요. 낮은 연령대에서는 단지 건강이라는 가치가 그 중요성에서 다른 가치들보다 조금 밀릴 뿐이지요. 중요한 사실은 바로 그때부터 건강의 중요성을 올바로 인식하고 노력하지 않으면 나중에 큰일 난다는 점이에요. 왜냐하면 예전과 달리 지금은 평균수명(平均壽命)이 길어져서 우리 모두가 대부분 늙은 나이까지 살게 되는데 젊어서 건강에 대한 관심을 갖고 노력하지 않으면 나이가 들어서 여러 가지 만성질환에 걸려 고생을 하게 되기 때문이지요. 말하자면 오래 살기는 하되 여러 가지 병을 얻어 고생을 많이 하고, 그만큼 삶의 질이 떨어진다는 말이지요.

오늘날 사람들의 수명이 길어진 것은 옛날처럼 세균성 전염병이 크게 줄어들고 따라서 이런 병으로 어린 나이에 사망하는 일이 적어졌기 때문이에요. 세균성 전염병이 많았던 예전에는 병에 대한 저항이 약했던 어린아이들, 특히 태어나서 1년이 안 되는 어린아이들에게 이런 병이 많았고 결국 이런 질병들로 죽는 아이들이 많았어요. 그걸 영아사망(嬰兒死亡)이라고 해요. 지금은 새로 태어나는 아이 1,000명 가운데 약 5명 정도가 첫돌 안에 사망을 하는 정도지만 예전

페니실린을 개발한 알렉산더 플레밍
페니실린은 세균성질환의 원인인 박테리아를 죽이는 항생물질이다. 1928년 영국의 생물학자 알렉산더 플레밍이 곰팡이에서 처음 발견했으나 실제 약으로 대량 생산되기 시작한 것은 2차 세계대전 이후다. 이 약이 대량 생산됨으로써, 그동안 많은 사람들의 목숨을 앗아간 세균성질환을 크게 줄이고 이로 말미암아 사망률이 크게 낮아졌다.

에는 그 숫자가 무려 200명가량이나 되었어요. 우리나라에서는 예전부터 아이가 만 한 살이 되면 돌잔치를 차려주는 풍습이 있는데, 따지고 보면 돌잔치는 아이가 무사히 1년을 잘 넘기게 된 것을 축하해주는 행사라고 할 수 있어요. 이런 세균성 질병이 크게 줄어든 것은 1940년대 이후 세균을 죽이는 항생제가 개발되었기 때문이지요. 여러분도 많이 들어보았을 페니실린이라는 항생제가 처음 약으로 만들어져 사용되기 시작한 것이 1940년이에요. 이 약의 효과가 얼마나 컸던지 의학사 책에는 '신비의 탄환' 즉, 영어로 'magic bullet'이라고까지 쓰여 있어요. 아무튼 이런 항생제 덕분에 여러 가지 세균성 질병이 줄어들고 이로 말미암아 영아사망이 크게 줄어들면서 평균수명이 늘어나게 된 것이지요.

고령사회 진입속도가 빠른 우리나라

평균수명이란 말 그대로 사람들이 평균적으로 사는 수명이에요. 예를 들어 두 명의 아이가 태어났는데 한 아이는 10살에 죽고 한 아이는 90살까지 살았다고 할 때 둘이 합쳐서 몇 년 산 거예요? 100년 산 거 아니에요? 그럼 평균수명이 얼마예요? 50살인 거죠. 그게 평균수명의 개념이에요. 이런 평균수명은 각 연령대에서 사망률을 가지고 만드는 생명표(生命表)라는 것을 통해 얻어지는데, 1961년도 생명표에 따르면 우리나라 사람들의 남녀 평균수명은 52살이에요. 그러니까 그때 우리나라 사람들은 평균적으로 52살밖에 못 살았다는 거죠. 물론 이때도 80살, 90살 되는 노인들이 있었지만 평균적으로 52살 정도 살았다는 것이지요. 이 평균수명이 1970년대 되니까 60세로 늘었고 2006년에는 79세가 되었어요. 남자와 여자를 따로 보면 남자가 76세, 여자가 82세예요. 참으로 대단한 평균수명 연장이라고 할 수 있지요. 평균수명의 연장 속도가 이렇게 빠른 나라는 세계에서도 그 유례를 찾아보기 힘들어요. 그만큼 우리나라 사람들의 생활환경이 좋아졌고 경제성장과 함께 보건의료 상태도 좋아졌다는 것을 의미하지요.

여러분 '고령화 사회' 또는 '고령사회'라는 말 들어보았을 거예요. 고령화 사회를 영어로는 'Aging Society'라고 해요. 늙어가는 사회라는 뜻이지요. UN이 정의한 바에 따르면, 고령화 사회란 전체 인구 중에서 65세 이상 인구가 차지하는 비율이 7퍼센트가 되는 사회예요. 이와 달리 고령사회는 영어로 'Aged Society'라고 해요. 이 고령

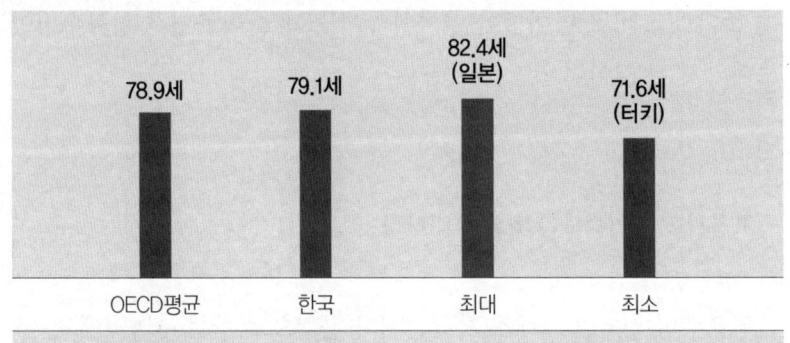

2008년 세계 평균수명 비교
평균수명이란, 지금 막 태어난 아이가 평균적으로 살 수 있는 기간을 말한다. 우리나라 사람들의 경우 남녀 평균수명은 1971년까지만 해도 각각 59세와 66세 정도였으나 2000년에는 72세와 80세로 늘었고, 2007년에는 77세와 83세가 되었다. 평균수명이 가장 긴 일본보다 낮지만 비교적 잘 산다는 OECD 국가 평균보다는 약간 높은 수준이다(그래프의 수치는 2008년 OECD 헬스 데이터 참조).

사회는 65세 이상 노인의 인구비율이 14퍼센트가 되는 사회를 말해요. 여러분 생각에 우리나라가 고령화 사회나 고령사회가 됐을 것 같아요 안 됐을 것 같아요? 우리나라는 2000년에 고령화 사회가 됐어요. 그때 우리나라 노인인구 비율이 7.5퍼센트였거든요. 지금은 몇 퍼센트나 될 것 같아요? 10퍼센트 조금 넘어요. 그러니까 고령사회는 아직 안 된 거죠. 지금 추세 대로라면 우리나라도 2018년 정도에 고령사회가 될 것으로 봐요. 고령화 사회에서 고령사회가 되는데 우리나라는 18년이 걸린다는 것이지요. 이 기간이 얼마나 되느냐가 굉장히 중요해요. 이 기간의 길고 짧음이 현상적으로는 단지 그 나라의 인구 고령화 속도가 얼마나 빠르냐를 말해 줄 뿐이지만, 다른 한편으로는 그 나라가 인구 고령화에 얼마나 잘 대비할 수 있느냐를 말해 주기도 해요. 그 기간이 너무 짧으면 국가적으로 인구 고령화에 대한 여러 가지 사회적 대책 마련이 힘들기 때문이지요.

세계에서 제일 빨리 고령사회가 된 나라는 프랑스예요. 프랑스는 1970년대에 이미 고령사회가 되었는데 고령화 사회에서 고령사회가 되는데 115년이 걸렸어요. 영국, 독일 같은 유럽 국가들도 모두 고령사회에 진입을 했는데 이들은 평균 40년에서 50년 정도 걸렸어요. 미국은 2013년에나 고령사회가 돼요. 아무래도 미국은 백인들 말고도 아시아계, 아프리카계 등 여러 나라 사람들이 섞여 사는 다민족 국가여서 그럴 거예요. 아무튼 미국이 2013년에 고령사회가 되면 72년이 걸리는 셈이에요. 이미 고령사회가 된 나라들 가운데 가장 빨리 고령화 사회에서 고령사회가 된 나라는 일본인데 일본은 24년이 걸렸어요. 그러니까 한국이 18년 만에 고령사회가 된다면 얼마나 빠른 건지 알 수 있겠지요? 이렇게 고령화 사회에서 고령사회가 되는데 18년이 걸리는 나라는 아마 인류역사상 전무후무 할 거예요.

건강수명이 높은 외국의 사례

　사람들이 일찍 죽지 않고 오래 살게 되고 그래서 노인들이 많은 사회가 된다는 것은 일단 좋은 일이지요. 누구에게나 오래 사는 것은 소망이고 축복이기 때문이지요. 그러나 앞에서도 얘기했듯이 스스로 생활하는 능력이 떨어지는 노인들이 많은 고령사회를 맞으려면 개인은 물론 국가적으로도 많은 준비를 많이 해야 하지 않겠어요? 그런데 40년, 50년 심지어는 100년 이상에 걸쳐 인구 고령화를 경험한 다른 나라들에 견주어 18년 만에 고령사회를 맞게 되는 우리나라의 경우, 우선 정부로서는 노인들이 행복하게 사는 사회를 만드는 일이 얼마나 어렵겠어요?

　내가 1973년에 넉 달 동안 호주에 가서 지낸 적이 있어요. 보건행정 관련 연수에 참석하기 위해서였는데 호주, 시드니, 멜버른, 캔버라 등 여러 도시를 돌아가면서 견학과 수업을 받는 일정이었지요. 여러분도 아시겠지만 '73년에 우리나라는 참 가난했어요. 얼마나 나라가 가난했던지 그때는 외국에 나갈 때 은행에서 외화도 200달러 이상 바꿔주지 않았어요. 지금은 우리나라의 외화보유고가 몇 천억 달러 된다고 하는데 그때는 국가가 가지고 있는 외화도 얼마 되지 않았던 거지요. 아무튼 당시 호주는 이미 인구 고령화가 많이 진행된 때였어요. 그때 내가 견학했던 곳 중에서 지금도 잊혀지지 않는 곳이 두 곳 있어요. 하나는 멜버른의 노인들만 사는 아파트이고 다른 하나는 캔버라 시의 한 보건소예요. 멜버른의 노인 아파트는 대략 20층 높이의 건물이 열 동가량 모여 있었는데, 이곳에 사는 노인들은 정부에서 연금까지 받고 있었어요. 나는 처음에 이들 사는 모습을 보면서 '노인들만 따로 모아서 살게 하는 이런 나쁜 나라가 다 있어!'라고 생각을 했어요. 왜냐하면 그때 내 가치관으로는 부모는 당연히 자식들이 모셔야 한다는 것이었기 때문이지요. 그러나 지금 생각해보면 호주는 그때 이미 고령사회에 대한 준비를 철저히 해 두었던 거예요.

　두 번째로 캔버라 시에 있는 보건소를 방문했을 때 일인데, 단층 건물이 세 동이 있고 마당 한가운데는 야외 수영장까지 있는 곳이었어요. 이 보건소에서는 아침 8시경에 미니버스 서너 대가 나가 동네를 돌아다니면서 노인들을 태워가지고 오더라구요. 이렇게 노인들이 보건소에 와서는 오후 3시 반까지 머물면서 물리치료도 받고 친구들과 이야기도 나누고 더러는 수영도 하면서 지내다가 다시 버스를 타고 집으로 돌아가는 거였어요. 그러니까 그때 호주의 보건소는 노인들이 모여 건강을 증진하며 재미있게 지내는 사교장 같은 곳이었지요. 그러나 지금 우리나라 보건소는 아침부터 노인들이 약을 타러 오는 병원이에요. 요즘 일부 도시 보건소들에서는 몇 가지 운동시설을 갖추고 비교적 건강한 노인들이 가벼운 운동을 할 수 있도록 하고는 있지만 보건소 대부분은 여기 저기 아픈 노인들이 값싸게 찾는 병원이나 다름없어요. 그만큼 우리나라 노인들은 병이 많은 거예요. 2003년도에 한국보건사회연구원에서 조사한 우리나라 국민건강조사 통계에 따르면 우리나라 65세 이상 노인 인구 가운데 87퍼센트가 적어도 한 가지 이상의 만성 질환을 가지고 있는 것으로 나타나 있어요. 그러니까 우리나라 노인 10명 가운데 9명이 한 가지 이상 병을 다 가지고 있다는 얘기지요. 세 가지 이상의 병을 가지고 있는 노인도 43퍼센트나 됐어요. 그거야 노인이 되었으니 그렇게 병이 많은 게 아닌가라고 생각하겠지요. 물론 노인들이니까 젊은 사람들보다 병이 더 많은 것은 당연한 일이지만, 문제는 우리나라 노인들이 다른 나라 노인들보다 유독 더 병이 많다는 거지요.

여러분들 들어보았는지 몰라도 평균수명과 다른 개념으로 '건강수명'이라는 것이 있어요. 병이 없이 건강한 상태로 사는 연령을 말하지요. 우리나라 사람들의 경우, 지금 남녀 평균수명이 78세 정도인데 건강수명은 67세 정도예요. 그러니까 11년은 건강이 나쁜 상태로 지내다가 죽는다는 것이지요. 그런데 일본 사람들은 남녀 평균수명이 84세인데 건강수명은 77세 정도예요. 그러니까 일본 사람들은 우리나라 사람들보다 6년 정도 더 오래 살면서 건강하게 사는 기간도 무려 10년이나 더 길다는 것을 알 수 있어요. 말하자면 일본 사람들은 무병장수를 하는데, 우리나라 사람들은 일본 사람들처럼 오래 살지도 못하면서 더 오랫동안 병을 지니고 산다는 얘기지요. 왜 그런 차이가 생길까요? 이것이 오늘 제가 이야기 하려는 얘기의 핵심이에요. 한마디로 일본 사람들이 젊어서부터 건강관리를 잘 하고 지내는 것과 달리 우리나라 사람들은 그렇지 못하기 때문에 나이가 들어 여러 가지 질병을 앓게 되는 것이에요. 말하자면 우리나라 사람들은 일본 사람들과 달리 평소에 질병을 예방하거나 건강한 상태를 유지하기 위한 노력을 게을리 하면서 사는 사람들이에요.

예방의학과 새로운 건강관리 패러다임

아까 나를 소개할 때 전공이 무엇인지를 얘기하지 않았기 때문에 잘 모르겠지만, 내 전공은 내과나 외과 또는 안과 같은 임상과목이 아니에요. 내가 대학에서 전공한 것은 예방의학이라는 과목이에요. 내가 의과대학을 졸업한 것이 1968년인데, 그때 졸업을 앞두고 한동안 고민을 많이 했어요. 저도 남들처럼 임상의사가 되어 병원에서 환자를 치료하는 일을 해 보고 싶었어요. 아무래도 그 일이 재미도 있고 다른 일을 하는 것보다 수입도 좋을 것이기 때문이지요. 그러나 한편으로 나는 병을 앓는 환자를 치료하는 일도 의사로서 중요하겠지만 사람들이 병에 걸리지 않도록 예방하고 건강을 유지, 증진시키는 일도 더 없이 중요하고 가치 있는 일이라는 생각을 했어요. 어찌 보면 참으로 순진한 생각이었다고 할 수 있지요. 더구나 나는 일찍 아버지가 돌아가시는 바람에 꽤 어려운 환경에서 오랫동안 입주 가정교사를 하면서 공부를 했기 때문에 경제적인 여유에 대한 유혹도 쉽게 버릴 수가 없었어요.

그때 이미 서구 선진국들에서는 세균성 질환들이 거의 없어지고 일단 병에 걸리면 고칠 수가 없다거나 평생 약을 먹어야 하는 병들, 예컨대 고혈압이나 당뇨병, 심장병, 그리고 암 같은 이른바 만성 퇴행성 질병들이 많이 발생하고 있을 때여서 우리나라도 머지않아 이런 병들이 많이 발생할 것이 쉽게 예상되던 때였어요. 그래서 나는 환자를 치료하는 임상의사도 중요하지만 누군가는 이런 병을 미리

예방의학의 대표적인 사례 금연교육
예방의학이란 질병의 발생을 예방하고 건강을 증진하는 의학의 한 분야로, 일단 병에 걸린 환자를 치료하는 임상의학과 대비되는 말이다. 병을 일으키는 원인이 무엇인지를 연구하고 여기서 발견된 질병원인을 제거함으로서 병을 예방하는 것이다. 각종 암의 원인이 되는 흡연을 못하도록 교육하는 일이 그 좋은 예다.

예방하는 일에 앞장서야 한다는 생각을 했던 것이에요. 그것이 내가 예방의학이라는 남들이 안 하는 과목을 선택하게 된 동기였지요. 물론 이런 내 희망에 대해 가족들도 처음에는 모두 반대를 했지만 내가 너무 진지하니까 마침내 허락을 하더군요. 그렇게 해서 저는 예방의학과 조교로부터 시작해서 꼭 40년 동안 이 분야에서 교육과 연구, 그리고 관련된 사회활동을 해 왔어요. 내가 지금 이런 개인적인 얘기를 하는 이유는 내가 남보다 더 잘 살았다는 얘기를 하자는 것이 아니에요. 그보다는 이렇게 한 사람이 일생을 바쳐 노력을 해야 할 만큼 사람들의 건강은 중요하며, 특히 건강을 위해서 질병을 예방하고 건강을 증진하는 일이 중요하다는 얘기를 하자는 것이에요.

내가 생각했던 대로 우리나라도 1970년대 이후 세균성, 전염성 질병들이 거의 자취를 감추고 여러 가지 만성 질병들이 급격히 증가해 왔어요. 지금 우리나라에서는 1년에 약 24만 명 정도가 죽어요. 오늘 하루에도 무슨 이유로든지 약 6,500명 정도가 사망을 한 셈이지요. 이렇게 죽는 사람들이 대체 무슨 병으로 죽을 것 같아요? 매년 통계청이 발표하는 우리나라 사람들의 사망원인별 질병을 보면, 24만 명 사망자 가운데 약 절반 정도가 다음 세 가지 병으로 죽어요.

첫째가 암이에요. 매년 암으로 죽는 사람이 7만 명 정도 되니까 대략 전체 사망자의 30퍼센트 정도를 차지하는 셈이지요. 물론 대부분의 암은 나이가 들어서 발생하지만 요즘은 젊은 사람들에게도 적지 않게 발생을 해요. 특히 백혈병 같은 혈액 암은 어린아이들에게서 더 많이 발생을 하지요. 두 번째로 많은 것이 뇌혈관이 터지거나 막혀서 죽는 중풍, 즉 뇌혈관질환이에요. 이 병은 아무래도 나이 먹은 사람한테서 많이 발생을 하죠. 세 번째가 심장질환이에요. 우리나라 사람들 3명 중 거의 2명은 이들 세 가지 병으로 죽게 되는 셈이에요. 그러니까 우리가 건강하게 오래 살자면 이 세 가지 병에 걸리지 않도록 노력하는 것이 매우 중요해요.

건강은 두 가지 방법에 의해 성취할 수가 있어요. 하나는 병에 걸리지 않는 일이고 다른 하나는 병에 걸리더라도 그 병을 고치면 돼요. 세균성 질병이 많이 발생하던 예전에는 강력한 항생제의 개발로 많은 병을 고칠 수가 있었어요. 실제로 이런 병에 걸려서 높은 열이 나고 설사를 하던 환자들이 항생제 주사를 몇 번 맞고 나서는 씻은 듯이 병이 낫곤 했지요. 그러나 앞서도 얘기했듯이 암이나 뇌혈관질환, 그리고 심장병 등은 세균에 의해서 발생되는 병이 아니고 여러 가지 요인들이 복합적으로 작용해서 발생되는 것이기 때문에 한번 걸리면 쉽게 고칠 수가 없는 것들이에요. 따라서 이런 질병은 사전에 걸리지 않도록 예방을 하는 것이 최 상책이에요. 말하자면 이제는 치료가 아닌 예방으로 건강을 관리하는 새로운 패러다임의 시대가 되었다고 할 수 있어요.

그런데 이런 만성 질병들은 하루아침에 생기는 것이 아니라 오랜 세월 그 병을 일으키는데 관여하는 건강위험 요인에 노출되어 생활함으로써 생기는 것이어서 이런 병을 예방하자면 젊은 시절부터 노력을 해야 해요. 즉, 고혈압이나 심장병 그리고 암이나 당뇨병 같은 질병 예방은 젊은 나이에서부터 시작을 안 하면 예방하기가 쉽지 않아요. 그런데 다행히 이들 만성 질병들은 3가지 생활습관만 조심하면 그 60퍼센트 정도를 예방할 수 있다는 것이 대규모 질병 역학(疫學) 연구들에 의해서 밝혀진 상태예요. 즉, 흡연과 과도한 음주, 그리고 잘못된 식습관 이렇게 3가지 생활습관이 대부분 만성질병을 일으키는데 중요한 요인으로 작용한다는 것이에요. 이런 생활습관에 오래 길들여지게 되면 우리 몸을 서서히 망가뜨려서 돌이킬 수 없는 상태가 되는 것이지요.

흡연, 가장 치명적인 건강위험 요인

이 중에서도 가장 나쁜 것이 흡연이에요. 흡연 한 가지만 안 해도 전체 암 발생을 40퍼센트 정도 줄일 수 있고 지금 우리나라 사람들의 암 사망 원인 가운데 가장 흔한 폐암의 경우는 90퍼센트 이상을 예방할 수가 있어요. 흡연은 암 이외에도 뇌혈관 질환이나 심장질환을 일으키는 가장 중요한 요인이기도 하지요. 흡연이 건강에 얼마나 나쁜 것인지에 대해서는 여러분들도 많이 들어서 알겠지만 담배 속에는 무려 4,000종이 넘는 인체에 해로운 각종 화학물질이 들어 있어요. 이산화탄소, 아황산탄소, 포르말린, 아황산가스 같은 유해가스는 물론 쥐약이나 좀약, 세척제 같은 것에 들어 있는 화학물질이 수두룩해요. 만일 이런 물질들을 농축해서 한 번에 우리 몸 안에 집어넣으면

즉사해요. 흡연을 하는 경우, 이런 물질들이 조금씩 몸에 들어오기 때문에 당장은 큰 증상이 안 나타나지만 계속해서 몸속에 누적이 되면 결국 치명적인 병을 일으키게 되는 것이지요. 일단 호흡기를 통해 폐에 들어온 담배 연기와 그 속에 함유된 발암물질들은 혈관을 거쳐 온 몸에 전달이 되지요. 흡연이 폐암뿐 아니라 신장암, 전립선암, 췌장암, 그리고 여성에서는 자궁경부암 등 여러 곳에 암을 일으키는 것이야 말로 바로 흡연이 이렇듯 전신에 영향을 미친다는 증거라고 할 수 있지요. 또한 흡연은 심장병으로 말미암은 급사 확률을 흡연을 안 하는 경우에 견주어 3배나 높여요. 이것은 담배 속에 포함된 니코틴과 일산화탄소 때문인데 니코틴은 말초혈관을 수축시키고 혈압과 심박수를 동시에 증가시켜 심장이 더 많은 일을 하도록 만들어 많은 산소가 필요하게 되지요. 더구나 이때 니코틴과 함께 생성되는 일산화탄소는 심장으로 가는 혈액 속의 산소량을 더 감소시키게 되요. 흡연이 우리 몸의 중요한 부분들을 어떻게 망가뜨리는지 조금만 관심을 가진다면 단순한 호기심만으로 흡연을 할 수가 없어요.

이렇게 나쁜 흡연을 지금 우리나라 사람들이 얼마나 많이 하고 있습니까? 다행히 지난 약 10년 동안 정부의 강력한 금연정책과 민간 금연단체들의 활발한 금연운동으로 성인 남자들의 흡연은 많이 줄어든 셈이지만 최근 청소년과 여성들의 흡연이 서서히 늘고 있어서 여간 걱정이 아니에요. 2000년대 초만 해도 우리나라 20세 이상 성인 남자들의 흡연율은 무려 70퍼센트가 넘었어요. 열명 중 일곱 명이 담배를 피웠다는 얘기지요. 당연히 세계에서도 첫째가는 수준이었어요. 그러던 것이 정부의 금연캠페인과 담배가격 인상, 그리고 금연구역의 확대 등 정책과 민간 금연단체의 활동으로 지난해에는 43퍼센트 수준으로까지 흡연율이 떨어졌어요. 이렇게 짧은 기간에 흡연율이 많이 떨어진 나라도 드물어요. 그러나 성인 흡연율 43퍼센트는 미국이나 영국 그리고 호주, 캐나다 같은 나라의 20퍼센트 수준에 견주면 아직도 엄청나게 높은 상태라고 할 수 있지요. 특히 20대 여러분 나이의 흡연율은 아직도 50퍼센트를 넘고 있어서 큰 걱정이에요. 특히 여성들의 흡연은 남성들의 흡연에 견주어 비교도 되지 않을 만큼 심각한 피해를 가져오는데도 요즘 젊은 여대생들 사이에 흡연하는 사람이 차츰 늘고 있는 것은 정말 위험한 일이 아닐 수 없어요. 여성들은 남성들보다 신체적으로 흡연의 피해가 더 클 뿐 아니라, 아이를 임신할 경우 태아에 미치는 영향도 무시할 수 없기 때문에 여성의 흡연은 더욱더 위험하다고 할 수 있어요.

지금 여러분들 가운데에도 적지 않은 사람이 흡연을 하고 있으리라 생각해요. 지금도 늦지 않았어요. 꼭 금연을 하세요. 흡연을 오랫동안 해 온 사람은 혼자서 금연하는 일도 쉽지 않아요. 그것은 담배 속에 들어 있는 니코틴이라는 마약 성분 때문이지요. 이 니코틴 중독 상태가 심한 사람은 의사의 도움이 필요할 거예요.

흡연은 특히 흡연을 하지 않는 이웃에게까지 심각한 건강상 피해를 줄 뿐 아니라 환경 또한 크게 오염시키고 많은 쓰레기를 만드는 일이에요. 흡연하는 사람들이 반드시 못 배운 사람들도 아닌데 흡연하는 사람들이 하는 짓을 한번 보세요. 그들에게는 우리 생활공간이 모두 재떨이에요. 길거리 아무데서나 담배를 피우면서 재를 떨고 있고, 자동차를 타고 가면서도 자동차 유리문 밖으로 마구 재를 떠는가 하면 피우다 남은 꽁초를 아무렇게나 길에 버리고 있는 것을 우리는 쉽게 볼 수가 있어요. 모두 무의식중에 그렇게 하고 있는데 한번쯤 내가 지금 무슨 짓을 하고 있나 하고 생각해 보면 다시는 그렇게 하지 못할 거예요. 몇 해 전에 신문에 난 걸 보니 시드니가 있는 호주 뉴사우스웨일스 주에서 1년에 버려지는 담배꽁초를 모으면 올림픽 수영장 두 개를 꽉 채울 정도라고 하더군요. 뉴사우스웨일스 주의 인구가

700만이 안 되고 성인남자 흡연율이 20퍼센트 수준인 것을 생각하면 인구가 1,000만 명이 넘고 흡연율도 그 두 배가 되는 서울에서 버려지는 담배꽁초가 얼마나 될지 상상을 해보세요. 아마 남산 절반 정도는 될 거라고 생각해요. 다시 한번 우리나라의 흡연문제에 대해 심각한 반성을 해야 할 때라고 생각합니다. 정말이지 이 나라의 지성인들이 모인 대학에서만이라도 자신의 건강과 밝은 사회를 위해서 이제는 더 이상 흡연을 정당화하는 일만은 하지 않았으면 좋겠어요.

과도한 음주와 잘못된 식습관도 피해야

그 다음에는 술인데, 여러분 가운데 외국 여행을 해 본 사람들은 잘 알겠지만 우리나라처럼 아무데서나 그리고 아무 때나 술을 사서 마실 수 있는 나라는 세계 어디에도 없어요. 다른 나라 식당에 가서 점심 때 술을 달라고 해 보세요. 절대로 술을 주지 않습니다. 그러나 우리나라는 언제 어디서고 술을 팔고 있지요. 게다가 요즘 술 광고를 보면 거의가 젊고 예쁜 여자들이 모델로 나오고 있고, TV 드라마에도 고민거리만 있으면 남녀 할 것 없이 으레 술집에 가서 술 마시는 장면이 연출되고 있어요. 그러니 사람들이 아무 때고 술을 마실 수밖에 없지요.

최근 젊은이들의 음주가 크게 증가하고 있어서 큰 걱정이에요. 최근 질병통계에 따르면 우리나라 10대 청소년, 특히 15세에서 19세까지 아이들 가운데 간(肝) 질환 환자가 무려 6만 명이나 되는 것으로 나와 있어요. 현재 우리나라에는 이 연령대의 청소년이 약 300만 명정도 되니까 대강 50명 가운데 한 명이 간 질환 환자라는 얘기가 돼요. 참으로 놀라운 일이 아닐 수 없어요. 또한 우리나라 대학생들 가운데 약 24퍼센트가 매일 술을 마신다는 통계도 있어요. 이렇게 매일 술을 마셔야 한다면 그것은 이미 술에 중독이 된 상태로 봐야 하고, 이쯤 되면 이미 간에도 이상이 생겼다고 봐야 해요. 물론 이렇게 매일 음주를 하는 학생들 대부분이 남자들이고, 그래서 그런지 이 연령대의 알코올성 간 질환자들 중에는 역시 여자보다 남자가 10배나 더 많은 것으로 밝혀져 있어요.

담배도 그렇지만 술도 그것이 우리 몸에 들어와서 어떻게 작용하는지를 알면 그렇게 함부로 마실 수가 없어요. 말하자면 우리 몸에 대한 지식이 조금만 있어도 그렇게 지나치게 술을 마시는 일은 할 수가 없어요. 우리가 먹고 마시는 모든 음식물은 위에서 소화를 시켜요. 그것이 좋은 것이든 나쁜 것이든 위는 아무 불평 없이 모두 받아서 소화를 시켜야 하는 처지이지요. 소화시키기에 좋은 음식이 들어오면 좋겠지만 그렇지 못한 경우에는 그 만큼 위가 고생을 하는 거예요. 어찌됐든 일단 위에서 소화시켜 흡수한 영양분은 모두 간으로 보내져요. 그러면 간에서는 몸에 좋은 것은 저장을 하고 나쁜 것은 그냥 버리는 게 아니라 이것을 해독시켜서 몸 밖으로 내보내게 되는데, 이때 간이 해독시키는 데는 한계가 있을 거 아니에요? 해독하다 못 하면 병이 생기는 것이지요. 그래서 지방간(脂肪肝)도 생기고 간경화증(肝硬化症)도 생기며, 심하면 간암도 생기지요. 우리나라 사람들의 간 질환 발생률이 전 세계 사람들보다 평균 4배가 많다는 통계는 바로 우리나라 사람들의 음주 습관이 그만큼 심각하다는 것을 말해 주는 것이지요.

세 번째는 나쁜 식습관이 문제에요. 우리나라 사람들의 나쁜 식습관 가운데는 역시 맵고 짠 음식을 많이 먹는 일이에요. 맵고 짠 음식은 무엇보다 우리의 위(胃)를 상하게 해요. 사람의 건강은 일차적으로 그 사람의 위가 얼마나 건강한지에 따라 결정된다는 말이 있어요. 그것은 사람이 살아가자면 먹어야 하는데 우리가 먹는 모든 음식물이 일단 위에서 처리가 되기 때문에 위가 건강하지 않으면 우리 몸 전체가 곧 건강을 잃게 돼요. 맵고 짠 음식이 위에 들어오면 무엇보다 위 점막에 상처를 주어서 염증을 일으키고 이 상태가 심해지면 위궤양이나 위암까지 발생시켜요. 우리나라 사람들이 위염이나 위암 발생률에서 세계 1위라는 사실은 이미 오래전부터 잘 알려져 있는 사실이에요.

지금까지 얘기한 세 가지 나쁜 생활습관, 즉 흡연과 음주 그리고 나쁜 식습관은 우리나라 사람들에게 아주 오래전부터 길들여져 있었다고 봐요. 말 그대로 습관이 된 것이지요. 나쁜 습관은 가정에서나 학교 교육을 통해서 고쳐야 하는데 여러분도 알다시피 우리나라 어디에서도 이런 다분히 가치에 해당하는 교육은 이루어지고 있지 않아요. 초등학교에서 대학교까지의 교육에서는 물론 가정에서도 그저 좋은 직장 얻어서 돈이나 많이 버는 전략교육에만 힘을 쏟고 있기 때문이지요.

성공은 좋은 습관의 끝

앞서도 얘기 했지만 요즘 거의 모든 만성질환들은 이런 나쁜 생활습관 때문에 발생이 돼요. 그래서 이런 병을 '생활습관병'이라고 부르고 있어요. 젊어서는 사람의 몸이 어느 정도 이런 나쁜 습관의 영향을 견뎌내지만, 병에 나이가 들면 결국 누적된 나쁜 습관 때문에 여러 가지 만성질환에 걸리게 돼요. 그때 가서 후회를 하게 되지만 이미 때가 늦은 경우가 많아요.

여러분이 좋아하는 시인 중에 류시화라는 분이 있지요? 그분이 세계적으로 많은 사람들이 즐겨 읽는 시들을 모아서 묶어낸 잠언시집 한 권이 있어요. 그 시집 제목이 《지금 내가 알고 있는 걸 그때도 알았더라면》이에요. 얼마나 의미심장한 제목이에요? 나는 이 시집의 제목이 너무 재미있고 의미가 깊다고 생각이 돼서 책표지 사진을 슬

라이드로 만들어 여러 강연에 이따금 사용하고 있어요. 멋모르고 길들여진 나쁜 습관을 버리지 않고 그냥 가지고 산다면 그것으로 말미암아 건강을 잃고 크게 후회를 한다는 메시지로 사용하는 것이지요.

"사람이 관심을 가지면 알게 되고, 알게 되면 보게 되는데, 그때 보이는 것은 전과 같지 않다"라는 말도 있지요. 지금까지 여러분은 젊어서 멋모르고 길들인 나쁜 습관들이 나중에 얼마나 건강을 해치는지에 대해 얘기를 들었어요. 특히 여러분 나이에 가장 쉽게 길들여지는 흡연과 음주 그리고 나쁜 식습관이 여러분들의 귀한 몸을 어떻게 서서히 망가뜨려가고 있는지에 관해서 얘기를 들었어요. 이제부터라도 이런 나쁜 습관을 버리고 좋은 습관을 들이도록 해야 해요. 앞서도 얘기 했지만, 이것은 이미 이 유한대학을 만드신 유일한 선생님의 생각이기도 해요. 그래서 나는 오늘 내 강의가 〈유일한 강좌〉의 정신에도 가장 잘 맞는다는 생각을 해요.

마지막으로 여러분도 읽어 보았을 것으로 생각되는 스티븐 코비라는 사람의 책, 《성공하는 사람들의 일곱 가지 습관》이란 책에 나오는 얘기를 하나 하지요. 스티븐 코비는 이 책에서 이른바 성공한 사람들의 습관을 관찰하고 이들이 어떤 좋은 습관들을 가지고 살았는지를 열거함으로써 성공을 바라는 사람들에게 그들의 좋은 습관을 배우도록 권고하고 있어요. 실제로 이 책에는 성공한 사람들이 젊어서부터 철저히 실천했던 좋은 생활습관들, 예컨대 규칙적인 생활이라든지 원만한 대인관계 유지를 위한 노력이라든지, 끊임없이 독서하고 운동하는 습관 등을 성공의 비결로 소개하고 있어요. 그런데 재미있는 것은 그 책의 마지막 부분에 "그러나 성공이란 별것이 아니다! 성공이란 그저 좋은 습관의 끝이다" 하는 말이 있는 거예요. 같은 말이긴 해도 나는 참 의미 있는 말이라는 생각을 했어요. 좋은 습관을 가지고 살면 끝에 가서는 저절로 성공을 하게 마련이라는 얘기지요. 우리가 나쁜 습관을 버리고 좋은 습관을 가지고 살아야 하는 아주 설득력 있는 이유라고 할 수 있지요. 사람은 누구나 좋은 습관과 나쁜 습관을 가지고 있게 마련이지요. 나쁜 습관보다 좋은 습관이 많다면 그 사람은 그만큼 성공하기가 쉬운 것이지요. 이번 기회에 여러분도 자신이 가지고 있는 좋은 습관과 나쁜 습관을 한번 써 보세요. 그리고 이제부터라도 나쁜 습관을 버리고 좋은 습관을 길들이도록 노력해 보세요.

여기서 다시 말하지만 건강을 해치는 습관이야말로 가장 나쁜 습관이라는 것을 잊지 말기 바래요. 앞서도 얘기했듯이 건강을 잃으면 모든 것을 잃는 것이기 때문이에요. 여러분, 감사합니다.

박영숙

양장일

김영호

앞으로
다가올
미래

미래 사회 변화와 메가트랜드

박 영 숙
(사)UN미래포럼 회장

　오늘 여러분들에게 앞으로 무엇을 하면 성공할 수 있을까? 아니면 미래 사회가 이렇게 변하므로 미래를 빨리 알아서 대비하는 방법을 알려드리겠습니다. 《손자병법》에는 이런 내용이 있어요. '적을 알라, 적을 미리 알면 알수록 내가 성공한다. 혹은 승리한다.' 사실 가장 여러분에게 필요한 것은 미래 공부입니다.

　여러분에게 충격적인 얘기를 먼저 하자면, 미국 정부는 '앞으로 10년 뒤에는 현존하는 직업의 80퍼센트가 사라진다'라고 했습니다. 호주 정부는 '여러분이 직장을 가지는 5년 뒤, 10년 뒤에 사람들은 39개의 직업을 가지고 은퇴를 한다'라고 했습니다. 내가 한 가지 직장만을 가지고 끝까지 벌어서 먹고 살려고 하면 안 된다는 것입니다. 이제 계속해서 이 분야, 저 분야로 돌면서 다양한 일을 해야 합니다,

멀티플레이어가 되어야 하는 거죠. 그러므로 미래 사회에는 어떤 직업이 뜨고 어떤 산업이 지는지 오늘 여러분들이 보시기 바랍니다.

지금부터 함께 자료를 봐가며 설명을 드릴 텐데요. 한마디로 '미래 사회는 엉뚱하다'라고 생각하시면 돼요. 처음에는 정신 나간 이야기처럼 들릴 것입니다. 그런데 이 모든 것들이 곧 여러분에게 닥칠 일인 것만은 분명한 사실입니다. 그럼 시작해볼까요?

IT산업은 지고 교육산업은 뜬다

장-프라노아 누벨은 앞으로 1~2년 안에 개인 화폐가 나오고 4~5년 안에 단일 통화가 나온다고 말했어요. 현재 국가에 장악되어 있는 통화 시스템이 개인, 기업 등 민간에게로 넘어가는 '개인화폐시대'가 엄청나게 빠른 속도로 다가오고 있다는 것입니다.

이게 믿겨져요? 거짓말 같죠? 이미 이런 말이 있고, 벌써 움직이고 있습니다. 그리고 이 사람은 누구냐 하면 핀란드 국회 미래상임위원장인 마리아 티우라입니다. 이 사람은 IT산업이 끝났기 때문에 교육산업으로 눈을 돌리라고 했습니다.

여러분들 가운데 지금 IT산업에서 뭘 좀 해야겠다 하는 사람들 있나요? IT산업은 거의 끝났습니다. 핀란드의 노키아 있죠. 노키아가 핀란드 국민의 62퍼센트를 먹여 살린다고들 말합니다. 그런데 실제로 이 사람들(미래를 예측하는 사람들)은 이미 노키아도 사양길에 접어들었다고 말합니다. 그렇다면 미래에 무엇을 가지고 먹고 살아야 하겠는가? 그 대답이 교육산업이었습니다.

앞서 말했듯이, 마리아 티우라 미래상임위원장이 교육산업으로 갈 것 같다라고 이야기했고, 제롬 글렌 이 사람은 세계미래회의 의장, 세계미래연구협의회 회장, 유엔미래포럼 회장 등등 40년 동안 미래를 가장 많이 연구한 사람입니다. 제롬 글렌은 교과서가 없어지기 때문에 학교가 교육 포털로 가야 한다는 주장을 펴고 있습니다. 하루가 멀다 하고 지식이 바뀌는데 책은 업데이트가 안 되니까 출간되는 그날부터 틀린다는 말이죠. 프랑스에 가면 초등학생 아이들이 전부 유에스비(USB, 범용직렬버스)를 들고 다닙니다. 책을 가지고 다니지 않습니다.

배우 아널드 슈워제네거는 미국 캘리포니아 주지사가 되었습니다. 그 사람이 영화〈터미네이터〉를 찍어서 그런지 미래를 잘 알아요. 그 사람이 과학 교과서를 과감하게 없애고, 과학은 포털에 들어가게 했습니다. 왜냐하면 10년 전에 나온 이야기를 교과서에 찍어놓으면 업데이트가 안 되기 때문에 그렇다는 거죠.

저도 미래를 공부한 지 30년이 되어 갑니다. 그동안 저 역시도 미래에는 사라질 것들을 많이 말해 왔습니다. '노조가 사라진다. 국회가 사라진다. 의회가 사라진다. 전자민주주의로 가버린다. 그리고 대학이 사라진다. 평생교육을 한다'는 등등입니다. 앞으로 들려드릴 더 많은 이야기에서도 세상이 정말 빨리 바뀐다는 걸 짐작하실 수 있을 것입니다.

영원한 것은 없다

칼 세이건이 고안한 우주력(cosmic calender)입니다. 천체물리학자인 그가 이 우주 달력을 만들었습니다. 이 달력이 바로 우주의 역사입니다. 우주가 탄생한 것을 1월 1일이라고 잡고, 지금까지 시간 전체를 12개월로 확 줄여서 1년치 달력에 집어넣어 봤더니, 이렇게 나타났습니다.

1월	2월	3월	4월	5월	6월	7월	8월	9월	10월	11월
대폭발		은하수 탄생					태양계 탄생	지구에서 생명 출현		첫 다세포 생물 출현

12월							
1	2	3	4	5	6	7	
8	9	10	11	12	13	14	
15	16 최초의 곤충 출현	17 무척추 동물 번성	18	19 최초의 어류, 척추동물 출현	20 실루아기, 최초의 도관식물 출현	21 동물이 최초로 육지에서 서식하기 시작	
22	23	24 공룡 출현	25	26	27 조류 출현	28 공룡 멸종	
29	30	31 오전 10시 15분	원숭이 출현.				
		오후 9시 24분	인류의 선조들이 처음으로 직립 보행함.				
		오후 10시 48분	호모 에렉투스 출현.				
		오후 11시 54분	해부학적으로 근대 인류의 출현.				
		11시 59분 45초	쓰기의 발명.				
		11시 59분 50초	이집트의 피라미드 건설.				
		자정 1초 전	콜럼버스의 항해.				

칼 세이건이 고안한 우주력 (《에덴의 용》(민음사, 2006) 참조)

그런데 우주는 어떻게 탄생했어요? 우주는 대폭발(빅뱅)로 탄생했다고 해요. 과학자들 이야기는 3월에 은하계가 탄생하고, 8월에 태양계가 탄생하고, 그 다음에 단세포가 9월, 11월이 돼서야 다세포가 나왔다가 12월로 넘어갑니다.

이제 세월이 얼마나 빨리 바뀌는지 보세요. 12월 달에 가니까 24일에 공룡이 탄생하여 28일 사망했다고 되어 있습니다. 공룡이 수백만 년 산 거 알죠? 그 공룡이 왜 죽었는지 아는 사람? 빙하기, 그렇죠! 왜 빙하기가 왔어요? 그냥 갑자기 빙하기가 왔나? 맞아요, 운석이 떨어졌어요. 지구 어디에 운석이 떨어졌어요? 캘리포니아에? 그래도 많이 아시네요. 여기 운석이 떨어지는 그림이 나오죠? 이 우주력에서 공룡은 24일 태어나서 28일 사망하는데, 이 한 달이 실제로는 10억 년입니다. 10억 년이라니 한 달이 참 세월이 느리게 갔습니다.

거슬러 올라가서 우주가 탄생하고 수십억 년이 지나서 단세포가 나오고, 다세포가 나오고 하다가 12월에 가서야 막 빨리 생물들이 진화하는 거예요. 12월 19일에는 물고기들이 나옵니다. 그리고 이제 뭍에서 식물이 나오고, 나무가 나옵니다. 20일에 나무가 나오고, 21일 드디어 네 발 달린 동물이 나오고, 현재 시점인 31일로 갑니다.

그러면 공룡들이 사라지게 만든 운석이 어디로 떨어졌느냐? 멕시코만으로 떨어졌습니다. 운석이 떨어지니까 먼지가 너무나 많이 쌓여서 태양을 가렸습니다. 태양을 가리니까 식물이 죽고, 그 다음에 동물이 먹고 살 게 없어집니다. 태양을 가리니까 지구가 차가워집니다. 빙하기가 왔습니다. 이러한 사실은 1982년 멕시코 만에 떨어진 운석의 자취를 찾아냄으로써 증명되었습니다. 그때까지는 과학자들이 공룡이 갑자기 사라졌는지 정확히 알 수 없었지만 이제는 모든 과학자들이 운석 때문이라고 동의하고 있습니다.

조금 전에 우주에 대해서 설명을 드렸지만, 우리가 살고 있는 지구 은하계(Galaxy)에는 뭐가 있어요? 달도 하나, 태양도 하나, 목성, 화성, 토성, 지구도 있습니다. 그런데 우주 안에는 이런 은하계(external galaxy)가 수만 개가 더 있습니다. 이 사진은 멕시코 전통 모자인 솜브레로를 닮았다고 해서 이름 붙여진 솜브레로 은하(Sombrero Galaxy)인데, 이 은하계에는 태양이 자그만치 8,000억 개가 있다고 합니다. 우리가 살고 있는 은하계는 한 개밖에 없는데 말이죠. 2007년에는 과학자들이 이 솜브레로 은하계에 있는, 우리 은하계로 말하자면 화성 토성 목성 같은, 열 개 별을 뽑아서 10대 사진으로 정했습니다. 이것은 개미처럼 생겼죠? 개미성운(ant nebula). 이것은 고양이 눈썹. 이것은 모래시계처럼 생겼어요. 이것은 옥수수처럼 생겨서 옥수수성운(corn nebula). 우주라는 것이 얼마나 드넓은지 상상이 되시죠?

그럼, 우리가 살고 있는 은하계로 들어와 봅시다. 이것이 미국항공우주국(NASA)이 지니고 있는 기술인데, 우리가 살고 있지 않는 은하계에서 우리가 살고 있는 은하계로 좁혀 들어갈 수 있어요. 여기부터가 우리의 은하계입니다. 뭐가 있어요? 태양이 하나 있죠? 지구를 찾아서 들어가 봐요. 지구가 보이나요? 아주 조그맣게 보이네요. 이게 지구예요. 계속해서 플로리다까지 들어가 봐요. 플로리다에 나뭇잎으로 들어가서 나뭇잎의 염색체까지 들어갔습니다. 거기서 더 들어가 보니 DNA까지 보여요. 그 다음에 분자, 원자(atom)……. 지금 현재 초등학교 다니는 동생들이 물질의 최소 단위가 뭐냐고 물으면 분자나 원자라고 답하죠? 물질의 최소 단위는 현재까지 다섯 번 바뀌었는데, 미국에서는 Q, U, A, R, K 쿼크(quark)라고 답해야지 맞다고 합니다. 이처럼 과학은 영원한 것이 없어요. 여러분이 알고 있는 지식도 과학이 첨단화되면서 계속 바뀝니다. 영원한 것이 없다는 것을 계속 강조하고 있는 거예요.

미래기술의 상품화 사례

이 사람 누군지 아는 사람? 이 사람은 게놈 지도를 그린 사람이에요. 크레이그 벤터(John Craig Venter)라는 사람입니다. 하느님만이 생명체를 창조한다고 했는데, 이 사람도 생명체를 창조했어요. 바로 페트롤늄 박테리아라고 하는 겁니다. 이 박테리아가 이산화탄소(CO^2)를 먹고, 꽁무늬로 휘발류를 배출합니다. 배기가스를 먹고, 기름이 나온다니 얼마나 좋아요? 이것이 상용화된다면 아주 부자가 되겠죠?

2년 뒤에는 이 사람이 자기 이름을 딴 회사를 차려서 상장한다고 하니, 그때 주식을 제가 사려고 벼르고 있습니다. 농담이구요. 페트롤늄 박테리아를 만들어낸 것처럼 앞으로 생명기술이 계속 발전할 거예요. 이 밖에 많은 사람들이 주목하는 미래기술로 다섯 가지 접두어를 꼽는데요. 나노(nano)·바이오(bio)·인포(info)·코그노(cogno, 인지)·에코(eco), 이 다섯 가지 기술을 이용한 산업이 앞으로 인류를 먹여 살리게 될 것입니다.

크레이그 벤터, 게놈지도의 고안자

그리고 이것도 생명기술을 활용한 사례인데요. 타이완의 생명공학자가 개발한 글로우 피시(glow fish)입니다. 물고기의 유전인자에 형광물질을 넣어서 금붕어를 만들었죠. 이 금붕어 10마리를 어항에 넣으면 은은한 빛을 냅니다. 20마리를 넣으면 책도 읽을 수 있고, 저녁에 따로 조명을 켤 필요가 없다고 합니다. 유전자 변형으로 수명도 꽤 길어서 6개월 넘게 삽니다. 이 물고기는 이미 상품으로 만들어져 아주 큰돈을 벌어다 줬습니다.

제가 어떤 분을 만나서 이런 이야기를 들었습니다. 떼돈을 벌 아이디어가 있다더군요. 자판으로 컴퓨터에 입력하기 얼마나 번거롭습니까? 만약 컴퓨터가 말을 알아듣고 대답까지 말로 해준다면 얼마나 편하겠어요. 이분 말씀은 이런 컴퓨터를 만들면 어떻겠느냐는 말이었죠. 이 기술을 'voice in voice out'이라고 부르는데요. 그런데 이미 7년 전부터 팔리고 있습니다. 윌리엄 크로스먼(William Crossman)이라는 사람이 처음 만들었죠. 처음 만들었을 당시에는 가격이 너무 비쌌는데, 이제는 정말 싸지고 있어요. 그만큼 세상이 생각하는 것보다 빨

윌리엄 크로스먼과 'VIVO' 개념을 소개한 책자

리 바뀌고 있다는 겁니다.

이 반지는 여러분들의 마음을 전달해줍니다. 만약 이 반지를 끼고 기타를 치면, 내가 기분이 좋을 때는 밝고 맑은 소리가 나고, 기분이 나쁘면 음울한 소리가 나는 식입니다. 기분에 따라 기타의 음색을 바꿔주는 것이죠. 옆엣 것은 일렉트로닉 센싱 주얼리라는 물건으로 필립스 사에서 팔고 있는 상품입니다. 내 상태에 따라 색을 변화시키는 보석인 거죠. 내가 기분이 좋으면 분홍빛을 띠고, 기분이 안 좋으면 푸른빛 하는 식으로 내 맥박, 심장 박동, 당뇨에 관한 상황들을 확인하고 기록했다가 색을 바꿔줍니다. 이미 보석으로 팔리고 있습니다. 이처럼 사람의 마음 상태까지도 읽어내는 기술들도 상품화됐습니다. 정말 창의적이지 않나요?

기업과 국가도 유한하다

비단 상품뿐만이 아니라 이를 만드는 기업, 기업의 활동 무대인 국가마저도 지금과는 전혀 달라집니다. 여러분들이 이제 국가의 개념에 대해서도 다시 생각해봐야 합니다. 외국에서는 이미 세계 정부가 필요하다고 말해요. 왜냐하면 기후변화, 환경오염, 국제 경제 이런 것들은 나라 하나가 잘한다고 해서 되는 것이 아니잖아요. 물론 지금 국제연합(UN)에서도 여러 나라들이 함께 노력해야 한다고 이야기합니다만, 그정도론 앞으로 닥칠 변화에 대응하기엔 부족하지요.

노르웨이 정부는 이미 '국경이 사라진다'라고 분명히 예측하고 있습니다. 지금은 국경의 의미가 별반 없다고들 하는 정도이지만, 2030년에는 국경이 모두 사라진다고 내다보는 것입니다. 국경이 사라진다면, 국가도 의미가 없는 개념이 되겠죠.

이미 역사상 그런 상태가 있었습니다. '제국'이 그런 개념이죠. 가장 장수한 로마제국은 1200년 동안 지속됐습니다. 어떤 사람은 1400년이라고도 합니다. 로마제국 다음에 포르투갈 제국이 500년을 살았습니다. 우리나라 이씨 조선 얼마나 살았어요? 500년, 꽤 오래 살았어요. 대영 제국은 얼마나 살았어요? 350년도 못 살았어요. 가장 짧게 산 제국은 뭡니까? 나치 제국입니다. 6년 살았어요. 히틀러가 만들고 그가 자살하면서 끝이 났습니다.

자, 영원한 것은 없습니다. 과학도 영원하지 않고, 국가의 경계도 영원하지 않고, 심지어 제국마저도 소멸했다. 기업도 그렇습니다. 100년 동안 100대 기업으로 살아남기가 힘듭니다. 보통 60년이 지나면 대부분 기업들이 사라지게 되죠. 카네기가 미국에서 1등 하는 회사였다가 카네기 홀 하나 남기고 사라졌습니다. 또 록펠러는 록펠러 센터 하나 남기고 사라졌습니다. 이처럼 기업도 영원하지 않습니다. 여러분들이 두눈 크게 뜨고 보면 사라지는 것들이 정말 많다 이겁니다.

킬러 애플리케이션과 사라지는 것들

뭐가 사라지는지 한번 보세요. 지금 착용식 컴퓨터(wearable computer)가 보편화되면 이렇게 들고 다니는 컴퓨터는 사라집니다. 말하는 컴퓨터(full voice PC), 목소리만 들어갔다가 목소리만 나오는 컴퓨터도 2011년이면 상용화된다고 합니다. 그 다음에 인공 눈(artificial eyes), 인

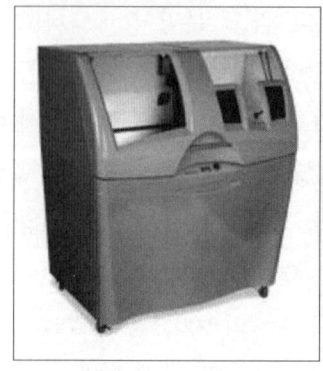
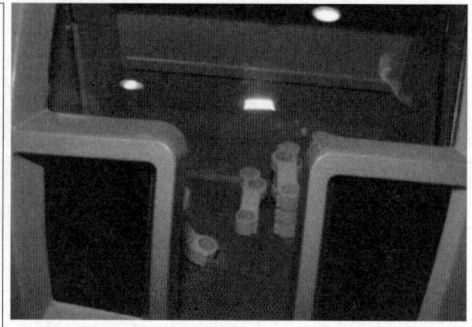

시판중인 3D 입체컴퓨터

공 눈이 나오면 뭐가 사라집니까? 안경 장사가 다 망한다. 얼굴 인식문(face recognition doors), 얼굴을 인식해서 열어주는 문이 나오면 뭐가 망해요? 열쇠 장수들이 다 망한다. 언제? 2012년이다. 이거 보세요. 무인 자동차(fully auto-piloted cars)입니다. 무인 자동차가 2015년에 나온대요. 무인자동차가 상품화되면 누가 망해요? 운전사들이 다 망하는 거죠. 택시 운전사, 트럭 운전사들이겠죠. 운전하는 직업을 가진 사람들은 다 없어진다. 이렇게 가다 보면 가정용 입체 컴퓨터(3D home printer)가 나옵니다. 팩스 기계 알죠? 팩스는 영국에서 딱 보내면 동시에 종이 한 장으로 받아요. 2D예요. 그런데 이 기계는 런던에서 딱 누르면 3D로 받아요. 3D가 뭐예요? 물건으로 받는 겁니다. 물건 그대로를 받으면 뭐가 사라집니까? 화물선이 사라지고, 화물비행기가 사라지고, 부산에 항만이 사라질 수 있어요.

이처럼 새로운 기술이 등장해서 그 전 단계의 기술과 삶을 사라지게 하는 일들이 계속 될 거예요. 이런 기술의 위력이 반영된 상품을 '킬러 애플리케이션'이라고 합니다. 전보 기술이 나와서 집배원 아저씨들이 확 줄었어요. 전화가 나오면서 전보는 사라졌습니다. 이 기술이 나와서 저 기술을 잡아먹은 꼴이죠. 그리고 여기서 신문방송학과 가려는 분들은 포기하시는 게 좋을 겁니다. 아마 2018년이면 신문 사망, 2022년에 방송 사망합니다. 왜 그렇게 되느냐 하면, 인터넷 때문입니다. 인터넷이 나와서 개개인이 다 기자가 되고, 개개인이 다 방송을 하는 1인 매체화가 확실히 자리 잡는다는 말입니다. 또 인터넷이 나와서 죽인 것이 뭐냐? 신문을 죽였다. 그 다음에 음반시장을 죽였다. 그 다음에 텔레비전도 죽었다. 머지않아 모두 과거형으로 이야기 될 것들입니다.

내가 배운 미래

제가 미래를 연구하게 된 이유가 검색엔진 때문입니다. 1982년이었습니다. 제가 영국 정부의 공무원 신분으로 영국에 갔습니다. 그 당시에는 컴퓨터가 없었어요. 여러분 가운데 그때 태어나신 분 있어요? 저는 그때까지 컴퓨터가 뭔지도 모르고 있다가 잡지에서 처음 봤어요. 잡지 기사에서 앞으로는 이렇게 집채만 한 컴퓨터가 조그만 손바닥만 하게 작아진다고 그래요. 그리고 조금 있으면 컴퓨터가 개인용이 된대요. 아이고, 이 사람 정신나갔네. 왜냐면 당시에 컴퓨터가 6~7,000억 했습니다. 어느 대통령이 힘이 있어서 6~7,000억짜리 컴퓨터를 한 개씩 나눠주나? 엉터리 기사라고 생각했습니다.

1992년에는 제가 미래회의에 참석했습니다. 한 강연자가 앞으로 사람들이 글을 써서 컴퓨터 네트워크에 올린대요. '네트워크'라는 말이 이해가 안 되서 옆 사람에게 물었는데 그분도 모른대요. 네트워크가 뭔지도 모르고 다들 듣고 있는 거예요. 그리고는 검색엔진 이야기를 하는 겁니다. 강연자는 이해를 돕는다면서 비유를 들어 설명하더군요. '큰 바구니에 넣어서 마구잡이로 흔들다가 맨 위에 뜨는 글들만 확 잡아서 본다.' 그렇게 검색엔진을 설명하고 있었습니다. 내가 손을 들고 이렇게 물었어요. "당신이 전능한 분도 아니면서 어떻게 전 세계를 돌아다니면서 써놓은 글들을 서재로 가져와서 큰 바구니에 담고, 그것을 흔들어 골라 본다는 건 말이 안 된다"고 말했습니다. 지금 여러분들처럼 같이 공부하는 사람들이 제 말에 공감을 했습니다. 그런데 지금 세계 최고 부자가 누구입니까? 빌 게이츠, 아닙니다. 2년 전에 구글(Google)한테 추월당했습니다. 구글이 뭐하는 데예요? 검색엔진 파는 곳입니다.

인구분석과 인류의 미래

　인구분석을 해 봅시다. 미래의 예측에는 인구분석이 최고입니다. 인구분석을 해보면 어디가 가장 힘이 센지 알 수 있어요. 그 전에 제 얘기를 잠깐 들려드릴게요.
　미국 사람인 제 남편하고 결혼을 해서 시댁에 갔더니, 시어머니는 독일 여자고 시아버지는 노르웨이 남자였습니다. 저는 영국 정부에서 18년 근무했고, 호주 정부에서 지금 8년째 근무중입니다. 불어를 전공해서 프랑스에 유학을 갔습니다. 그래서 제가 7개 문화권을 왔다 갔다 합니다.
　제가 남편하고 싸울 때 영어로 싸워야 해요. 내가 영어를 원주민보다 잘하겠습니까? 그 사람은 원주민입니다. 제가 그 사람보다 목소리가 큽니까, 체구가 큽니까? 싸울 때 만날 집니다. 그렇지만 이 한 마디면 제가 이길 수 있어요. "헤이, 2퍼센트." 무슨 뜻이냐면, 세계에서 백인의 인구가 1900년도에는 50퍼센트였다가, 2000년도에는

20퍼센트였다가, 2050년이 되면 백인들의 인구가 2퍼센트밖에 안 돼요. 그러니 이 한마디면 게임 끝인 거죠. 남편도 이 말뜻을 알아듣고 정신을 번쩍 차립니다. 저 여자가 진짜 화가 났구나 싶어 '네, 80퍼센트' 하고 답합니다. CIA에서 발간한 〈2020 보고서〉에는 아시아 인구가 80퍼센트에 이른다고 되어 있거든요. 10년 뒤엔 중국이 19억, 인도가 17억, 파키스탄 3억, 말레이시아 3억, 방글라데시 4억, 인도네시아 4억…… 전부 다 합쳐서 56억 명이 아시아인입니다. 이때 유럽은 2억 명입니다. 지금보다 2억 줄어든 수치죠. 미국은 4억입니다. 56억 대 4억. 게임이 안 됩니다. 아시아인들의 비중이 늘어난다지만 한국의 인구전망은 밝지만은 않습니다.

2305년에 한국은 인구수가 영입니다. 지금 우리나라가 최저 출산율입니다. 저출산-고령화로 소멸하게 될 나라 가운데 첫째로 꼽히고 있습니다. 바로 인구 소멸 국가라는 말입니다. 이러한 가정은 영국 옥스퍼드 대학 데이비드 콜먼 박사의 논문에 나오는 내용입니다. 논문 제목이 〈All the world must go to live in korea〉입니다. 2305년이 되면 한국이 텅텅 비니까 전 세계가 한국 가서 살아야 한다고 꼬집고 있어요. 이 밖에도 2007년 나온 CIA 보고서에도 부산의 출산율이 0.81로 전 세계에서 지금 제일 낮습니다. 지구촌에서 가장 먼저 사라지는 도시로 부산을 꼽고 있어요.

이렇게 인구수는 줄어들지만, 고령화 추세는 계속 돼서 아마도 여러분들은 족히 100살까지 삽니다. 역사상 인류의 평균수명을 살펴보죠. 크로마뇽인·원주민·원시인들은 18세, 고대 이집트는 25세까지 살았습니다. 그러다가 1900년도에 48세로 평균수명이 늘어납니다. 여기에서 왜 갑자기 30년이나 뛰었습니까? 페니실린이 개발되었기 때문이죠. 그리고 앞으로 2025년이 되면 줄기세포나 뇌세포를 배양하는 기술이 일반화돼서 내 몸의 장기를 자동차 부품 갈듯이 한다는 전망이 나와 있습니다. 그만큼 수명이 확실히 늘겠죠?

영국의 언어학자인 데이비드 그래돌(David Graddol)은 사용인구가 1억 미만의 언어는 사라진다고 합니다. 독어, 일본어 확실하게 사라집니다. 일본어는 사용인구가 1억 2,500만이지만 이미 자연 감소하고 있습니다. 한국어는 당연히 사라진다. 제가 이 학자한테 한국은 어떻게 되냐고 질문을 했습니다. 그런데 이 대답이 아주 웃깁니다. "언어는 걱정하지 마세요. 인구가 줄어서 한국 자체가 없어지니까요." 여러분들이 아이들을 열심히 낳으셔야 되겠다는 생각이 들죠? 자, 이렇게 가다가 보면 미래사회에는 변하는 것이 많습니다.

미래 직업 변화와 교육의 미래

이번에는 직업의 변화상을 한번 볼까요? 이것은 미국 정부에서 운영하는 직업 전망 사이트(www.careervoyages.gov)예요. 여기서 10년 뒤에 뜨는 직장, 직종은 물론 '이 분야에 17,577,220명을 뽑는다'는 식으로 아주 정확하게 알려줍니다. 그럼 10년 뒤엔 어느 직종에서 사람들을 많이 뽑는가 살펴볼까요? 여러분이 지금 보고 계시듯, 앞에서 말했던 나노, 바이오 분야에서 많이 뽑아요. 누구나 이 사이트에 들어가서 관심있는 분야만 집어넣으면 직업 관련한 모든 궁금증을 해결할 수 있어요. 부모님도 한번 들어가 보셔야 하고 여러분도 이 사이트에 자주 들어가야 해요. 왜냐하면 지금 현재에 있는 직장, 직종의 80퍼센트가 10년 뒤에 다 사라지고 없어질 테니까요. 10년 뒤에도 남아 있을 직장을 예측해서 그에 대비하셔야 합니다.

《나는 왜 사이보그가 되었는가(I, CYBOG)》라는 책을 들어보셨어요? 케빈 워릭(Kevin Worwick)이라는 사람이 쓴 책인데요. 이 사람이

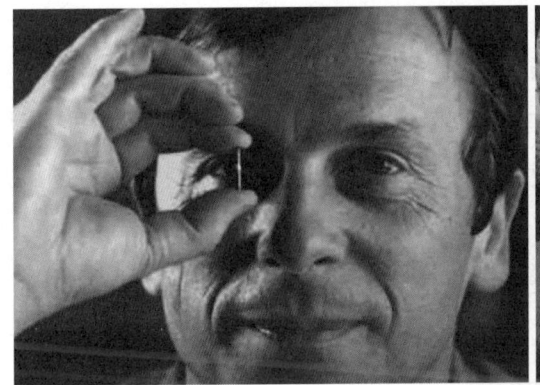

캐빈 워릭과 그의 저서 《나는 왜 사이보그가 되었는가》

기계와 인간이 결합될 미래를 미리 체험하고 그 경험들을 쓰고 있어요. 그는 기계와 인간이 서로 소통할 수 있는가를 실험하기 위해 자기 몸에 4년 동안 칩을 넣기도 했어요. 또 다른 실험에서는 부인의 몸에도 칩을 넣어서 서로가 안대로 눈을 가리고 상대가 보내는 신호를 알아챌 수 있는지 알아봤죠. 그가 배가 고프면 부인도 배가 고프고, 그가 팔을 올리면 마누라도 팔이 아프고……. 이런 실험들이 성공적으로 계속 된다면, 앞으로 칩에 정보를 담아서 계속 업데이트 하는 식으로 공부가 필요없는 세상이 올지도 모르겠습니다.

이러한 실험들이 결국 뇌와 관련된 것들입니다. 바로 '두뇌 공학(brain understanding)'의 영역이죠. 이 분야의 연구 영역은 옛날하고 달리 많이 알려져 있어요. 텔레파시 같은 개념은 다들 아시죠? 여기 보이는 이 사람은 벙어리인데도 자기가 생각하는 것을 컴퓨터가 음성으로 바꾸어줘서 상대에게 전달할 수가 있어요. 이처럼 상상할 수 없을 만큼 세상이 바뀌고 있습니다.

지금 보시는 분이 선생님이에요. 컴퓨터를 쓰고, 컴퓨터를 몸에 끼고 이고, 학생들에게 강의내용을 전달하는 장면이죠. 그리고 이 사람은 손가락 하나로 쇼핑을 해요. 손끝에 칩이 달려 있어요. 그 칩으로 쇼핑에 관한 의사결정이 자동적으로 이뤄지는 거죠. 두뇌 공학이 더욱 발전한다면, 로봇산업에도 획기적인 도약이 올 거예요. 인간과 같은 로봇들이 활보하는 세상이 되는 거죠. 자동차가 스스로 운전을 한다든가. 2025년이면 상용화될 기술인데, 그때가 되면 현대자동차가 사라질지도 모르죠.

인간의 뇌는 이렇게 생겼어요. 크게 좌뇌와 우뇌로 구분하는데, 인체활동에서 관장하는 영역이 서로 다르죠. 그래서 '100퍼센트 좌뇌, 100퍼센트 우뇌' 하는 식으로 두뇌의 발달 정도를 얘기합니다. 예를 들어 좌뇌의 뇌하수체가 발달한 아이는 '수학 100, 과학 95, 피아노 몇, 언어 몇……' 하는 식으로 능력을 수치화할 수 있어요. 이런 정보를 미리 알 수 있다면, 맞춤형으로 진로를 선택하고 자신을 계발할 수가 있겠죠. 왜 '정치인의 85퍼센트가 우뇌, 최고경영자의 80퍼센트가 우뇌다'는 통계가 보여주듯이 자신에 맞는 인생을 선택할 수 있게 되는 거죠.

이러한 결정은 그 사람의 수명이나 행복에도 연관이 되는 거예요. 좌뇌가 발달한 아이가 우뇌 일을 하면 암에 걸려서 빨리 사망할 수 있어요. 이런 식이죠. 좌뇌인지, 우뇌인지를 알고, 내가 뭘 할지 두뇌공학이 발전하면 모두 알려줍니다. 또 우뇌가 호전적이라고 합니다. 만약 이런 아이가 좌뇌 일을 해서 테러 등의 평화를 해치는 일을 할 수 있거든요. 두뇌공학이 이러한 우려까지도 사전에 방지할 수 있는 것이죠. 여기까지 하겠습니다. 감사합니다.

신음하는 지구와
인간의 생존

양 장 일
환경운동연합 사무처장

안녕하세요. 반갑습니다. 다시 한 번 인사드릴게요. 양장일입니다. 이름이 양장일인데요, 조금이라도 아는 사람들은 다들 양장피라고 불러요. 그래서 나중에 여러분과 저랑 아는 사이가 되면 아주 좋겠습니다.

자, 제가 한 가지 질문을 드릴게요. 여러분하고 저하고 이렇게 만날 확률이 얼마나 될까요? 어떤 사람은 만나거나 말거나, 그래서 2분의 1이라고 하는 사람도 있고, 어차피 만났으니깐 1이라고 하는 사람도 있습니다. 그런데 생물학적·통계학적으로 생각해보면, 제와 여러분이 이 세상에 태어나야 만나겠죠? 우선, 의학적으로 제가 태어나려면 정자와 난자가 만나야 하는데, 대한민국에 건강한 성인 남녀 각각 2,000만 명 가운데 한 명씩 만나야 하니, $1/10^7 \times 1/10^7$. 만난다고 다

애가 태어나나요? 아니죠? 1회 방출되는 정자 2억 마리 가운데 하나, 난자 400개 가운데 하나. 그럼 엄마와 아빠만 만나면 태어날까요? 엄마도 세상에 태어나야 하죠? 그래서 아무리 작게 잡아도 서로 만날 확률은 $1/10^{30}$보다 작아요. 이 수치를 통계학에선 뭐라고 얘기한다? 0이라고 그런다.

저와 여러분, 또는 여러분과 옆에 친구와 만날 확률은 없습니다. 이 얘기를 하는 이유는 여러분들이 이 세상에 태어날 때, 굉장히 어려운 조건에서 태어난, 너무나 귀중한, 유일한 존재라는 것을 말하기 위해서 시작을 했고, 그러한 의미에서 이 뒤에 있는 지구가 있죠? 이처럼 아름다운 지구가 있습니다. 47억 년 된 지구인데, 요즘 지구에서 뭔 일이 많이 일어나고 있어요. 전에는 지구가 워낙 크다 보니 먼 나라의 일이라고 생각했는데, 요즘 보니깐 우리의 피부에, 나의 삶에, 나의 건강에, 나의 생존에 강력하게 영향을 미칠 정도로 대단한 일들이 벌어지고 있죠.

지구는 둥그니까

이 사진은 우주선에서 찍은 겁니다. 지구를 보면 어떻게 생겼어요? 네, 동그랗게 생겼죠. 지구가 동그랗게 생겼다는 것이 시사하는 바가 큰 것 같아요. 여러분들 매일 밥을 드시는데, 밥그릇이 둥그런 것은 세상의 모든 만물, 다른 생명, 먹을거리들과 연결이 되기 때문입니다. 이것을 먹이사슬이라고 부르죠.

자, 여기 아주 조그만 플랑크톤, 미생물이 보이십니까? 안 보이나요? 저기 있어요. 여기 보면 아주 작은 물고기가 플랑크톤을 잡아먹습니다. 여기 보면 큰 물고기가 있거든요? 이 큰 물고기가 작은 물고기를 잡아먹고, 더 큰 물고기가 여기 있어요. 이게 또 잡아먹고. 여기 사람이 이렇게 살고 있습니다. 사람이 물고기를 잡아먹고, 사람도 죽으면 다시 미생물이 분해를 하고, 그래서 이렇게 빙빙 돌죠. 마치 진주 목걸이처럼 서로 연결이 되어 있어요. 바로 이 연결 때문에 아주 중요한 일들이 벌어집니다.

나하고 옆에 있는 친구하고 연결이 되어 있고, 그 친구는 다른 친구와 연결이 되어 있죠. 여섯 사람만 거치면 지구상의 60억 인구를 다 알 수 있다고 그러죠. 그

우리가 사는 지구

래서 캐나다에 사는 어느 인디언들은 하천에 사는 연어와 그 연어를 잡아먹는 곰과 그 곰 주변에 자라나는 나무의 관계를 '친구'라고 부른답니다. 서양의 학자들은 '어떻게 친구냐?'라며 시큰둥하게 반응했답니다. 그런데 나중에 인디언들의 태도를 뒷받침해줄 증거가 밝혀졌어요. 동네마다 나오는 화학물질이 있다죠? 특정한 화학물질이 물 속에 있고, 공기 가운데 있으니까 그것을 흡수한 나무, 그곳에서 자란 연어, 그것을 먹었던 곰에게까지 다른 곳에서는 발견되지 않는 동일한 물질이 발견되었다고 합니다.

그런데 이렇게 연결이 되어 있다 보니 아주 희한하고 끔찍한 일이 생깁니다. 1950년대 일본 미나마타 현에서 수은중독병이 발생합니다. 질소 공장에서 배출한 수은이 미나마타 바닷가로 흘러 들어갑니다. 아주 적은 양이었어요. 피피엠(ppm) 단위, 100만 분의 1보다 낮은 수치의 수은이 들어갔어요. 물에 들어간 이 수은을 작은 플랑크톤이 먹었겠죠? 10배 증가, 또 작은 물고기가 먹었겠죠? 또 10배 증가,

큰 물고기가 먹었겠죠? 또 10배 증가. 그래서 사람한테 돌아올 때 어떻게 됐다? 수십, 수백만 배가 돼서 돌아왔다.

여러분들, 혹시 몇 년 전에 말이 많았던 환경호르몬 얘기 들어보셨어요? 환경호르몬은 여성호르몬인 에스트로겐과 비슷하게 생겨서 그 작용을 방해하죠. 16살짜리 여자아이가 희귀한 질암에 걸리면서 처음으로 우리에게 알려졌습니다. 그때 병을 일으킨 물질의 농도가 피피티(ppt) 단위였어요. 피피티는 parts per trillion, 곧 1조 분의 1이죠. 그 정도 양이면 얼마나 될까요? 수영장에 물을 가득 채웠을 때, 그 가운데 한 방울 정도입니다. 그렇게 적은 양이 인간의 몸에 들어와도 심각한 병을 일으키고, 다른 여러 가지 부작용들을 낳게 해요. 그런 일이 어떻게 가능할까요? 지구가 이렇게 동그랗게 생겼기 때문에 아까 말씀드린 대로 생물농축 현상이 일어납니다. 그리고 1986년 체르노빌 핵발전소에 화재가 나 방사능이 노출됐는데, 이게 지구 전체에 퍼지는 데 1주일밖에 안 걸렸습니다. 핵 발전소 하나가 터졌는데, 대한민국은 물론 전 세계에 방사능이 다 돌았습니다. 바로 지구가 둥글기 때문이라는 겁니다.

지구에서 벌어지고 있는 일

바로 이러한 지구에서 현재 어떤 일이 벌어지고 있을까요? 요즘 기름 값이 올라 난리죠? '90년대 초반까지만 해도 20달러였습니다. 2004년도에는 70달러, 현재는 130달러 넘었죠? 많은 사람들은 올해 안까지 기본적으로 150달러는 넘을 것이다, 180달러까지 보는 사람도 있고, 200달러까지도 봅니다. 150달러 넘으면 무슨 일 생겨요? 세계 경제 시스템이 공황에 돌입합니다. 패닉 상태에 들어갑니다. 이런 일이 왜 생기나요? 석유가 없어서요. 20년 내지 40년이면 석유가 고갈됩니다. 그런데 사람들은 아직도 뭔 짓을 하고 있을까? 여러분들, 여러분들까지는 어떨지 모르겠는데, 여러분 자식들은 어떻게 살까 참 난감해요. 고민 좀 해봅시다.

　자, 석유만 문제인가? 이제는 먹는 거 있죠? 먹는 것도 난리가 아니에요. 2달러 하던 것이 현재 10달러가 넘었구요. 앞으로 가격이 더 올라갑니다. 더 큰 문제는 세계에 비축되어 있는 곡물의 양이 급격히 줄어들고 있어요. 이런 일은 왜 일어날까요? 2002년 곡물 생산량이 역대 최고였는데 그 이후부터는 전혀 늘지 않고 있습니다. 오히려 줄어들고 있어요. 왜? 더 이상 경작할 곳도 없거니와 기온이 계속 오르기 때문입니다. 지구의 온도가 1도 올라가면 옥수수 생산량이 10퍼센트 줄어듭니다. 그러니 곡물 양이 줄어드는 것은 당연하겠죠. 동물원의 코끼리에게 앞으로 뭘 먹이려면 1년에 1,000만 원이 더 든대요. 앞으로 여러분들이 졸업하고 사회에 나가 먹고살려면 아주 힘들 겁니다. 이런 일들이 지구상에 마구마구 일어나고 있어요.

다우너 소와 광우병

　그것만 있느냐. 여러분, 다우너 소(downer)라고 들어보셨죠? 주저앉는다는 뜻을 지닌 동사 'down'에 '~er'을 붙여서 'downer'라고 부릅니다. 이렇게 쓰러져서 못 일어나는 소들을 잡아다가 대한민국에 팔아먹겠다는 말이죠. 그런데 다우너 소들은 그만큼 광우병에 걸렸을 확률이 높습니다. 그렇다면 소들은 왜 광우병에 걸리게 될까요? 그 뿌리는 소에게 먹이는 사료에 있습니다.

　여러분들은 이런 경험이 있으려나 모르겠어요. 예전에 시골에 가면

	일본	노무현	이명박
	20개월 미만	20~30개월	30개월이상
살코기			
뼈			
내장			
두개골			
뇌			
척수			
등뼈			
안구			
편도			
소장끝			

SRM 미국인이 먹지 않는 부위로 미국 축산업계는 이것을 폐기물 처리하는 데 많은 비용이 든다

미국산 쇠고기 부위별 수입 허용 기준

할아버지, 할머니가 소를 키워요. 그럼 뭐 먹여요? 여물 먹이죠? 그런데 미국 소는 뭐 먹여요? 소가 소를 먹어요. 아님 양을 먹든가. 양이 양 먹고. 그 동물들이 평생 자기 살 뜯어 먹어본 적이 있다, 없다? 없죠. 그런데 동족으로 만든 사료를 먹다 보니까 정신을 못 차리는 거예요. 광우병에 걸린 소에는 눈에 보이지도 않는 크기의 단백질 입자 프라이온이란 것이 있는데, 이것이 사람 몸에 들어가면 완전히 미친 사람이 되죠. 그것의 문제는 그 일부가 사람한테 옮을 수가 있다는 거예요.

그런데 이제 광우병도 더 큰 문제는, 보세요, 20개월 미만인 소의 경우, 노무현 대통령은 살코기만, 일본은 내장까지만 수입하도록 했어요. 그런데 이명박 대통령은 몽땅 다 수입하려고 해요. 이명박 대통령께서 다 풀어놓은 거예요. 그건 아마 조금이라도 국민을 생각한다면 그렇게 하기 어려운 거죠. 미국에서 뭘 드시고 오셨길래 그러셨을까요? 골프장에서 운전대를 잡아서일까요? 저는 잘 모르겠어요. 어쨌거나, 문제가 보통 심각한 게 아닙니다. 어른들이 다른 나라보다

불리한 협정을 맺어 놓고서는 어린 친구들이 길바닥에 나가서 촛불 드니까 문제 삼고 있죠? 옛날에 삼일운동할 때 유관순 누님은 몇 살이었다? 애였거든요. 애들이 나라를 살릴 수가 있습니다. 애들이 살려야 하고, 여러분 같은 청춘이 나라를 구해야 되죠.

조류독감

자, 이건 뭘까요? 조류독감에 걸린 닭과 오리를 폐사 처리하는 장면이에요. 어마어마하죠. 영어로는 AI(Avian Influenza)라고 그래요. 어떤 사람들은 AI가 인공지능(Artificial Intelligence)이래요. 이처럼 전국적으로 난리가 났는데, 원인이 뭘까요? 옛날 우리 인류는 송곳니가 발달했을까요, 어금니가 발달했을까요? 어금니가 더 발달했거든요. 그 이유는? 고기보다 식물을 많이 먹어서 그런 거예요. 그런데 인류가 최근 들어서 50년이 안 되는 사이에 고기를 너무 많이 먹어요. 누군가 공급을 해야 하는데 수요가 갑자기 느니까 가축들을 좁은 공간에서 한꺼번에 키우는 거예요. 사육하는 수가 늘수록 초지들이 줄고 사막화도 일어나요. 또 가축들이 한데 모여 있으니까 스트레스를 받아요. 야생에서 뛰어놀아야 건강할 텐데, 우리에 가둬놓으니 건강하지 않아요. 그래서 병이 들면 면역성도 급격히 떨어지죠.

조류 폐사처리

AI는 자연적으로 존재하는 질병이에요. 그래서 일반적으로 날아다니는 새들도 아프거나 죽기도 하죠. 그런데 이렇게 집단적으로 죽지는 않아요. 많은 가축들이 한데 모여 살다 보니까 집단적으로 폐사

하는 거죠. 더 큰 문제는 이것도 인간한테 전염된 사례가 있는데 백신이 한참이나 부족합니다. 아마 이 병이 우리나라 사람들에게 전염되면 여러분 대부분은 죽습니다. 현재로서는 백신이 몇 십만 명 정도, 늘려잡아 몇 백만 명 정도에게 돌아갈 분량밖에 없으니까요. 그리고 아직도 그 백신이 제대로 작용하는지 확인되지 않았어요. 그래서 이런 일들이 어떻게 보면 참으로 끔찍한 일인데, 내가 안 걸렸다는 생각에 사람들이 대단히 둔감하게 반응하죠.

환경호르몬

이게 뭘까요? 이건 남자 정자입니다. 그리고 이 정자를 해치는 환경호르몬 물질이죠. 이 환경호르몬 물질들은 아까 말씀드린 대로 중금속일 수도, 농약일 수도 있고, 이를 유발하는 여러 가지 화학물질들이 많아요. 그런데 문제는 아까 말씀드린 대로 이것들의 농도가 굉장히 낮은, 수영장의 물방울 하나 정도밖에 되지 않더라도 아주 심각한 병을 유발한다는 거예요. 물론 제 몸에는 7조 개 이상의 체세포가 있거든요? 거기에 환경호르몬이 침투한다고 해도, 상처가 나서 아물면 그것으로 끝입니다. 그렇지만 지금 방금 수정한 수정란 하나에 환경호르몬 물질이 와서 작용하면 어떻게 되겠어요? 인생 전체가 확 바뀝니다. 이미 병에 걸려서 태어나거나, 기형아로 태어나거나, 아니면 다른 일들이 생길 수 있어요. 생명의 초기 단계에서 작용할 가능성이 있기 때문에 위험성이 큰 거예요.

그래서 머리가 2개 있는 양(¥), 2개 있는 거북이 따위가 실제로 태어나죠. 북극에 있는 북극곰은 성기가 너무 작아져서, 수놈이 결혼을 못해, 결혼을 해도 남자 구실을 못해. 아프리카 갔더니 악어도 그래.

 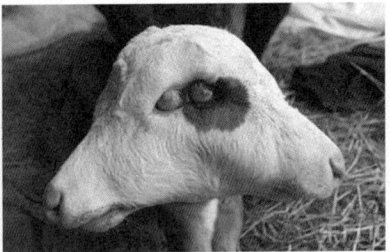

머리 둘 달린 거북이와 송아지

영국에 갔더니 하수처리장 밑에 있는 잉어가 수놈인데 배에 알이 있어. 이런 사례들이 우리나라에도 있어요. 경남 남해에 갔더니 '대수리'라고 하는 고동 같은 게 있어요. 식용입니다. 그런데 이것들이 선박 밑에 페인트칠을 해요. 이게 어떻게 된 일이냐? 배 아래에 따개비 같은 거 붙지 말라고 화학물질을 바릅니다. 그 화학물질이 환경호르몬입니다. 대수리라는 녀석이 환경호르몬에 오염이 돼서 암놈, 수놈이 한 몸속에 다 있네. 그런 일들이 벌어지고 있어요. 유럽에서는 남자의 정자 숫자가 50년 전에 견주어 얼마나 줄었다? 반으로 줄었다. 또 최근에는 정자 은행에 보관된 정자들이 반으로 줄어든 건 둘째 치고, 활동력이 엄청 떨어져 쓸모없는 정자들이 늘었다고 합니다.

지구 재앙의 세 가지 원인

이게 뭘까요? 2년 전에 미국을 강타했던 카트리나, 허리케인입니다. 미국의 뉴올리언스 주가 작살났습니다. 세계의 가장 앞선 나라라고 하는 미국도 태풍을 예측하지 못했습니다. 이렇게 강도가 셀지 전혀 예상하지 못했어요. 그런데 이런 일들이 왜 자꾸 반복해서 생기는 걸까요? 저는 그 이유를 세 가지로 정리하겠습니다.

첫 번째, 지구는 원래 너무 약하기 때문에 그렇습니다. 지구가 대단히 강할 것처럼 보이지만 실상은 그렇지 않습니다. 지구를 둘러싸고 있는 공기층도 얼마 안 됩니다. 자외선을 차단해야 하는 오존층도 그렇게 두껍지 않습니다. 지구를 둘러싸고 있는 공기층은 우리 몸의 살갗보다도 얇아서 상처받기 쉽습니다.

두 번째, 그럼에도 인간이 너무 욕심을 많이 부려서 문제들이 새롭게 생겨납니다. 물 사용량 3배, 고기 먹는 양도 5배 하는 식으로 예전에 비해 소비가 엄청나게 늘었습니다. 소가 방귀를 뀌면 메탄가스가 나오는데 소 사육량이 늘어나다 보니 문제가 됩니다. 옛날에는 방귀는 방귀지만, 요즘 방귀는 메탄가스가 되는 식이죠. 이 메탄가스의 온실효과 기여도는 이산화탄소의 20배에 달합니다.

세 번째, 지구의 모든 생물들이 고리처럼 연결되어 있다는 사실입니다. 중국 쓰촨성에서 지진이 일어났다 하더라도, 그 결과는 고스란히 우리에게 영향을 미치게 되어 있어요. 인류 전체가 서로 영향을 주고받죠. 그래서 어떤 일이 벌어졌나요? 옛날에는 아름답기만 했던 지구가 지금은 '열받은' 지구가 되었습니다. 지구의 기온이 최근 30년 사이에 평균 0.6~0.7도 올랐어요, 불행하게도 한국은 평균에 비해 2배나 더 올라 1.5도까지 상승했습니다.

지구온난화

기온이 1도 올랐다는 게 별일 아니라고 생각하신다면 큰 오산입니다. 여러분들 체온이 1도 올라가면 어떻게 돼요? 아파요. 2도 올라 체온이 39도쯤 되면 사망 직전의 상태입니다. 지구도 사람과 마찬가지입니다. 그런데 어떤 분들은 예전에도 빙기가 있었고, 간빙기도 있었다고 말합니다. 맞습니다. 지금까지 세 번의 빙하기가 있었다고 합니다. 남극의 얼음을 측정해보면 최근 100년은 물론이고 34만 년 전 지구의 온도 변화까지 파악할 수 있습니다. 그런데 단순히 온도가 올랐다고 문제가 아닙니다. 34만 년 동안 이산화탄소의 농도는 물론 올라갔다 내려갔다 했지만, 단 한 번도 이 선을 넘은 적이 없습니다. 그런데 최근 100년 동안 이 만큼 상승했습니다. 이건 99퍼센트 사람이 만들어낸 일입니다.

지금 북극곰이 멸종위기종으로 선정됐습니다. 북극은 여전히 춥지만, 빙하가 눈에 띄게 줄었기 때문입니다. 북극곰들은 빙하들을 왔다 갔다 하는데, 새끼를 데리고 헤엄을 쳐서 왔다 갔다 해요. 예전에는 헤엄치다 힘들면 빙하에서 쉬어가곤 했는데, 빙하가 없어져 자주 물에 빠져 죽어요. 제가 말을 편하게 하니까 농담하는 거 같죠? 진짜로 빠져 죽어요. 그래서 멸종위기종이 됐어요. 단지 기온이 1도 올랐을 뿐인데.

지구온난화로 녹아내리는 빙하와 지구를 아이스크림에 빗댄 세계야생동물기금협회(WWF)의 포스터

자, 이번에는 미국 국무성 보고로 가보겠습니다. 최악의 기후변화를 주도하는 나라가 미국입니다. 전 세계 온실가스 배출량 1등이 미국입니다. 그럼에도 전 세계 기후변화 협약인 〈교토의정서〉 체제를 따르지 않고 있습니다. 바로 그 미국의 국무성에서 나온 보고 자료입니다. 이 보고서는 향후 전(全) 지구적 차원의 기후변화와 자연재해, 이로 말미암은 인간의 처절한 생존투쟁 가능성 등을 광범하게 예측하면서, 미국 정부로 하여금 환경을 군사전략, 국가안보 개념으로 바꾸도록 촉구하고 있어요. 왜 〈투모로우〉라는 영화 있죠? 미 국무성 보고서가 가정하는 미래가 이 영화에서 벌어지는 상황하고 똑같습니다. 온실가스 증가로 태풍과 눈폭풍 등이 일어 지구에 심각한 위기상황이 닥치는 거죠. 전 세계의 바다가 이렇게 흐르고 있어요. 빨간색은 난류, 파란색은 한류입니다. 한류가 북극에서 이렇게 내려옵니다. 이렇게 지구를 돌고 있는데, 북극의 빙하가 녹다 보니깐 북극에서 내려오는 물이 많아지잖아요? 그러다 보니까 북극 주변은 온도가 쭉 떨어집니다. 적도 지방은 무진장 더워집니다. 그런 일들이 발생해요.

우리나라는 어떨까요? 안전할까요? 아니에요. 예전에 서해안에서 오징어가 잡혔다, 안 잡혔다? 안 잡혔어요. 그런데 요새 서해안에서 오징어가 잡히면서 어부들이 신났어요. 하지만 그건 근시안적 접근이에요. 그리고 동태 있잖아요, 예전에는 동해에서 잡았는데 요새는 안 잡혀서 러시아 블라디보스토크까지 올라가서 원양어업을 해야만 잡을 수 있어요. 예전에 대나무 북방한계선이 충주 이남이었거든요. 그런데 차츰 북상해서 지금은 여기까지 올라갔어요. 예전에 제주도에서는 귤나무 한 그루만 있으면 자식을 대학까지 보낼 수 있다고 그랬어요. 지금은 전혀 그렇지 않죠? 귤은 제주도 이외에는 안 나는 것으로 생각했습니다. 지금 귤이 대륙으로 이미 상륙했습니다. 여수 지역에서 재배하고 있어요. 점점 더 북상할 겁니다.

경제의 다른 이름, 환경

자, 그럼 어떻게 해야 할까요? 지구는 약하고 작고, 앞으로 지구상에서 써야 할 물자들은 너무나 제한되어 있습니다. 그러나 그것도 모르고 퍼 쓰고 있기 때문에 경제가 이 상태로는 발전할 수가 없어요. 여기서 경제는 환경의 다른 이름입니다. 왜냐, 경제를 하려면 세 가지가 필요합니다. 자본, 노동력, 토지가 필요한데 토지가 뭐예요? 환경이고 자원이에요. 여태까지 그걸 계속 쓰기만 했지, 돌려주질 않았어요. 그런데 옛날에 인디언들은 어떻게 했다? 미국이 아메리카 땅을 점령할 때의 대통령이 시애틀이라는 인디언 추장에게 땅을 팔라고 글을 띄웁니다. 이 글에 시애틀 추장이 뭐라고 답했을까요? '강물이 내 것이 아니고, 공기가 내 것이 아닌데 그걸 어찌 팔겠소?' 이런 식으로 편지를 보낸 유명한 일화가 있어요. 그 인디언들은 어떻게 살아 왔습니까? 쓸 만큼만 쓰고, 아주 자연 친화적으로 살아서 지구를 계속 순환 가능한 체계로 지켜냈습니다. 그런데 서양 사람들은 일직선으로 쭉 가면서 돌아올 수 없는 길로 나아갔어요. 물론 우리가 이때 이 시기로 돌아가기는 어렵습니다. 다른 방법을 찾아야 하는 건데, 그 길이 바로 생태 경제입니다. 이걸 알고 경제를 해야 하는 거예요. 그렇지 않으면 공멸 상태로 진입합니다.

자, 우리나라 한번 볼까요? 우리나라는 에너지의 97퍼센트를 수입합니다. 그게 얼마나 될까요? 945억 달러, 우리나라 돈으로 94조 원이에요. 이게 얼마나 큰돈일까요? 자, 그럼 1조 원으로 합시다. 여러분들이 대학 졸업하고 평생 얼마나 벌 수 있을 거 같아요? 20억이라고 칩시다. 그럼 100명이서 그렇게 벌면 얼마에요? 2,000억 원. 그렇죠? 그럼 500명이 있어야 1조 원를 벌어요. 그런데 솔직히 말해서 여러분들이 20억 원을 벌 수 있을까? 힘들겠죠? 평균적으로 생각해봤을 때 말이죠. 500명이 20억 원씩 벌어야 1조 원이 돼요. 그럼 94조 원은 얼마예요? 대략 5만 명이 모여야만 만들 수 있는 돈이에요. 이 돈을 외국에 다 주는 거예요. 그런데다가 이산화탄소 배출량은 세계 9위예요. 그리고 배출 증가량은 세계 1, 2위를 다퉈요. 그래도 이렇게 해서 경제가 잘 산다면 얼마나 좋겠어요. 근데 어떻다? 대단히 바보같은 짓을 하고 있어요.

여기 '에너지 원단위'라고 쓰여 있는데, 이건 에너지 효율을 나타내는 거예요. 간단하게 이 마이크를 생산하는 데 에너지를 얼마나 쓰느냐를 알려주는 단위죠. 이 양복을 생산하는 데 에너지를 100원어치 쓸 것이냐, 200원어치 쓸 것이냐. 자, 한번 볼까요? 미국은 이 만큼밖에 들지 않는데, 우리는 OECD평균의 2배를 씁니다. 같은 물건을 생산할 때 일본의 3배를 씁니다. 옛날에 우리나라 정부가 잘못해서 에너지를 싸게, 많이 쓰라고 해서 지금 한국전력만 부자가 되어 있는 거예요. 이렇게 쓰는 나라가 세계에서 유일무이해요.

에너지 20퍼센트 줄이면 일자리 100만 개 생겨나

자, 한번 생각해볼까요? 지금 쓰는 에너지를 10퍼센트만 줄이면 어떻게 될까요? 1년에 9조 4,000억 원을 절약할 수 있습니다. 9조 4,000억 원이면, 연봉 2,000만 원인 사람 50만 명을 고용할 수 있습니다. 20퍼센트 절약하면 100만 명을 고용할 수 있구요. 국가는 어떤 경제를 선택해야 할까요? 기업은, 여러분들은? 이렇게 절약하지 않으면 경제가 살아날 수 없어요. 이명박 대통령 747정책 했다가 다 포기했죠? 더 이상 얘기를 안 하잖아요. 세계경제가 무엇에 발목이 잡혀있는 줄 아세요? 환경이라는 기본 전제를 무시하고 그걸 넘어서는 개발을 하니까 경제도 살아날 수가 없는 거예요. 석유가 없고, 에너지가 없으니까요.

자, 어떻게 해야 할지 봅시다. 더군다나 이건 올해 초에 대통령 인수위원회가 뽑은 자료입니다. 에너지를 10퍼센트 절약하면 수입액을 65억 달러 절약할 수 있다. 6조 5,000억을 절감할 수 있다. 아까 말씀드린 대로 OECD국가처럼 하면 반을 줄일 수 있다. 그리고 일본처럼 하면 현재 에너지 사용량의 70퍼센트까지 줄일 수 있다. 그렇게 되면 우리나라는 지금보다 훨씬 더 잘살 수 있어요. 그렇겠죠? 돈이 그만큼 절약이 되니까. 그런데 왜 그렇게 안 할까요? 참 이상하죠.

이 사진은 유엔 기후변화회의 장면입니다. 해마다 열리는데, 작년(2007년)에는 인도네시아 발리에서 열렸습니다. 왜 발리에서 열렸을까요? 발리가 쓰나미에 피해를 입었잖아요? 그런데 이 지역사람들이 뒤늦게 후회를 하더라구요. 왜 후회를 하느냐, 맹그로브 나무 때문에 그랬어요. 그 나무들이 바닷가 개펄에 있었는데, 사람들이 보기에 안 좋고, 물고기를 잡을 때 불편한 거예요. 그래서 이 나무들을 베어 버렸어요. 그 뒤에 쓰나미가 강타하니깐 피해가 더 커진 거예요. 그동안은 이 나무가 파도를 막아주곤 했던 거죠. 그래서 인도네시아에선 다시 맹그로브 숲을 가꾸기 시작했어요. 이제야 깨달은 거죠.

여러분, 이 사람이 누군지 아세요? 그 회의에 왔던 분인데, 누구냐 하면 네덜란드의 자클린 클라머 환경부 장관입니다. 직접 나와서 이산화탄소 배출을 줄이자는 퍼포먼스를 하고 있어요. 이처럼 앞으로 세계의 리더들은 기후변화에 딴지를 거는 사람들이어야 합니다. 기후변화 문제를 해결하는 데 직접 나서야 한다는 뜻이죠. 이게 진짜 장관다운 모습이

자클린 클라머 환경부 장관

죠. 그런데 우리나라 환경부 장관은 뭐한다? 운하가 환경적이래요, 운하 파야 한대요. 그리고 외국에서도 먹으니까 (소고기) 먹어도 된다고 말하고 있어요.

이 사람 누군지 알죠? 아널드 슈워제네거 캘리포니아 주지사입니다. 미국 대통령이 기후변화에 동참 안 한다고 할 때, 그 주에서는 법을 만들었어요. 미국 최초로 기후변화에 대한 법을 제정했어요. 그래서 부시와 한판 붙었어요. 그래서 한 기자가 '대통령도 안 한다는데, 왜 나서냐?'라는 뉘앙스로 물었더니 '대통령과 나는 다르다. 우린 동참해야 한다'라고 말했어요. 이 사람은 누굴까요? 작년에 노벨평화상을 수상한 전직 미국 부통령 엘 고어입니다. 이 사람이 뭐 때문에 노벨평화상을 탔을까요? 저처럼 이런 기후변화에 대해서 1,000회 이상 강연을 했어요. 그 기여로 노벨평화상을 받았어요. 이 사람에게 누군가 가서 물어봤어요. 앞으로 미국 대통령에 다시 출마하지 않겠습니까? 그랬더니, 나는 지금 미국 대통령보다 더 하고 싶은 일이 있다라고 말했어요. 대단하죠, 그렇죠? 그 하고 싶은 일이 지구를 살리는 일이에요.

지구를 살리는 3퍼센트

세상에는 제가 볼 때 두 종류의 사람이 있습니다. 하나는 쓰레기를 만드는 사람, 쓰레기 같은 사람들이 있구요, 또 다른 사람은 쓰레기를 정리하는 사람이 있습니다. 어떤 사람을 선택할 것이냐? 답은 뻔하지만, 그걸 행동으로 옮기기가 너무나 어려워요. 그런데 그런 희망을 여기 유한대학에서 찾을 수 있을 거 같아요. 옥상에 태양광 발전 설비를 설치하고 복도에 전깃불을 적당하게 켜는, 정신이 살아있는 학교, 그곳에 다니는 유일한(only) 여러분 개개인이 있기 때문입니다.

맨 처음 사진으로 가볼까요? 지구, 하나밖에 없는 지구, 유일한 지구. 대부분이 바다입니다. 바다가 썩어요, 안 썩어요? 바다가 안 썩어요. 이유는? 소금 때문에 안 썩습니다. 그럼 바다에 소금이 얼마나 있을까요? 3.4퍼센트예요. 그 얘기를 비유적으로 하면, 세상에 많은 사람들 가운데 3퍼센트만 정신 차리고 있어도 소금에 바닷물이 썩지 않는 것처럼 세상을 구할 수 있습니다. 다른 얘기로 하면, 여러분이 졸업을 해서 중국을 가든, 일본을 가든, 무엇을 하든 간에 자기가 삶의 3퍼센트만이라도 남을 위한, 지구 전체를 위한 배려를 한다면, 여러분들 가슴에 양심이 꺼지지 않고, 따뜻함이 꺼지지 않고, 즐거움이 꺼지지 않고, 지구를 살리겠죠. 그 비결은 바로 지구를 위한 3퍼센트입니다. 이 3퍼센트만을 기억해 주신다면 강의는 대단히 성공적이라고 할 수 있겠습니다. 제 강의는 이렇게 마치겠습니다. 감사합니다.

기후 변화와
녹색 혁명

김 영 호
유한대학 총장

　과거 일제 식민지 시대에 우리나라 사람들이 생각하는 기본적인 화두는 해방이었습니다. 한국의 독립과 해방입니다. 해방되고 난 뒤에 우리나라의 기본적인 화두는 경제발전이었습니다. 여러분은 상상이 안 가겠지만, 우리들이 어릴 때는 밥 세끼 먹는 것이 참 어려웠습니다. 집에서 쌀밥 먹는 것은 지극히 어려웠습니다. 그때는 어떻게 하면 쌀밥을 먹을 수 있느냐, 어떻게 하면 고깃국을 먹을 수 있느냐가 관심사였습니다. 그러다가 우리의 관심은 차츰 민주주의, 민주화로 옮아갔습니다. 그것이 우리의 최대 관심사였습니다. 또 시간이 지나면서 남북통일이 우리의 최대 관심사가 되었습니다. 〈우리의 소원은 통일〉이란 노래가 그래서 나왔습니다. 그럼 지금 우리 시대 최대 관심거리가 뭐냐, 우리 사회의 화두가 뭐냐고 하면, 아마 '기후변화

(climatic change)' 그리고 그것을 막아내는 '녹색혁명(green revolution)'일 것입니다. 기후변화, 다른 말로 하면은 지구온난화 문제와 이를 해결하기 위한 녹색혁명, 이것이 우리시대의 가장 큰 화두이자 과제입니다.

기후변화라는 화두와 관계 없는 분야는 없다

이 문제에 대해서 잘 모르면 이 시대에 산다고 할 수가 없습니다. 우리만의 문제가 아니고 전 세계적으로 최대의 화두입니다. 기업계에 가도 그렇고 종교계에 가도 그렇고 학회에 가도 그렇고 소비자 가정생활에 가도 그렇고, 최대의 문제는 기후변화 그것을 막기 위한 녹색혁명입니다. 오늘날 인류의 관심은 이 문제를 해결할 수 있느냐 없느냐 하는 문제로 집중되고 있습니다. 여러분은 이 시대에 살면서 이 문제의 핵심은 뭐다, 이걸 알아야 됩니다. 여러분이 이 시대 이 사회의 엘리트가 되려면 이 문제의 해답을 마련해야 합니다. 그것을 이번 시간에 여러분과 더불어 이야기해 보고자 합니다.

서울에 CCC가 생겼습니다. 그것은 Climatic Change Center, 우리말로 기후변화센터가 생겼습니다. 거기에서 우리 사회의 지도적인 인사를 대상으로 수강생을 모집했습니다. 그러니까 서울 시장, 환경부 장관 그리고 국회의원 10여 명 그리고 서울대학교·고려대학교 총장을 비롯한 대학 총장님 그리고 대한상공회의소 회장을 비롯한 우리나라 대기업의 대표들 여러분, 이렇게 해서 82명이 이 강의를 듣겠다고 신청을 했습니다. 그 바쁜 사람들이 강의 듣겠다고 일주일에 한 번씩 밤에 모여들었습니다. 놀라운 일이죠? 그러니까 그게 언론에서 화제가 되었습니다. 거기에 내가 첫 번째 강연을 했습니다. 이 문제에 대해서 관심이 많고, 또 국제회의에도 여러 번 참가했고 또 논문도 썼고 그러다 보니 또 이 문제에 관해서 몇 가지 한 일도 있고 해서 내가 거기에 연사로 초청되어 첫 강의를 한 적이 있습니다.

우리나라도 재빠르게 이 문제에 대응하지 않으면 새로운 시대에 적응할 수가 없습니다. 아마도 여러분은 앞으로 어떠한 직업을 가지든 이 문제와 싸울 겁니다. 이제 이 문제와 관계없는 분야는 없습니다. 앞으로는 이 문제가 여러분의 시대의 중심과제입니다. 그래서 이 문제의 핵심이 뭐냐, 뭐가 본질이냐 하는 것을 여러분이 알지 않으면 안 됩니다. 여러분이 뭘 전공하든, 패션, 디자인, 애니메이션, 전기, 전자, 기계 무슨 분야를 하든 이 문제를 잘 아는 것이 대단히 중요합니다.

휴대 전화와 지구온난화

자, 휴대 전화를 예로 들어봅시다. 이것을 제조하려면 생산비가 듭니다. 가장 큰 부분을 차지하는 것이 재료비입니다. 우선 외국으로부터 원료가 올 것이고 이것을 가공하려면 석탄, 석유 혹은 가스 에너지가 필요할 것입니다. 그래서 기계가 돌아가고 그 기계가 돌아가서 완성품이 만들어집니다. 이들 상품은 차에 실려 백화점으로 운송이 됩니다. 백화점은 환하게 불을 켜놓고 진열을 하고, 소비자는 점원한테서 물건을 삽니다. 가격이 20만 원이면 여러분은 20만 원을 주고 이것을 살 겁니다. 그런데 여기에 빠진 것이 있습니다. 마땅히 생산비에 집어넣어야 하는데 빼먹은 비용이 있습니다. 그게 뭐냐 하면 환경 파괴 비용입니다. 휴대 전화를 제조하고 운반하고 판매하는 과정에 공기가 나빠지고 환경이 그만큼 파괴되었는데, 그 비용은 여기에 포함되지 않았습니다.

  그만큼 싸지요? 파는 사람도 싸게 팔 수 있고, 사는 사람도 싸게 삽니다. 그런데 사실은 더 큰 비용을 치른 것입니다. 이것으로 말미암아 환경이 파괴됐기 때문입니다. 조금 파괴 됐을 때는 별로 심각하지 않습니다. 이제는 이것이 심각할 정도가 되었습니다. 휴대 전화를 생산하는 과정에 이산화탄소(CO_2)가 발생하고, 휴대 전화를 운반하는 과정에 이산화탄소가 발생하고 또 휴대 전화를 판매하는 과정에 이산화탄소가 발생하고 여러분이 휴대 전화를 사러 자동차로 가는데 이산화탄소가 발생합니다. 이렇듯 이산화탄소가 차츰 증가하니까 그것이 지구온난화를 가지고 왔습니다. 지구가 더워지는 것이지요. 지구가 더워지는 것도 조금 더워지면 괜찮았습니다. 그런데 차츰 더워지니 여러 가지 변화가 생깁니다. 기후변화로 말미암아 여러 가지 문제가 생깁니다. 이 문제가 영국 산업혁명 때부터 지금까지 200년 남짓 동안 별로 심각하지 않았습니다. '괜찮다' 하고 덮어둬도 괜찮았습니다. 그런데 점점 이산화탄소 배출이 늘어서 이제는 크게 괜찮지 않은 상태까지 왔습니다. '괜찮지 않다' 하는 것이 이제는 심각할 정도가 된 것입니다.

  나는 경상도 대구에서 자랐습니다. 얼마 전까지 대구는 사과가 유명했습니다. 그런데 요즘은 대구가 더워져 온대성 기온으로 변해가지고 지금은 대구에 사과가 안 됩니다. 이제는 충주쯤에도 사과가 잘 열립니다. 옛날에는 추워서 사과가 안 됐습니다만 지금은 충주·안성에 사과가 잘됩니다. 앞으로 거기도 안 될 것입니다. 앞으로는 서울에서도 될 것이고 또 앞으론 남쪽이 안 될 것입니다. 한국이 차츰 아열대 기후로 변합니다.

  점점 지구가 더워지니까 북극해와 남극해의 얼음산이 빠르게 녹습니다. 북극해와 남극해의 엄청난 얼음산이 녹으니까 어떤 현상이 벌어지겠습니까? 바닷물의 수위가 높아져 갑니다. 바닷물이 높아져 가니까 지금 남태평양의 섬들 가운데 바다에서 지표면이 몇 미터밖에 안 되는 나라들에 사는 사람들은 점점 바닷물이 차올라 와 이제는 살 수 없게 되어 가고 있습니다. 그런 섬이 점점 늘어갑니다. 그런데 그것이 심화되면 한국도 결코 안전하지 않습니다.

북극곰에 주목하는 까닭은

유빙 현상이 얼마나 심각하냐면 이제 북극지방에 곰들이 살 수가 없을 정도입니다. 지난 1월 나는 미국의 노바 대학, 조지워싱턴 대학과 자매결연하기 위해서 워싱턴에 간 적이 있습니다. 그런데 숙소의 TV에서 환경 전문가들이 나와서 북극곰이 죽어간다며 아주 심각하게 밤새도록 토론을 했습니다. 나는 시차에 적응을 못해가지고 잠이 안 와서 계속 호텔에 앉아 그 TV를 밤새도록 보았습니다. 그런데 왜, 북극곰이 사라져 가는 것을 미국 사람들이 그렇게 걱정을 하는가? 그것은 지금 북극곰에게 닥치고 있는 위험이 머지않아서 인간에게 다가오기 때문입니다. 지금 북극곰이 살 수 없는 환경이 되고 있는 상황이 머지않아서 인간에게 다가오고 있음을 걱정하기 때문입니다. 우린 걱정도 안 하고 있습니다만, 앞선 나라들은 미리 그런 문제를 걱정하고 있습니다.

지구온난화로 말미암아 아프리카 지방에 비가 안 옵니다. 아프리카 지방에 비가 안 오니까 아프리카의 10억 인구가 농사를 못 짓습니다. 물을 못 마십니다. 여러분은 여기서 물을 마음껏 먹습니다만, 아프리카 사람들은 한집안에서 물을 먹으려 하면 집에 있는 어머니, 누나 혹은 자기 자신이 한나절을 가서 물을 길러 와 먹습니다. 이제는 그마저도 힘들 만큼 물이 없어져 갑니다. 물이 모자르니 농사를 못 짓습니다. 농사를 못 지으니 아프리카 10억 인구의 식량문제가 지금 심각합니다. 10억 인구가 지금 물이 없고 먹을 것이 없어서 야단입니다. 세계 다른 곳도 상황은 다르지 않습니다.

UN의 IPCC라고 하는 데서 2007년에 발표한 보고서 때문에 세계가 발칵 뒤집혔습니다. 보고서는 지금부터 기온이 2 내지 3도 올라가면, 히말라야의 눈이 다 녹고 북극의 얼음이 다 녹는다고 예상합니다. 지구 위의 모든 생물종의 약 40퍼센트가 사라지고 인류에게 걷잡을 수 없는 재앙이 온다고 경고합니다. 앞으로 그것도 8년이라는 시간 안에 뭔가 인류가 획기적인 조치를 취하지 않으면 더 이상 기온 상승을 막을 수가 없다고 합니다. 그러니까 지금부터 8년 이내에 지구온난화가 더 진행되지 않도록 인류가 획기적인 조치를 취해야 합니다.

UN IPCC 2007 보고서

여러분한테 내가 수수께끼를 하나 낼까요? 땅콩을 한 달 동안 먹는다고 칩시다. 첫날은 한 개를 먹고 둘째 날은 그 배인 2개를 먹습니다. 셋째 날은 또 그 배를 먹습니다. 4개를 먹고, 넷째 날은 또 그 배를 먹습니다. 8개를 먹고 그 다음에는 16개를 먹고 그 다음에는 32개를 먹고 그러면 한 달 30일 동안에 땅콩을 몇 개 먹겠습니까? 누가 계산해본 결과 한 달에 약 11억 개 땅콩을 먹는다고 합니다. 복리가 그만큼 무서운 겁니다.

지금 지구의 위기는 땅콩이 불어나듯 복리로 늘어나고 있습니다. 그런데 지금의 기회도 또한 복리로 증가합니다. 위기도 복리로 증가하고, 기회도 복리로 증가합니다. 환경 파괴와 지구온난화로 말미암은 위기가 시시각각 다방면에 걸쳐서 점점 심화되고 있습니다만, 이것으로 말미암아 기회도 또한 다양하게 열리고 있습니다. 이 문제를 우리가 정확하게 알아야 합니다.

벌이 사라지고, 알프스에 눈이 녹으면?

아까 내가 여러분에게 지구 생물종의 40퍼센트가 죽는다고 말했습니다. 40퍼센트가 죽으면 나머지 60퍼센트는 문제없지 않겠느냐? 이렇게 생각하면 큰 오산입니다. 지금 죽어가는 지구 생명체 가운데서 대표적인 것이 벌입니다. 벌이 죽어갑니다. 한국에만 없어져가는 것이 아니고 전 세계적으로 벌이 없어져갑니다. 아인슈타인은 벌이 없어지고 나면, 인류는 20년 안에 전부 다 죽는다고 경고한 바 있습니다. 벌과 나비가 없으면 어떻게 됩니까? 꽃들이 교배를 못합니다. 꽃의 암술과 수술 사이에 벌과 나비가 날아다니며 꽃가루를 옮겨야 열매를 맺습니다. 이렇게 지구 위의 식물 반 이상이 이들 벌과 나비에 의해서 교배가 이뤄집니다. 지금 지구온난화로 말미암아 꽃이 자꾸 일찍 핍니다. 봄에 계절을 앞질러 꽃이 핍니다. 벌이 깨어나고 나비가 깨어나는 것하고 꽃이 피어나는 것하고 타이밍이 맞지가 않습니다. 지구온난화로 말미암아 꽃이 피고 잎이 돋아나는 시기가 너무 빨라져 벌과 나비가 나타나는 시기하고 맞지 않으니까 암수가 서로 연결이 안 됩니다. 밸런스가 무너지는 것이죠. 밸런스가 무너지니까 식물계가 생존과 번식을 할 수 없게 됩니다. 아인슈타인이 벌이 없어지고 20년 안에 지구가 멸망한다고 한 이야기는 이래서 나온 이야기입니다. 지금 그 상황이 벌어지고 있습니다.

지금 알프스에 눈이 녹고 있습니다. 지구온난화로 말미암아 눈이

〈불편한 진실〉과 〈지구〉의 국내 상영 포스터

녹고 있습니다. 그 기슭이 녹는 것이 나하고 무슨 상관이냐 이렇게 생각하기 쉽지만, 그 히말라야로부터 인더스강이 흐릅니다. 양쯔강이 흐릅니다. 메콩강이 흐릅니다. 히말라야로부터 아시아와 저 중동 아프리카로 흐르는 강이 큰 강만 해서 여섯 개가 흐릅니다. 히말라야에 눈이 다 녹아서 그 기슭에 물이 안 흐르면 그 여섯 개의 강들이 메말라집니다. 그렇게 되면 그 강물 가지고 농사를 짓는데 농사를 못 짓습니다. 농사를 못 지으면 굶주립니다. 그러니까 히말라야의 눈이 녹는 것이 나와 아무런 관계없는 문제입니까? 그 문제가 바로 지구온난화에 원인이 있는 것이고, 지구온난화 문제는 지금 우리들의 삶의 방식에서 비롯됩니다. 우리가 걸음 걸을 때마다 엘리베이터를 탈 때마다 전기를 켜면 켤수록 이산화탄소가 발생하고, 이산화탄소가 발생하면 지구온난화가 심화되고, 지구온난화가 심화되면 그로 말미암아 남극의 얼음과 북극의 얼음이 녹고 히말라야의 눈이 녹고, 히말라야의 눈이 녹으면 인더스강이 마르고 양쯔강이 마르고……

미국의 부통령을 지낸 앨 고어가 금년 1월 달에 노벨평화상을 받았습니다. 그분이 노벨평화상을 받은 것은 〈불편한 진실(An Inconvenient Truth)〉이라고 하는 영화를 만들어서 지구 문제의 심각성을 알리고, 환경 파괴의 심각성을 일깨우는 데 전 세계적으로 활동을 했습니다. 그 영화가 또한 엄청난 충격을 줬습니다. 이 영화를 안 본 사람이 있으면 보기를 권합니다. 아까 말씀드린 IPCC의 보고서와 아울러 앨 고어가 만든 이 영화가 엄청난 충격을 줬습니다. 지금 현재 영국의 BBC가 만든 〈지구(The Earth)〉라는 영화가 지금 또 세계에 엄청난 충격을 주고 있습니다. 지금 서울에서도 영화 〈지구〉가 서서히 붐을 일으키고 있습니다. 그런 것이 문제의 심각함을 말해주고 있습니다.

저탄소사회, 저탄소경제, 저탄소혁명이 해답

지금까지 세계는 산업혁명을 해왔습니다. 영국의 산업혁명이 일어나고 일본의 산업혁명이 일어나고 독일도 하고 미국도 하고 한국도 경제발전을 했습니다. 이제 중국이 산업화를 하고 있습니다. 산업화를 하면 할수록 이산화탄소가 발생합니다. 그렇다고 해서 경제발전을 안 할 수는 없습니다. 어떻게 하면 좋겠습니까? 해답은 이산화탄소를 발생시키지 않는 경제발전, 이산화탄소를 발생시키지 않는 사회생활을 하면 됩니다. 그것이 요즘 유행하는 이산화탄소를 발생하지 않는 경제(carbon-free economy), 이산화탄소를 발생하지 않는 사회라는 개념입니다. 그런데 이산화탄소가 전혀 발생하지 않을 순 없습니다. 어느 정도는 불가피합니다. 그래서 다시 이름붙여진 말이 저탄소사회, 저탄소경제, 저탄소혁명입니다.

자, 여러분은 앞으로 저탄소혁명을 일으켜야 할 사람들입니다. 여러분은 어떤 분야에 있든 저탄소혁명을 짊어지고 가야 할 세대입니다. 지금까지는 경제발전을 쭉 하다 보니 경제는 상당히 발전했습니다만 그로 말미암아 지구온난화, 지구의 환경 파괴가 여기까지 왔습니다. 이제는 이산화탄소를 많이 발생시키는 고탄소경제는 지속 불가능하게 되었습니다. 이제는 이산화탄소를 발생시키지 않는 경제생활, 그런 경제발전, 그런 산업화, 그런 생활을 하는 저탄소혁명의 시대로 접어들게 됐습니다. 이명박 대통령도 얼마 전에 '한국이 고탄소경제 시대는 늦었지만은 저탄소경제 시대는 앞장서겠다', '녹색성장을 하겠다', '이산화탄소를 발생시키지 않는 경제발전을 하겠다' 하고 선언을 했습니다. 이제 앞으로 그거 잘하는 나라가 발전합니다. 그거 잘하는 기업이 발전합니다. 그거 잘하는 상품이 잘 팔립니다. 거기에 돈이 몰립니다.

녹색(green)이 돈을 번다

여러분! 세계에서 지금 제일 큰 회사가 GE입니다. GE가 몇 년 전부터 내걸은 구호가 뭐냐 하면 'Green is Green(녹색은 녹색이다)'입니다. 그거 무슨 뜻이죠? 여러분이 달러를 보면 녹색이죠? 바로 녹색 상품이 달러를 번다, 이런 뜻입니다. GE가 요 몇 년 동안에 그런 구호를 가지고 노력한 결과, 지금 녹색상품으로 GE가 돈을 가장 많이 법니다. 일본 도요타 프리우스가 지금 세계 자동차시장을 휩쓸고 있습니다. 왜냐하면 이산화탄소를 별로 발생하지 않는 제품이기 때문입니다. 이제 소비자들은 이산화탄소를 적게 발생시키는 그런 자동차를 선호합니다. 세계의 돈들이 이산화탄소를 적게 발생시키는, 녹색성장을 하는 기업의 주식을 사는 데로 몰립니다. 그래서 이제는 녹색산업, 녹색상품이 돈 버는 시대입니다. 이제는 탄소를 발생시키지 않는 에너지, 가령 석유라든지 가스라든지 이런 것들 말고, 태양열이라든가 풍력이라든가 자연력을 이용하는 에너지가 이제는 각광을 받는 시대입니다. 이제는 신재생에너지, 대체에너지로 에너지가 교대하는 시기입니다. 옛날에는 석탄에서 석유로 에너지가 바뀌어 왔습니다만 이제는 석유에서 태양열로 혹은 풍력의 대체에너지로 에너지가 바뀌는 시대로 접어들고 있습니다.

유한대학교도 지금 솔라캠퍼스로 만들고 있습니다. 현재 대학 건물의 옥상에 태양열을 받아 전기를 생산하는 발전시스템이 가동중에 있습니다. 전국 대학 가운데서 아마 우리 대학이 가장 앞장서서 솔라캠퍼스로 바뀌어나가고 있습니다. 이제는 이런 산업을 어느 나라가 먼저 육성하느냐, 어느 기업이 먼저 이룩하느냐가 그 나라의 성장을 가늠합니다. 그리고 그런 기업이 가장 경쟁력이 있습니다.

내가 얼마 전에 유한양행 사장, 또 다른 기업체 사장님 몇 분하고 저녁을 먹으면서 유한대학교 졸업생을 좀 채용해달라고 부탁을 했습니다. 그랬더니 그분들 하는 말씀이, '우리들은 웬만한 것은 하청기업으로부터 사니까 다른 부분에는 새로운 인력이 필요 없다'고 하시더군요. 지금 필요한 것은 환경 쪽에 인력이 가장 필요하다는, '환경 쪽에 유한대학 졸업생이 있으면 얼마든지 써주겠소' 이렇게 이야기합니다. 다시 말하면 이산화탄소를 적게 발생시키는, 이런 생활, 이런 사회, 이런 문제에 대해서 자세히 알고 있는 졸업생이 취직도 잘 되는 시대인 것입니다.

이제는 바야흐로 녹색 시대입니다. 저탄소혁명이 일어나고 있습니다. 내가 작년에 일본의 어느 대학을 방문해서 유한대학교와 자매결연을 한 적이 있습니다. 그 대학은 학교운영에 필요한 전력 에너지 전부를 학교 안에 설치된 태양력·풍력·지열 발전설비에서 생산해서 전기를 켜고 엘리베이터를 가동하는 데 공급하고 있었습니다. 모든 물건을 쓰고는 폐기물이 생기지요? 그 대학은 폐기물을 밖에 버리지 않고 100퍼센트 재생산해서 다시 사용한다고 합니다. 그 대학의 학장을 만나서 '참 당신 대학 훌륭하오! 우리 대학도 그렇게 할 겁니다' 하고 내가 경의를 표한 바가 있습니다.

지금 덴마크 면적이 우리나라의 경기도, 충청도만 합니다. 그런 나라가 돈을 참 잘 법니다. 국민소득이 지금 4만 불이 넘습니다. 한국보다 3배 잘삽니다. 왜 그런가 하면은 전 세계 풍력 발전설비의 반을 덴마크가 생산해서 팝니다. 지금 현재 우리나라 자동차도 이산화탄소를 많이 발생하는 제품은 외국에 팔 수가 없습니다. 이제는 연료전지, 전기자동차, 태양열자동차 그런 것이 아니면 안 팔립니다. 현재 시대가 바뀌어가고 있습니다. 여러분들이 시대가 바뀌어가고 있는 것을 정확하게 인식해야 합니다.

〈교토의정서〉와 배출권 거래제와 탄소발자국

전 세계 정부가 이러한 지구의 위기를 대처하고자 함께 고민해 온 결과물이 현재로서는 〈교토의정서〉입니다. 2012년까지는 〈교토의정서〉 체제로 전 세계가 대응하고 있습니다. 한국은 가입 안 하고 있습니다만 2013년부터는 가입하지 않을 수가 없습니다. 2013년부터 세계의 이산화탄소 발생을 줄이는 대응태세를 어떻게 만들 것인가 하고 지금 UN이 중심이 되어서 머리를 맞대고 씨름하고 있습니다.

그것을 가르켜 영어로는 'Post-Kyoto Protocol'이라고 이야기합니다. 〈교토의정서〉 다음의 의정서는 뭐냐 하는 문제입니다. 이 문제의 주도권(initiative)을 쥔 국가가 세계 주도권을 쥡니다. 스웨덴, 덴마크, 일본, 독일, 영국 같은 나라가 여기에 주도권을 쥐겠다고 난리입니다.

자, 여기에 핵심이 되는 무언가를 잠깐 여러분들에게 소개하고 오늘 강연을 마치도록 하겠습니다. 〈교토의정서〉에서 핵심이 되는 문제는 Cap and Trade(배출권 거래제)입니다. Cap은 모자입니다. 각 나라별로 모자를 씌운다는 이야기입니다. 모자를 씌우듯, 나라마다 탄소배출을 줄이겠다는 목표를 정하는 겁니다. 미국은 그 모자를 쓰지 않겠다고 그 모자를 벗어버렸습니다. 중국도 벗어버렸습니다. 한국도 벗었습니다. 모자를 쓰겠다는 나라만 뭉쳐가지고 〈교토의정서〉가 체결됐는데, 2013년부터 시작되는 새로운 체재에서는 한국도 미국도 중국도 그 모자를 쓰지 않을 수가 없습니다. 다시 말하면, 한국이 이산화탄소를 얼마큼 줄이겠다고 하는 국가 목표를 정해야 합니다. 국가 목표를 정하고 그것을 각 기업에 배당을 해야 합니다. 각 기업에게 이 이상은 이산화탄소를 배출하면 안 된다 하고 배당을 해야 합니다. 각 가정에도 이 이상 배출해서는 안 된다 하고 배당을 합니다. 그것이 Cap입니다. 그 다음 Trade는 거래입니다. 탄소배출권을 거래한다는 것이죠. 예를 들면 우리 기업이 배출권 100톤을 할당받았으면 그만큼 밖에 생산을 못합니다. 더 생산하려고 하면 나머지 부분을 사야 됩니다. Trade해야 됩니다. 그것은 이산화탄소를 발생시키지 않는 기술을 개발한다거나 이미 개발해가지고 에너지가 남는 회사, 남는 나라에 가서 그것을 사가지고 옵니다. 그것이 배출권 시장입니다.

또 하나 여러분들이 꼭 알아야 될 것은 Carbon Footprint, 즉 탄소발자국입니다. 이제는 상품이 생산되고 운반되어 상점에 오기까지 발생시킨 이산화탄소를 표시합니다. 그런데 이산화탄소를 배출한 만큼 값이 더 오릅니다. 오른 것만큼 소비자가 물건을 사면서 돈을 더 냅니다. 그것을 Carbon Offset(배출 상쇄)라고 합니다. 탄소에 대한 배상을 하는 것이죠. 여러분이 저탄소혁명을 하려고 하면, 저탄소경제, 저탄소생활을 하려고 하면, 비용이 더 많이 듭니다. 그만큼 상품 값이 올라가고 그만큼 비용이 더 듭니다. 가격이 오르고 비용이 든 꼭 그만큼 저성장이 됩니다. 녹색성장이 아니라 녹색'저'성장이지요. 그것을 잘 해 나가면 마침내 녹색성장이 됩니다. 녹색성장으로 전환하는 것은 녹색기술 개발, 신재생 에너지기술 개발에 달려 있습니다.

시카고 대학의 정문 앞에 이런 말이 적혀 있었습니다. 'TINSTAFL' 그 말뜻을 나는 모르겠어요. 그렇다고 부끄러워서 물을 수도 없고, 유한대학 총장인데 그것도 모르냐 하면 창피하니까요. 그래서 내가 사전에서 찾아봤습니다. 찾아봐도 안 나와요. 그래서 내가 사전에도 안 나오니까 물어도 괜찮겠지 하고 물었어요. 이게 무슨 말이냐 하고 시카고 대학 교수에게 물었더니 웃으면서 '저것은 우리가 지어낸 말입니다. 사전에도 안 나옵니다' 하는 거예요. There is no such thing as free lunch. 공짜 점심은 없다, 이런 말입니다. 지금까지는 공기를 오염시키는 거 환경을 파괴하는 건 공짜라고 생각했습니다. 그런데 공짜가 아닙니다. There is no such thing as free lunch. 물도 공짜가 아니고 공기도 공짜가 아닙니다. 이제는 그 대가를 지불하자는 것이지요.

남은 에너지 되파는 사회

여러분 얼마 전에 KBS에서 이런 특집 프로그램을 방송한 적이 있습니다. 경상도 어느 한 마을입니다. 그 마을이 일주일 동안 한전에서 전기를 공급받지 않기로 합니다. 대신 한전으로부터 도움을 받아서 태양열 설비를 구축합니다. 그리고 또 소똥을 많이 모아놓고 거기서 발생하는 가스를 비닐봉지에 담습니다. 또 하나는 자전거 페달을 밟아서 에너지를 모읍니다. 이런 세 가지 방법으로 얻은 대체에너지로 그 마을주민들이 일주일 동안 어떻게 사는가를 촬영한 것을 내가 흥미 깊게 봤습니다.

첫날은 해가 쨍쨍 쪼였습니다. 그래서 태양열 에너지를 가지고 그 마을 집집마다 밥을 해먹고 전깃불을 켜서 TV도 보고 했습니다. 둘째 날은 공교롭게 비가 왔습니다. 해가 나오지 않으니까 태양열 에너지를 얻을 수가 없습니다. 그래서 할 수 없이 소똥에서 나오는 가스를 가지고 밥을 해먹습니다. 그런데 그 다음날 또 비가 옵니다. 소똥가스도 다 써버렸습니다. 그러니까 할 수 없이 셋째 날은 자전거 페달을 밟습니다. 어머니가 하다가 아버지가 하다가 아들이 나와서 하고 누나가 나와서 하고 땀이 나도록 밟습니다. 거기서 나오는 에너지는 그 양이 매우 적습니다. 할 수 없이 그 다음날은 밥을 못 해먹고 그 마을 전체가 생쌀로 아침을 먹습니다. 점심도 생쌀로 먹습니다. 저녁은 그나마 자전거를 계속 밟아서 겨우 해먹었습니다. 전깃불도 못 켜서 밤에는 컴컴하게 지냈습니다. 그런데 그 다음날은 햇빛이 쨍쨍 나서 태양열 에너지로 밥을 해먹고 전깃불도 켜고 TV도 보고 했습니다. 그렇게 해서 일주일을 지냈습니다.

일주일을 지내고 한전 측하고 동네사람들이 모여서 회의를 합니다. '앞으로 지금과 같은 실험을 계속하겠습니까 그렇지 않으면 한전에서 보내주는 전기를 쓰겠습니까?' 그런데 그 동네사람들은 지금과 같은 실험을 계속하겠다고 선택했습니다. 만일 태양열 에너지를 더 많이 생산한다면, 태양열 설비를 더 늘리고 더 좋은 기술로 태양열 에너지를 생산한다면, 그 동네에서 쓰고 남은 에너지는 한전이 삽니다.

유한대학도 태양열을 가지고 에너지를 생산합니다만, 저것이 앞으로 많아지면 이 에너지를 한전에 비싸게 되팔 수가 있습니다. 지금 여러분, 태안군이 태양열, 솔라를 많이 만들어 거기서 남은 에너지를 한전에 판다는 소식이 며칠 전 TV에 나온 적 있죠? 자, 지금 그렇게 가고 있습니다.

내가 얼마 전에 국민은행 본점에 가서 엘리베이터를 타려니까 엘리베이터 앞에 이렇게 쓰여 있었습니다. '엘리베이터를 타지 않고 걸어가시면 첫째, 이산화탄소가 발생하지 않습니다. 여러분의 건강이 그만큼 좋아집니다. 그만큼 이 은행의 경비가 절감됩니다. 엘리베이터를 타든지 걸어가든지 마음대로 하십시오.' 이렇게 엘리베이터 앞에 쓰여 있었습니다. 그걸 보고 내가 웃으면서 엘리베이터를 타지 않고 5층까지 걸어가서 강연을 했습니다. 그리고 '이 은행은 참 훌륭하다. 이산화탄소를 줄이는 데 앞장서고 있다!' 하고 칭찬을 했습니다.

녹색혁명을 실천하는 길

그런데 우리 유한대학에 오면 내가 참 부끄럽습니다. 2층, 3층 가는 데도 엘리베이터를 탑니다. 엘리베이터를 타는 이것이 학교 비용을 증가시키는 것이고, 그만큼 우리가 요긴한 다른 쪽에 못 씁니다. 지금 북카페가 상당히 인기가 있어서 저런 걸 하나 더 만들고 싶은데 하나 더 만들려면 비용이 듭니다. 비용이 어디에서 나옵니까?

북카페 같은 걸 하나 더 만들고, 아주 유명한 교수님을 더 모시려고 합니다. 그러면 학교 예산이 더 있어야 합니다. 그 예산은 다른 쪽을 줄여서 만드는 수밖에 없습니다. 우리가 외부로부터 기탁금을 많이 받으려고 노력을 합니다마는, 동시에 내부적으로 절약하지 않으면 안 됩니다. 쉽게 말해서, 엘리베이터를 적게 타는 일부터가 비용을 줄이는 것이고, 이 심각한 지구의 환경 문제를 해결하는 것이고, 여러분의 건강을 그만큼 증진시키는 방법입니다. 이산화탄소를 줄이는 길은 멀리 있는 것이 아닙니다. 지금 우리 학교 김진선 교수님이 이산화탄소를 발생시키지 않는 전기자동차 개발에 열을 올리고 있습니다. 빨리 그것이 완성되어서 그 자동차가 엄청나게 팔리고, 그분이 돈을 많이 벌기를 기대합니다. 여러분도 앞으로 이산화탄소를 발생시키지 않는 그런 기술, 제품, 연비를 절약시키는 기술을 개발한다면 그것이 바로 돈입니다. 녹색혁명, 'Green is Green'입니다. 앞으로 모든 기술은, 모든 생활은, 그리고 모든 경제활동은 Green 쪽으로 가야 합니다. 그런 나라가 앞으로 잘살고, 그런 개인이 돈 벌고, 그런 회사가 돈 법니다. 'Green is Green' 시대입니다.